AF543858

KLARTEXT

Dieses Buch ist dem Leben gewidmet
und jedem Tag, der uns geschenkt wird.

Britta Klar / Reto Klar

Tief in mir

Mein Leben mit Krebs

Danksagung:
Dr. Corinna Leng, den Teams der Hämatologie und Onkologie der Charité und allen Ärzt*innen, Mediziner*innen, Pfleger*innen und Forscher*innen, die jeden Tag dafür arbeiten, dass wir Krebspatient*innen leben können.

Impressum

1. Auflage November 2024
Redaktion, Satz und Gestaltung: Julia Körner und Achim Nöllenheidt
Umschlaggestaltung: Julia Körner
Umschlagfoto: Reto Klar
Druck und Bindung: Grafisches Centrum Cuno GmbH & Co. KG,
Gewerbering West, 27, 39240 Calbe

ISBN 978-3-8375-2682-0

KLARTEXT

Jakob Funke Medien Beteiligungs GmbH & Co. KG
Jakob-Funke-Platz 1, 45127 Essen
info.klartext@funkemedien.de
www.klartext-verlag.de

Inhalt

Betroffene erzählen über ihr Leben mit Krebs

Medizinerinnen und Mediziner im Interview

» Grußwort «

Sehr geehrte Damen und Herren, liebe Leserinnen und Leser,

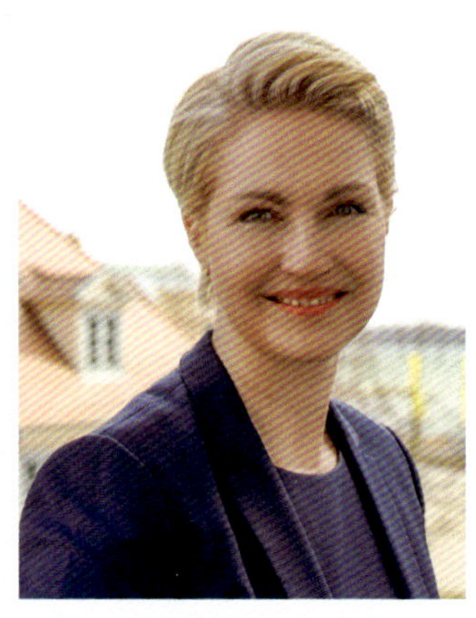

vor Ihnen liegt ein Buch, das Mut machen will. Ein Buch, in dem Sie Geschichten von Menschen kennenlernen können, die von Krebs betroffen sind oder waren. Geschichten von Angst und Betroffenheit, Verzweiflung und Ratlosigkeit, Mut und Hoffnung, von Familien und Freunden.

Aus eigenem Erleben weiß ich sehr genau, wie furchtbar es ist, die Diagnose: „Sie haben Krebs“ zu erhalten. Es kommt so überraschend, so unvermittelt. Plötzlich ist das ganze Leben auf den Kopf gestellt. Was soll man tun? Woher bekommt man Hilfe? Wer steht einem zur Seite?

Nicht allein sein, das ist ganz wichtig in diesen Tagen und Wochen. In diesem Zusammenhang möchte ich an den Schauspieler Michael Douglas erinnern, der den Krebs besiegt hat, mit Hilfe von Bestrahlungen und einer Chemotherapie. Später hat er dazu gesagt: „Der Krebs hat mich nicht in die Knie gezwungen, sondern auf die Füße gebracht.“ Um zu einer solchen Einschätzung zu kommen, braucht man natürlich neben guten medizinischen Behandlungsmöglichkeiten, engagierten Ärzten und Pflegern auch Glück. Wir wissen: Nicht jede Krebserkrankung geht gut aus.

Für mich waren in der schwierigen Zeit Familie und Freunde besonders wichtig. Ich habe aber auch zahlreiche Genesungswünsche und Blumen von Menschen erhalten, die ich gar nicht persönlich kannte. Auch darüber habe ich mich sehr gefreut. Ich bin mit meiner Erkrankung sehr offen umgegangen, was nicht immer leicht war. Jede und jeder muss für sich selbst entscheiden, wem man sich anvertraut. Mir und den Menschen um mich herum hat Offenheit geholfen, leichter mit der Krankheit umzugehen. Und ich habe gemerkt: Krebs ist kein Tabu mehr. Im Gegenteil. Diese Krankheit kann jede und jeden treffen. Wir können offen darüber reden.

In Mecklenburg-Vorpommern gibt es viele Menschen, die sich mit viel Herzblut und viel Zeit in der Krebshilfe engagieren. Beispielgebend möchte ich die Stiftung Betroffen! nennen, bei deren jährlicher Windflüchter Charity Gala ich Gast sein darf. Die Gala ist ein großes festliches Ereignis. Es werden dabei Spenden gesammelt, die für Beratungs- und Bildungsangebote für Krebskranke und ihre Angehörigen und unbürokratische Hilfe in Vorpommern zur Verfügung stehen. Herzlichen Dank an alle, die sich für die Stiftung engagieren. Ich denke auch an den Verein Hansetour Sonnenschein, der Jahr für Jahr eine Fahrradrundfahrt durch Mecklenburg-Vorpommern organisiert, bei der Spenden vor allem für krebskranke

Kinder und für die Krebsforschung gesammelt werden. Danke an die Organisatorinnen und Organisatoren des jährlichen Krebsinformationstages und an alle, die im Kleinen und im Großen helfen.

Die Zahl der Krebstoten hat in den vergangenen zehn Jahren um 13 Prozent zugenommen, berichtet das Statistische Landesamt. Weil Menschen immer älter werden, steigt das Krebsrisiko. Etwa 11.000 Neuerkrankungen werden in jedem Jahr registriert. Regelmäßige Vorsorge ermöglicht frühere Behandlung. Auch die medizinischen Möglichkeiten haben sich verbessert und verbessern sich weiter. Krebs ist oft kein Todesurteil mehr.

Die Landesregierung engagiert sich intensiv für eine bestmögliche Versorgung von Patientinnen und Patienten. Deshalb haben wir im Januar mit der Unimedizin in Rostock und in Greifswald die Zielvereinbarung für das Onkologische Spitzenzentrum CCC unterschrieben. Wir wollen Forschung, Vorsorge und Behandlung in Zusammenarbeit mit den Universitätskliniken, anderen Krankenhäusern und niedergelassenen Ärzten im Land deutlich verbessern. Auch hier gilt: Je schneller medizinische Erkenntnisse und Fachwissen in die Breite kommen, desto früher kann Krebs erkannt und die notwendigen Maßnahmen eingeleitet werden. Außerdem bieten bei uns in Mecklenburg-Vorpommern ambulante Krebsberatungsstellen ihre Hilfe und Unterstützung an. Ich möchte mich von Herzen bei allen bedanken, die dazu beitragen, dass Betroffene die bestmögliche Behandlung bekommen. Danke an Ärztinnen und Ärzte, Pflegerinnen und Pfleger, Kolleginnen in Arztpraxen und Apotheken, Rehaeinrichtungen und Beratungsstellen. Sie alle tun ihr Bestes. Das gibt Mut und Zuversicht, fördert Kampfgeist und Entschlossenheit. Ich möchte auch dem Initiator dieses Buchprojektes Reto Klar danken und allen für ihren Mut, hier ihre Geschichte zu erzählen.

Liebe Leserinnen und Leser,
ich wünsche Ihnen die notwendige Ruhe und Gelassenheit, wenn Sie sich mit den hier dokumentierten Geschichten und Schicksalen beschäftigen. Ich hoffe, dass Sie den einen oder anderen Tipp im Umgang mit schwierigen Situationen und Lebenslagen finden.

Allen, die über ihre Erfahrungen mit Krebs berichtet haben, danke ich herzlich.

Ihre
Manuela Schwesig,
Ministerpräsidentin des Landes Mecklenburg-Vorpommern

» Vorwort «

Liebe Leserinnen und Leser,

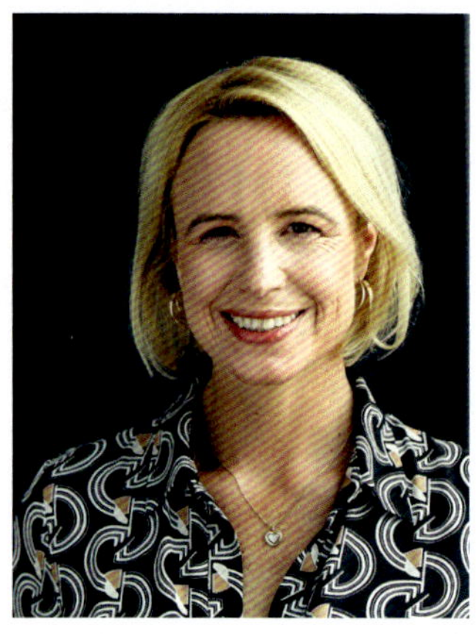

in unserem hektischen, oft oberflächlichen Alltag verlieren wir allzu häufig den Blick für das, was wirklich zählt: die Bedeutung des Miteinander, die Stärke des Geistes, die Fragilität der menschlichen Existenz. Dieses Buch ist eine Einladung, innezuhalten und Menschen zu begegnen, die mit der Diagnose Krebs leben oder als Medizinerinnen und Mediziner gegen den Krebs kämpfen und angesichts dieser Erfahrung einen für uns alle wertvollen Blick auf das Leben mitbringen. Reto Klar, selbst betroffen von der Krankheit, hat mit der ihm eigenen Empathie eindrucksvolle, ja, unvergessliche Porträts fotografiert, Britta Klar erhellende, kluge Texte verfasst. Gemeinsam erzählen sie nicht nur Geschichten von der tückischen Krankheit, sondern vor allem von Mut, Liebe, Hoffnung und Lebenslust und letztlich vom Sinn des Lebens und dem Kampf darum.

Jede einzelne Erzählung auf diesen Seiten bringt uns die verschiedenen Facetten des Menschseins näher. Die Porträts berichten von den Kämpfen und Triumphen der Betroffenen, von Zweifeln und Zuversicht, von den Implikationen der Krankheit für die Angehörigen und auch von den großartigen Fortschritten der Medizin und ihren Grenzen. Sie fordern uns auf, nicht nur Mitgefühl zu empfinden, sondern auch eine tiefere Verbindung zu den Erwartungen, Hoffnungen, Ängsten und, ja, auch Freuden dieser Menschen zu suchen. Wer sich darauf einlässt, entwickelt das Gefühl, neue Freunde, ja, Geschwister zu gewinnen, zu einer Familie zu gehören.

Die Diagnose Krebs ist immer noch von Stigmatisierung und Schweigen geprägt. Studien zeigen aber, dass das offene Sprechen über die Krankheit, der Austausch mit anderen Betroffenen und das Wissen darum, dass man in dieser schwierigen Situation nicht allein ist, den Heilungserfolg stärkt. „Krebs braucht Kommunikation“ ist der Claim der digitalen Krebs-Selbsthilfegruppe yeswecan!cer, die Teil der FUNKE Mediengruppe ist. FUNKE engagiert sich hier mit ganzer Kraft, weil wir mit unserem journalistischem Know-how und unseren Reichweiten einen Beitrag zur Aufklärung über diese Volkskrankheit und vor allem zum Austausch der Betroffenen leisten wollen.

„Du bist nicht allein“ – unter dieser ermutigenden Botschaft bündelt yeswecan!cer ihre Aktivitäten. Dieses Buch gibt dieser Botschaft 49 wunderbare Gesichter. Es bricht mit dem Schweigen und gibt den Betroffenen eine Stimme. Es eröffnet einen ehrlichen und einfühlsamen Blick in ihr Leben, der uns dazu anregt, unsere eigene Wahrnehmung von Gesundheit und Krankheit zu hinterfragen. Es erinnert uns daran, dass hinter der Diagnose ein Leben voller Geschichten, Beziehungen und Hoffnungen steht. Dass Krankheit und Tod selbstverständlicher Teil unserer menschlichen Existenz sind. Und dass es immer richtig ist, gemeinsam für und um das Leben zu kämpfen.

Ich danke Reto Klar für seine große Kunst, mit der er uns bewegt und ermutigt, und wünsche diesem Buch viele Leserinnen und Leser. Möge es sowohl ein Licht der Hoffnung für diejenigen sein, die selbst betroffen sind, als auch eine Quelle der Inspiration für alle, die den Mut und die Entschlossenheit dieser bemerkenswerten Menschen würdigen möchten. Lassen Sie sich von den Porträts und Geschichten berühren, und öffnen Sie Ihr Herz für all das, was Menschen an Gutem bewegen können.

Auf das Leben, L‘Chaim!

Julia Becker,
Verlegerin der FUNKE Mediengruppe

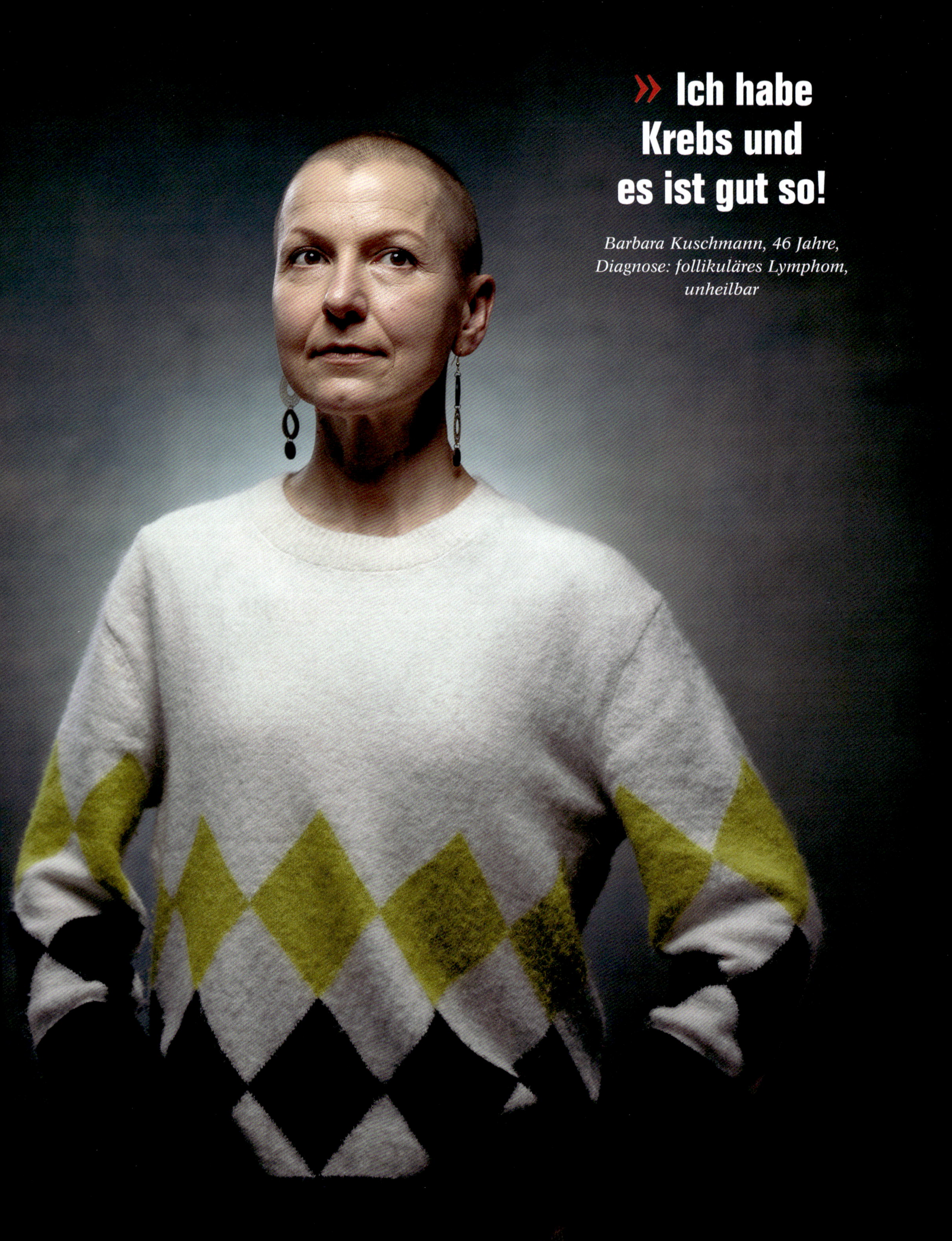

» Ich habe Krebs und es ist gut so!

Barbara Kuschmann, 46 Jahre, Diagnose: follikuläres Lymphom, unheilbar

Den verwunderten und eher skeptischen Gesichtsausdruck ihres Gegenübers auf ihre Aussage „Ich habe Krebs und es ist gut so!“ beantwortet Barbara Kuschmann mit dem ihr so eigenen, unbändigen Optimismus in der Stimme: „Ich weiß, das klingt provokativ – es ist aber nicht so gemeint. Ich lebe mit Krebs und ich versuche, so gut es geht, diese Krankheit in mein Leben zu integrieren. Ich bin dadurch kein anderer Mensch geworden – ich bin immer noch ich.“ Ihre Augen leuchten, die Art, wie sie redet, macht klar: Ja – für sie ist es tatsächlich gut so!

Fünf Minuten mit der 46-Jährigen in einem Raum und man ist keine Sekunde versucht zu glauben, dass Barbara Kuschmann sich etwas vormacht. Sie sagt ganz klar, dass der Moment der Diagnose ein Schock war: „In diesem Augenblick, denke ich, ist es für alle gleich, unabhängig von der Krebsart. Aber der Weg dahin und wie man dann damit umgeht, der beginnt ja viel früher. Jeder geht anders mit seiner Krankheit um und das beginnt nicht zu dem Zeitpunkt, wenn die Diagnose kommt, sondern ist das Ergebnis eines ganzen Lebens und einer persönlichen Weltanschauung.“

Barbara Kuschmann hat viel Yoga praktiziert in ihrem Leben und auch unterrichtet. Die Yoga-Philosophie und die Beschäftigung mit der Funktion des menschlichen Geistes haben viel dazu beigetragen, wie sie die Krankheit empfindet. Und wie sie den Krebs für ihr Leben annimmt – dabei findet sie sogar viele gute Seiten: „Die Krankheit ist nicht gut im Sinne von gewollt – aber sie ist durchaus gut im Sinne von: ich mache Erfahrungen, die ich sonst nicht gemacht hätte, auch wenn sie schmerzhaft sind“, sagt Barbara Kuschmann. „Ich betrachte diese Krankheit als Erfahrung.“ Und natürlich hat diese Erfahrung auch negative Seiten. Die kürzlich erfolgte Entnahme der Stammzellen für die Stammzellentherapie war hart, auch die Übelkeit während und nach den Chemos macht ihr zu schaffen. Dennoch sagt die passionierte Vereins-Minigolf-Spielerin voller Überzeugung: „Ich habe letztens darüber nachgedacht: wenn jemand die Zeit zurück dreht vor die Diagnose und sagt, ich darf aussuchen, wie es weitergeht – ich weiß ganz ehrlich nicht, ob ich sagen würde, ich möchte die Krankheit nicht. Ich habe sie natürlich nicht gewollt und ich mag die Schmerzen nicht – aber ich kann mir jetzt nach zwei Jahren mein Leben gar nicht mehr ohne diese Erfahrung vorstellen. Ohne diese Erfahrung wäre es irgendwie nicht mein Leben.“

Und in diesem Leben hat sie den wahrscheinlich bestmöglichen Weg gefunden, mit Krebs umzugehen. Ihre Lebenserwartung ist ungewiss, liegt zwischen fünf bis 20 Jahren. So genau kann man das bei der 46-Jährigen nicht sagen, da diese Form der unheilbaren, chronischen Krebserkrankung meist ältere Menschen trifft. Aber klar ist: Barbara Kuschmann ist bereits im fortgeschrittenen Stadium. Und da lässt sich auch das Thema Tod nicht wegschieben.

Und das macht Barbara Kuschmann auch nicht: „Fragen wie, was ist mein Körper, was ist der Tod und was ist Vergänglichkeit habe ich mir schon lange vor meiner Diagnose gestellt. So waren meine Gedanken bei der Diagnose dann kein „Oh Gott, ich muss sterben!“, sondern eher ein „Gut, dann werde ich wohl früher sterben, als ich gedacht habe!“ Das will ich natürlich noch nicht, aber es verliert seinen Schrecken und ich habe auch nicht das Gefühl, jetzt müsste ich alles nachholen, was ich bisher verpasst habe“, sagt Barbara Kuschmann, die sich als gläubig, aber nicht religiös bezeichnet. „Ich weiß, dass mein Leben so oder so nicht ausreicht, um alles zu machen oder alles zu werden. Ich muss auch nicht jeden Tag maximal ausschöpfen. Aber natürlich wird alles im Leben bewusster und ich will Zeit tatsächlich nicht mehr verschwenden. Ich habe schon immer ungern gewartet – aber jetzt warte ich noch weniger gern.“

Und deswegen macht Barbara Kuschmann auch weiterhin Lebenspläne – warum auch nicht, sagt sie. Niemand kann ihr sagen, wie lange sie noch leben wird. Ihr wichtigster Plan: Erleben, wie ihre Tochter erwachsen wird. „Das wäre mir noch sehr, sehr, sehr wichtig und wenn es mir gegeben wird, würde ich mich sehr freuen“, sagt Barbara Kuschmann. Sie ist eine starke Frau, klug, sehr überlegt und ganz im Hier und Jetzt, das merkt man. „Ich habe meine Lebensfreude nicht verloren“, sagt sie. „Und das ist auch eine Botschaft an die Außenwelt, an alle, die mit mir umgehen: Ihr braucht keine Angst vor meiner Krankheit zu haben – denn so, wie es ist, ist es gut!“

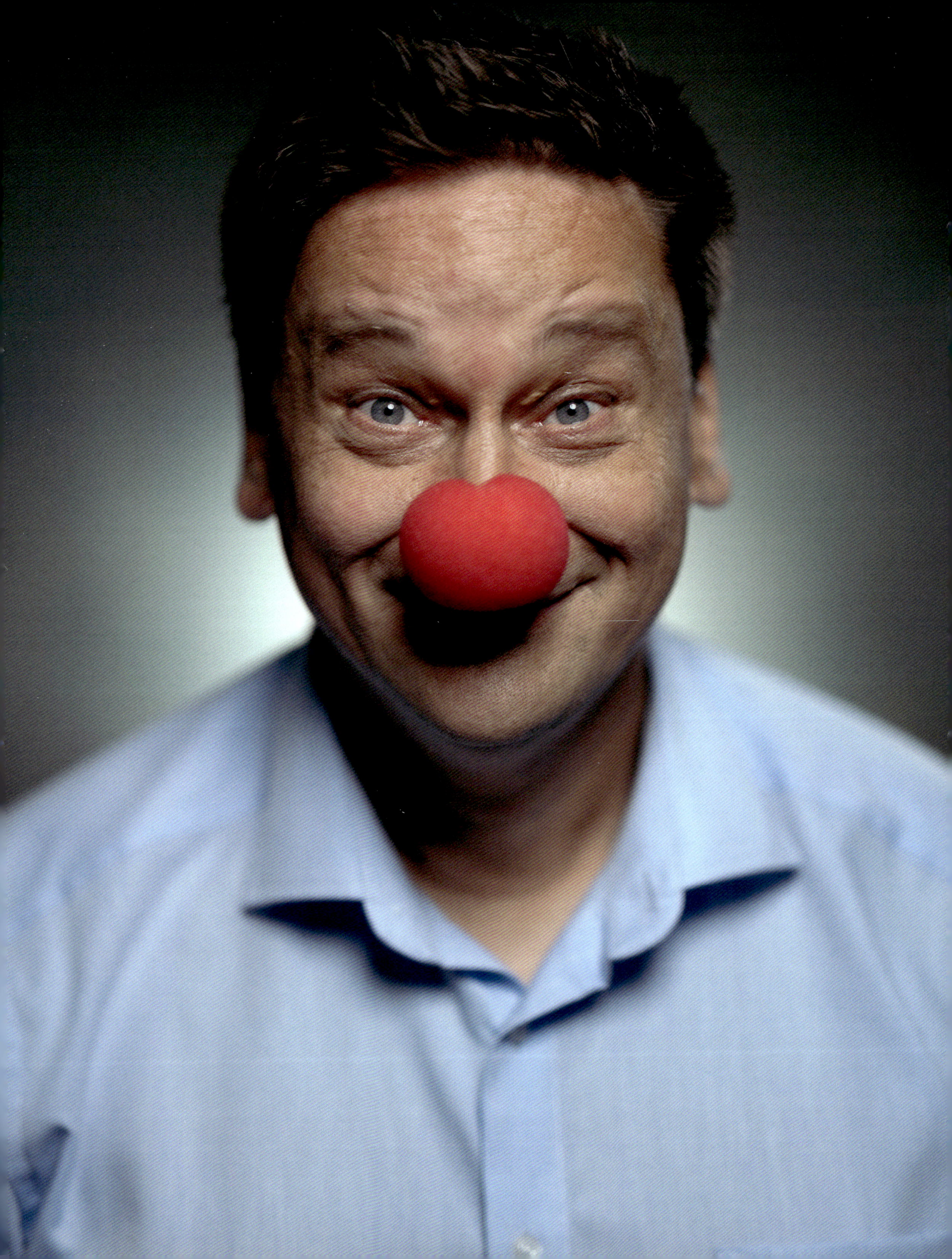

Der Sommer 2020 war schlimm für Marc Nowak. Er hatte dauerhaft Kopfschmerzen, musste sich oft übergeben und er hatte neurologische Ausfälle, die sich auf seinen Geschmackssinn, das Gleichgewicht, die Sprache und das Schreiben auswirkten. „Ich dachte, ich war überarbeitet. Ich habe etwa 50 oder 60 Stunden die Woche gemacht." Seine Führungsposition im IT-Bereich eines großen Konzerns erforderte das. In Absprache mit dem Hausarzt sollte ein Urlaub mit der Familie für Entspannung und Besserung sorgen – doch die Symptome verstärkten sich. Nach der Rückkehr schickte der Hausarzt Marc Nowak ins MRT. „Ich wurde danach gleich zur Seite genommen. Man sagte mir, es gibt Veränderungen in meinem Kopf, ich solle mich damit schnellstmöglich in einem Krankenhaus vorstellen." Noch am selben Tag ging es in die neurologische Notaufnahme der Uniklinik in Bonn. Der Verdacht dort: Die Veränderung im Kopf könnte die Metastase eines Lungentumors sein. „Ich hatte zu dem Zeitpunkt nicht dieses typische Gefühl, dass einem der Boden unter den Füßen weggerissen wird. Dafür ging es mir einfach viel zu dreckig."

» Ich war nie pessimistisch. Aber mein Optimismus ist noch viel größer geworden.

Marc Nowak, 50 Jahre
Diagnose: Lungenkrebs, unheilbar

Marc Nowak bekam Cortison und dadurch ging es ihm endlich besser. Die Schwellung durch die Metastase ging zurück, die Symptome gingen mit. Doch ein Röntgenbild bestätigte den Krebsverdacht. Weil es ihm besser ging, wurde ihm seine Lage bewusster. „Ich habe dann angefangen, mir gedanklich Päckchen zu machen. Das war für mich der beste Weg – zu überlegen: Was habe ich jetzt direkt vor der Nase? Und das war, dass ich erst mal das Ding im Kopf loswerden musste." Die Metastase sollte operativ entfernt werden. Den Krebs in der Lunge schob Marc Nowak also noch einmal beiseite. „Weil ich mir dachte, wenn ich das mit dem Kopf nicht überlebe, brauche ich mir über den Rest auch keine Gedanken mehr zu machen." Doch die riskante Operation lief sehr gut, die Ärzte konnten alles entfernen. Die Biopsie erhärtete die Diagnose eines Nichtkleinzelligen Lungenkarzinoms jedoch endgültig. Und so war das nächste Päckchen dran: Wie geht es weiter mit der Lunge? Die Bestrahlung vom Kopf lief noch als „Nebenkriegsschauplatz", wie Marc Nowak sagt. Und aufgrund der neuesten Befunde, die weitere Metastasen in einem Lymphknoten und der Leber sahen, stand die Aufnahme einer palliativen Therapie im Raum. Stadium IV – Endstadium. „Mein Onkologe sagte aber, er glaube anhand der Bilder nicht an Metastasen, aber natürlich müsse das weiter untersucht werden." Sollten keine weiteren Metastasen gefunden werden, könne man den Haupttumor in der Lunge operieren – andernfalls wäre das keine Option … „Das war hart für mich, weil ich so Bilder im Kopf hatte, wie einem der ganze Brustkorb geöffnet wird und davor hatte ich schlicht Angst. Die Alternative wäre jedoch – kurz gesagt – keine Zukunft zu haben, weil der Krebs gewinnen würde." Doch der Lymphknoten war lediglich entzündet und in der Leber befand sich auch keine Metastase. „Die Skepsis und der Sachverstand meines Arztes haben schlicht mein Leben gerettet!" Im Oktober wurde der linke Oberlappen und ein Teil vom Unterlappen der Lunge entfernt. Auch diese OP lief gut, der Primärtumor war aus dem Körper. „Aber irgendetwas war da noch. Der Operateur berichtete von befallenem Gewebe, welches er nicht entfernen konnte. Ein richtiges: Sie sind krebsfrei! war das also leider nicht."

Im Dezember begann die Immuntherapie, alle drei Wochen bekam Marc Nowak eine Infusion, nach ein paar Monaten alle sechs Wochen die doppelte Menge. Die Nebenwirkungen hielten sich in Grenzen und waren „ein kleiner Preis dafür, dass man am Leben bleiben darf". Zwei Jahre lief die Therapie, bis Ende 2022. „Das Absetzen war schwer für mich, weil ich dachte, das Medikament hat den Krebs in Schach gehalten und jetzt kann er wieder. Aber bisher kam nichts und wenn ich jetzt noch etwas durchhalte, dann gehöre ich zu den wenigen Prozent, die fünf Jahre überleben. Deswegen hat sich auch meine Perspektive verschoben. Von: Ich möchte diesen Monat überleben! zu: Vielleicht erreiche ich das Rentenalter ja doch! Denn ich war nie pessimistisch. Aber mein Optimismus ist mittlerweile noch viel größer geworden!" Seinen Status würde Marc Nowak als krebsfrei bezeichnen, aber nicht als geheilt. Unheilbar, wie sein Krebs eingestuft wird, findet er aber auch ein zu starkes Wort. Und über den Tod hat er auch nie viel nachgedacht. „Das bringt mir doch nichts. Ich denke aber viel mehr über das Leben nach. Und das bringt mir was!"

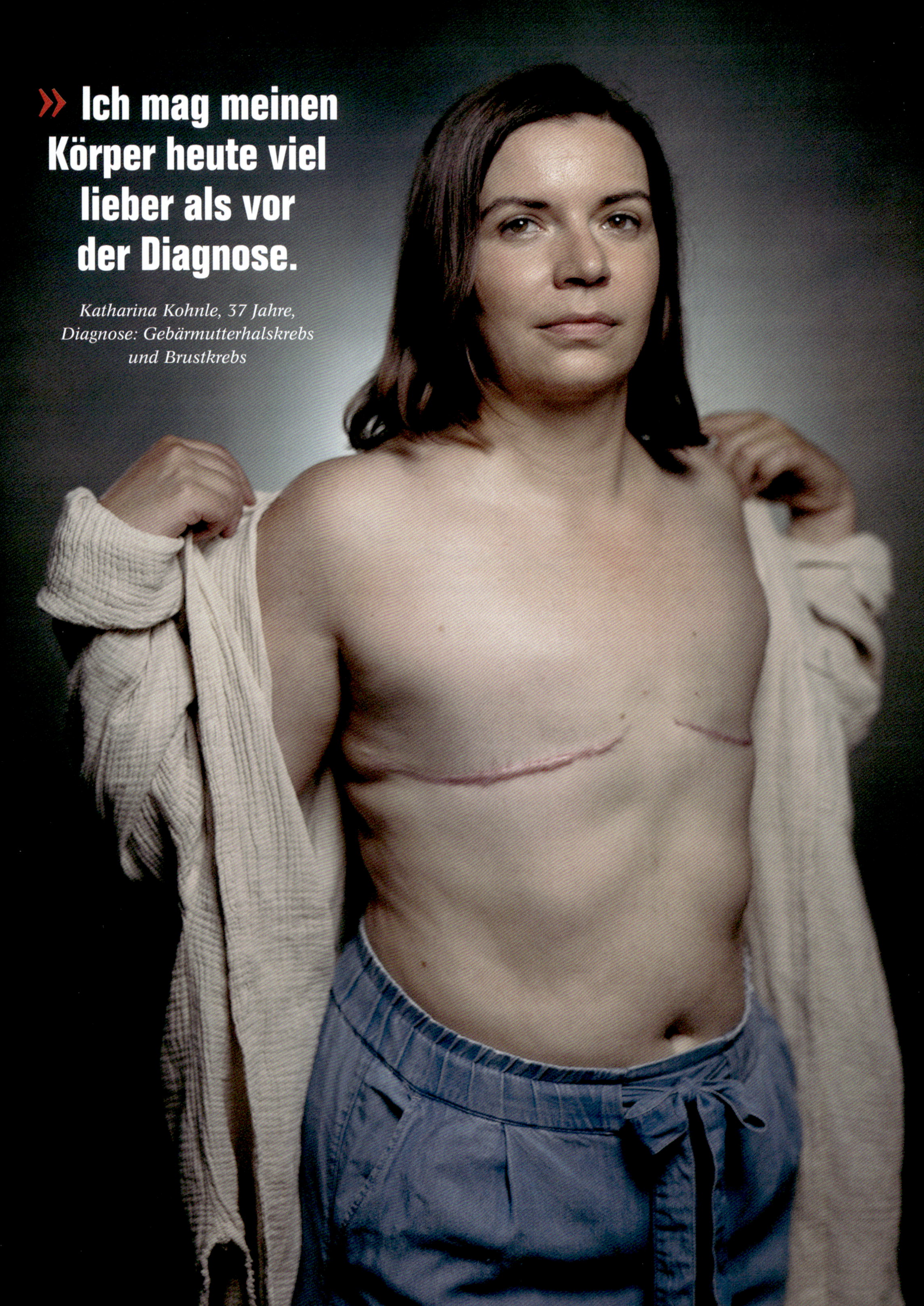

» Ich mag meinen Körper heute viel lieber als vor der Diagnose.

Katharina Kohnle, 37 Jahre, Diagnose: Gebärmutterhalskrebs und Brustkrebs

Beinahe immer teilt eine Krebsdiagnose das Leben in ein Davor und ein Danach. Viele sehnen sich nach dem Davor, fast alle schaffen es jedoch, dem Danach etwas Gutes abzugewinnen. Bei Katharina Kohnle geht dieser Zugewinn noch ein bisschen weiter. „Ich möchte auf keinen Fall in mein Vor-Krebs-Leben zurück", sagt die 37-jährige aus der Nähe von Rosenheim, die bereits mit 16 Jahren eine Tochter bekam und heute schon Oma ist. Sie lacht fast die ganze Zeit während des Gesprächs, wirkt glücklich und angekommen. Dabei hat die junge Frau, die bis vor kurzem bei einem Automobilzulieferer in der Personalabteilung gearbeitet hat, bereits zwei Krebsdiagnosen hinter sich.

2015, mit 28 Jahren, bekam sie die Diagnose Gebärmutterhalskrebs. „Ich komme aus einer Familie mit vielen Krebserkrankungen. Mein Vater hatte schwarzen Hautkrebs und aktuell Prostatakrebs, meine Mutter hatte vor zwölf Jahren ein Glioblastom und danach Eierstockkrebs. Und mein Abstrich beim Gynäkologen ist immer schlechter geworden", sagt Katharina Kohnle. „Bei einer kleinen OP, die vorsorglich gemacht wurde, wurde dann ein Tumor gefunden." Die Gebärmutter wurde entfernt. Diese Diagnose jedoch änderte das Leben von Katharina Kohnle und ihrem Mann, den sie 2013 kennengelernt hatte, kaum.

„Ich habe nach einer kurzen Krankschreibung da weitergemacht, wo ich aufgehört habe. Viel Arbeit, viel Stress, viele Überstunden. Wir hatten Karriereambitionen, haben immer alles auf später geschoben, waren wenig im Moment und die Arbeit hat unser Leben bestimmt."

Bis zum Mai 2021. Einen Tag vor ihrem 34. Geburtstag und fünf Tage vor dem 18. Geburtstag ihrer Tochter bekam Katharina Kohnle wieder eine Diagnose: Brustkrebs. „Ich dachte, dass ich mit dem Gebärmutterhalskrebs meine Karte schon bekommen hatte. Die Brustkrebsdiagnose hat mein ganzes Leben auf den Kopf gestellt. Einer meiner ersten Impulse war: Ich höre auf zu arbeiten!" Ihre Diagnose fiel in die Corona-Zeit, es gab wenig Chance auf Austausch und so begann Katharina Kohnle in den sozialen Medien zu suchen. „Ich habe bei Instagram festgestellt, dass sich da eine ganze Welt an Brustkrebs erkrankten jungen Frauen auftut und ich fand die alle megacool!" Sie stieß schnell auf das Buusenkollektiv, einen gemeinnützigen Verein von Betroffenen für Betroffene, bei dem sie heute Gründungsmitglied ist. „Ohne die hätte ich das alles nicht so gut weggesteckt. Zusammen ist es leichter und ich habe da meine besten Freundinnen gefunden."

Nach der Diagnose hatte Katharina Kohnle viel Zeit, nachzudenken. Über ihr Leben, die Krankheit und was sie eigentlich möchte. „Ich habe einen Oncotype-Test bekommen, das heißt, eine Probe von meinem Tumor wurde in die USA geschickt. Dort wird der Chemo-Benefit berechnet und die Wahrscheinlichkeit für Metastasen." Sechs lange Wochen musste sie auf das Ergebnis warten. „Laut diesem Test hätte eine Chemotherapie bei mir einen Benefit von 1,6 Prozent gehabt. Deswegen habe ich keine Chemo gemacht, bekomme aber eine etwas stärkere Antihormontherapie für zehn Jahre." In dieser langen Wartezeit hat sie eine Entscheidung getroffen: Bei der Krebs-OP ließ sie sich die Brust abnehmen und nicht wieder aufbauen. „Das war einfach mein subjektives Sicherheitsempfinden. Ich vertrage so vieles nicht, reagiere auf vieles allergisch – ich wollte kein Silikon in meinem Körper haben." Selbst nach den Überredungsversuchen eines Schönheitschirurgen am Abend vor der OP entschied Katharina Kohnle: Es gibt keine andere Option für mich! Nach einem Antrag bei der Krankenkasse ließ sie sich später auch die zweite Brust abnehmen. „Heute weiß ich, dass ich alles richtig gemacht habe. Ich mag meinen Körper heute viel lieber als vor der Diagnose! Ich definiere mich und Weiblichkeit nicht über Brüste. Und ich bin immer noch superstolz auf mich, dass ich mich durchgesetzt habe." In keinem Wort spürt man bei Katharina Kohnle Verdruss oder Verlust über und wegen der Krankheit. Dennoch möchte sie klarstellen: „Krebs ist richtig scheiße, und ich kann auch verstehen, wenn Menschen da nichts Positives dran finden. Aber ich habe jetzt zwei so schöne Jahre gehabt, war in der Arktis und habe Eisbären gesehen, habe dafür meinen Bausparvertrag gekündigt. Ich habe mir einen Camper-Van gekauft, war segeln, lebe bewusster und würde nicht zurückgehen mit dem Wissen, was ich heute habe. Ich fülle meine nächsten fünf Jahre heute mit mehr, als ich früher die nächsten 20 Jahre gefüllt hätte."

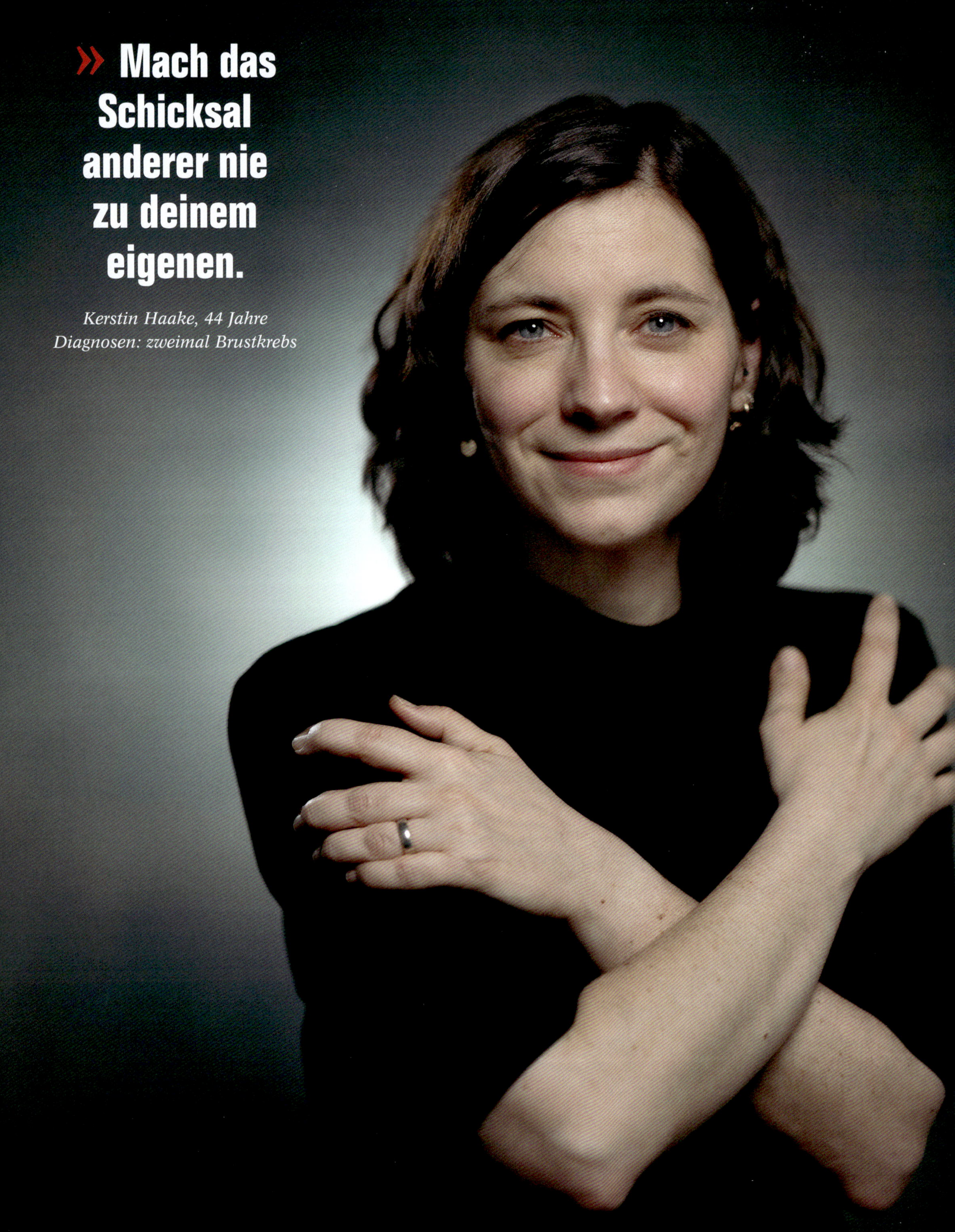

» **Mach das Schicksal anderer nie zu deinem eigenen.**

Kerstin Haake, 44 Jahre
Diagnosen: zweimal Brustkrebs

Es ist ein Gendefekt. BRCA1 der medizinische Fachbegriff. Kerstin Haake erfuhr davon Ende 2020. Da bekam die damals 40-Jährige ihre zweite Brustkrebsdiagnose. Die erste war bereits zwölf Jahre her. „Ich hätte mich schon bei der Diagnose 2008 auf den Defekt testen lassen können – meine Mutter war kurz vor mir an Brustkrebs erkrankt und ich wurde zu einer genetischen Beratung eingeladen“, sagt die heute 44-jährige Beamtin. „Ich habe mich damals dagegen entschieden. Ich wollte das nicht wissen.“

27 Jahre war Kerstin Haake damals alt. Erst hieß es, sie habe eine Zyste, die sich wohl zyklusabhängig veränderte. Erst mal abwarten – erst mal mit den Freundinnen in den Urlaub nach Südostasien. Der jungen Frau war klar, dass da was in ihrer linken Brust war, es wuchs und war deutlich sicht- und tastbar. „Aber ich hatte einfach kein Bild von Krebs und das, obwohl meine Mutter ja kurz zuvor ebenfalls erkrankt war.“ Der Termin nach dem Urlaub im Brustzentrum zwang Kerstin Haake dann aber dazu, ein Bild von Krebs zu haben: Brustkrebs, aggressiv und schnell wachsend, aber mit guten Heilungschancen. „Und deswegen bin ich da auch positiv rangegangen: Meine Mama hat das auch geschafft – sie ist da durchgegangen und gut rausgekommen: So mache ich das jetzt auch.“ Kerstin Haake war damals Single, ging noch einmal ordentlich feiern und tanzen, bevor die Chemotherapie startete. „Nach der ambulanten Chemo bin ich immer für zwei Tage mit zu meinen Eltern gegangen, damit ich nicht allein war.“ In all der Zeit war und blieb sie optimistisch – diese Einstellung und ihre Freunde und Familie hätten sie durch diese Zeit getragen.

Und alles wurde gut. Kerstin Haake heiratete und bekam zwei Töchter, die heute neun und zwölf Jahre alt sind. „Das ist wirklich seit der ersten Diagnose das Schönste, was mir passiert ist: Dass mein Körper die erste Chemo so gut überstanden hatte, dass ich zwei Kinder bekommen konnte, ohne dass ich Unterstützung brauchte.“

Ende 2020, Kerstin Haake war 40 Jahre alt, folgte dann die zweite Diagnose, den Tumor hatte sie selbst ertastet. Die OP folgte schnell, „ich wollte nicht mit dem Krebs Weihnachten feiern.“ Im Januar 2021 begann die Chemo, dazu folgte die Entfernung der Eierstöcke und Eileiter wegen des Gendefekts – auch bei ihrer Mutter. „Wir haben zusammen ein Doppelzimmer in der Charité gebucht“, sagt Kerstin Haake, die mit ehrlichem Optimismus und feinem Humor über ihre Krankheitsgeschichte spricht.

Auch über die nachfolgenden Monate, in denen die Entfernung des Brustdrüsengewebes und der Aufbau der Brüste viel Kummer bereitete: Schlechte Heilung, Infektion, wieder gestörte Wundheilung. „Ich hatte drei OPs in sieben Wochen“, sagt Kerstin Haake, „Ich konnte die Charité nicht mehr sehen und habe gesagt: Ganz ehrlich, ich komme erst wieder, wenn ihr hier tapeziert!“

Ihr Weg ist bis heute nicht beendet, der Brustaufbau läuft noch immer. Aber Kerstin Haake ist sich ohnehin bewusst, dass sie „das Thema Krebs nicht mehr abhaken“ kann in ihrem Leben. „Nach der ersten Erkrankung konnte ich das. Ich war jung und habe einfach mein Leben wieder aufgenommen.“ Heute geht das nicht mehr. Weil Freundschaften entstanden sind, „Krebsfreundschaften“. Und natürlich auch, weil Kerstin Haake zwei Töchter hat. „Die Ärzte haben damals gesagt: Am besten wäre es, sie bekommen Kinder bis zum 35. Lebensjahr – und am allerbesten kriegen sie Jungs. Ich hoffe also sehr, dass die Medizin sich weiterentwickelt, so dass meine Töchter das dann nicht erleben müssen.“

Aber Kummer und Sorgen bestimmen ihren Alltag nicht: „Momentan habe ich beschlossen, dass das mein Jahr wird! Ich liebe und feiere das Leben“, sagt Kerstin Haake und man glaubt ihr sofort. „Ich habe mein Leben nicht umgestellt, meine Ernährung nicht verändert und ich verzichte auch nicht komplett auf Alkohol. Zu den Krebspatienten gehöre ich nicht.“ Und bei ihr überwiegen die Gedanken der guten Momente: „Ich werde steinalt, ich habe alles getan, um den Gendefekt auszuschalten.“ Und doch kann in den schwachen Momenten „jedes Zipperlein“ eine neue Diagnose sein und die traurig verlaufenden Geschichten anderer Krebspatienten ein Dämpfer. Aber eines hat Kerstin Haake gelernt: „Mach das Schicksal anderer nie zu deinem eigenen! Das ist das, was dich am Leben hält und das ist das, was zählt!“

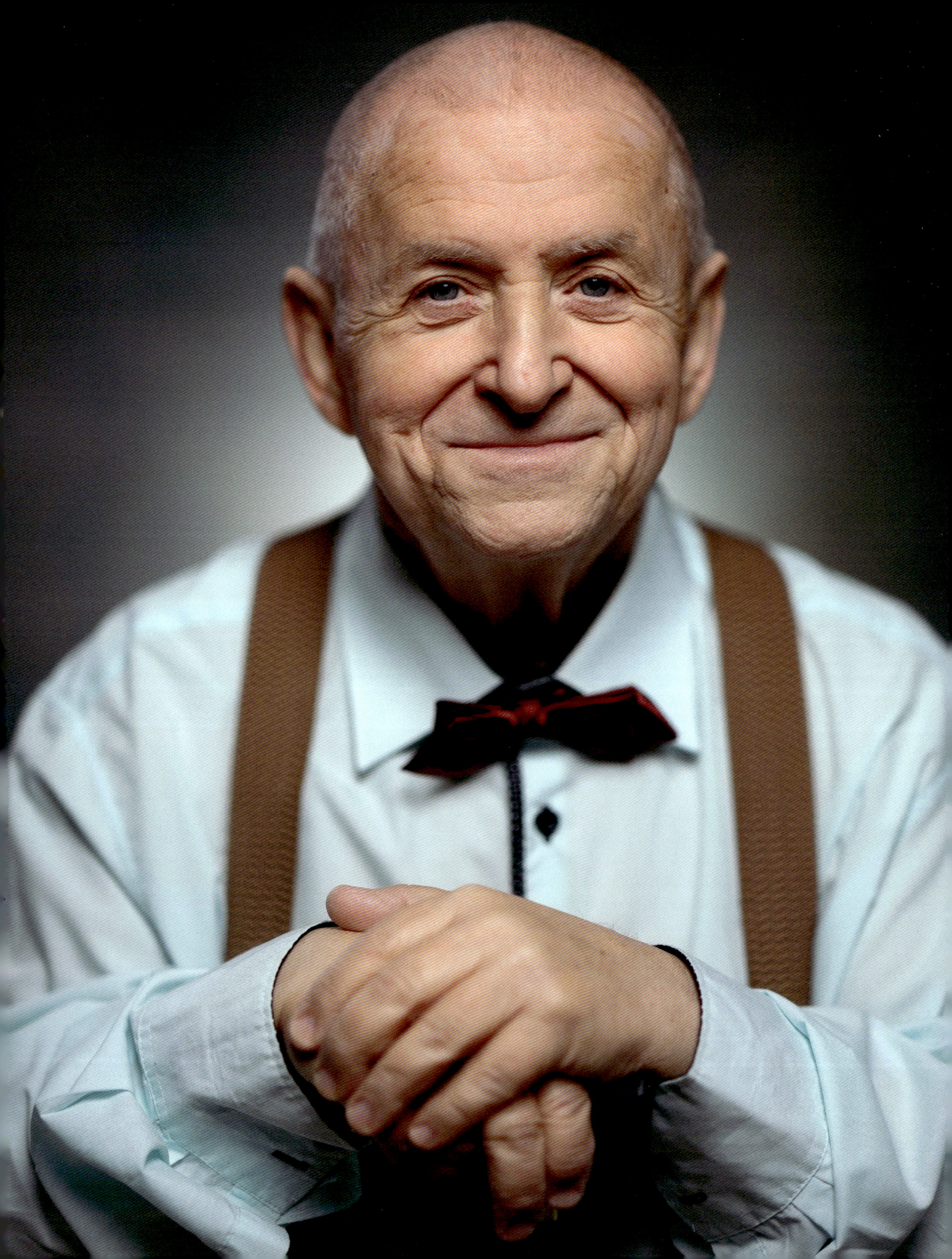

Konrad Swinarski ist eigentlich die ersten 69 Jahre seines Lebens nie wirklich krank gewesen. Na klar, hier mal eine Erkältung. Dort kleine Wehwehchen. „Und ich dachte schon: Es wäre komisch, gesund zu sterben", sagt der heute 73-jährige Jurist. „Und mir war ja auch immer klar: Statistisch gesehen musste ich irgendwann mal etwas haben. Aber mein Herz ist sehr gut – daran werden sie nicht sterben, hat mein Arzt mir immer gesagt. Also, was blieb: Krebs oder Autounfall." Deswegen war der Moment der Diagnose eigentlich keine Überraschung für den in Breslau geborenen Swinarski, der zwei Kinder aus „fünf ernsten Beziehungen" hat. „Wir Menschen sind ja nicht auf Unsterblichkeit programmiert!"

Im April 2021 kam die Diagnose Lymphom vierten Grades. „Ich hatte vor acht Jahren auch schon mal Hautkrebs, aber das fühlte sich für mich damals eher an wie eine Schönheits-OP", sagt Swinarski mit seinem charmanten, schlesischen Dialekt, der mit seinen fröhlichen Augen um die Wette feixt. Er erzählt, dass er im Februar vor der Diagnose noch in Ägypten bei der Familie eines Freundes war. „Und mein Freund hat mir gesagt: Konrad, du bewegst dich komisch, du bist irgendwie anders. Wahrscheinlich waren das die ersten Symptome, die ich gar nicht bemerkt habe." Wieder zuhause ließ er sich gründlich in einer Klinik durchchecken – und eigentlich schien alles gut zu sein, die Entlassung für den nächsten Tag war schon geplant. Swinarski erinnert sich: „Dann sehe ich am Abend beim Zähneputzen, dass meine Mandel geschwollen ist und ich dachte: Na, dann bin ich wohl erkältet." Aber diesmal war es kein Schnupfen, wie all die Jahrzehnte bisher. Die Entlassung wurde eine Verlegung auf die HNO-Station, es folgte eine Biopsie, weitere Untersuchungen, dann die Diagnose. „Ich habe überhaupt keine Schmerzen gehabt, das hat alle gewundert. Mich auch, denn ich habe wirklich nichts gemerkt."

Es folgten 16 Chemotherapien, während derer Konrad Swinarski sich „nie dafür interessiert" hat, was gemacht wurde und was er bekommt. Zum Glück ging es ihm auch während der Therapie meistens gut. „Ich habe den Ärzten immer gesagt: Macht, was ihr wollt, ihr macht das schon richtig." Und tatsächlich: Schließlich waren keine Krebszellen mehr da. „Mein Arzt sagte mir zwar, dass es durchaus sein kann, dass der Krebs zurückkommt – aber ich dachte: Einmal geheilt, immer geheilt!"

Doch es kam anders: Nach anderthalb Jahren war der Krebs zurück. Konrad Swinarski sagt, dass er wieder nicht überrascht war – „aber ich war sauer auf mich! Ich dachte: Du hattest anderthalb Jahre für dich, was hast Du daraus gemacht? Habe Orte, die ich besuchen wollte, nicht besucht, Personen nicht getroffen, die ich treffen wollte und Familiendokumente nicht sortiert und geregelt, die ich regeln wollte. Und warum? Weil ich immer dachte: Ach, ich hab noch so viel Zeit." Dennoch hadert er nicht mit seinem Schicksal: „Ich bin doch ein Mensch, der das Leben kennt. Ich habe viele Menschen sterben sehen. Und so muss es ja kommen. Ich habe auch keine Angst vor dem Tod. Wenn ich daran denke, dann denke ich an Ruhe." Nur an einem einzigen, festen Ort wäre er dann ungern. Darüber habe er gerade auch mit seinem Sohn gesprochen. „Es gibt die Möglichkeit, dass die Asche in die Oder gestreut wird. Dann fressen mich die kleinen Fische und die kleinen Fische werden von den großen Fischen gefressen – und so komme ich überall hin", sagt Konrad Swinarski. Aber sein Sohn habe ihm gesagt, er brauche einen Ort, an den er gehen könne, an dem er seinen Vater irgendwie noch habe. „So haben wir ganz natürlich darüber gesprochen und das sollte man in der Familie immer tun. Genauso, wie man darüber spricht und plant: An Weihnachten fahren wir zu Tante Hilda ..."

» Wir Menschen sind ja nicht auf Unsterblichkeit programmiert.

Konrad Swinarski, 73 Jahre
Diagnosen: Hautkrebs und Lymphom

Konrad Swinarski ist übrigens ein leidenschaftlicher Pokerspieler – aber absolut keine Spielernatur, wie er betont. Auch sein Leben vergleicht er gern mit einem Pokerspiel. „Du hast keinen Einfluss darauf, was für Karten du bekommst – aber nur von dir hängt ab, wie du sie spielst", sagt er und seine Augen blitzen fröhlich auf. Natürlich sei sein Körper heute schwächer als früher, aber sein Denken sei noch besser und schneller als früher. „Als hätte mein Gehirn mehr Speed durch die Chemo, die Bluttransfusionen und all die Medikamente. Mein Körper kann da nicht mehr mithalten." Aber das sei gut so, er sei zufrieden mit sich und als Mensch fühle er sich durch die Erfahrungen mit der Krankheit sogar besser als früher. Oder, um es als Pokerspieler zu sagen: „Ich war schon immer mit den Blättern zufrieden, die ich im Leben bekommen habe."

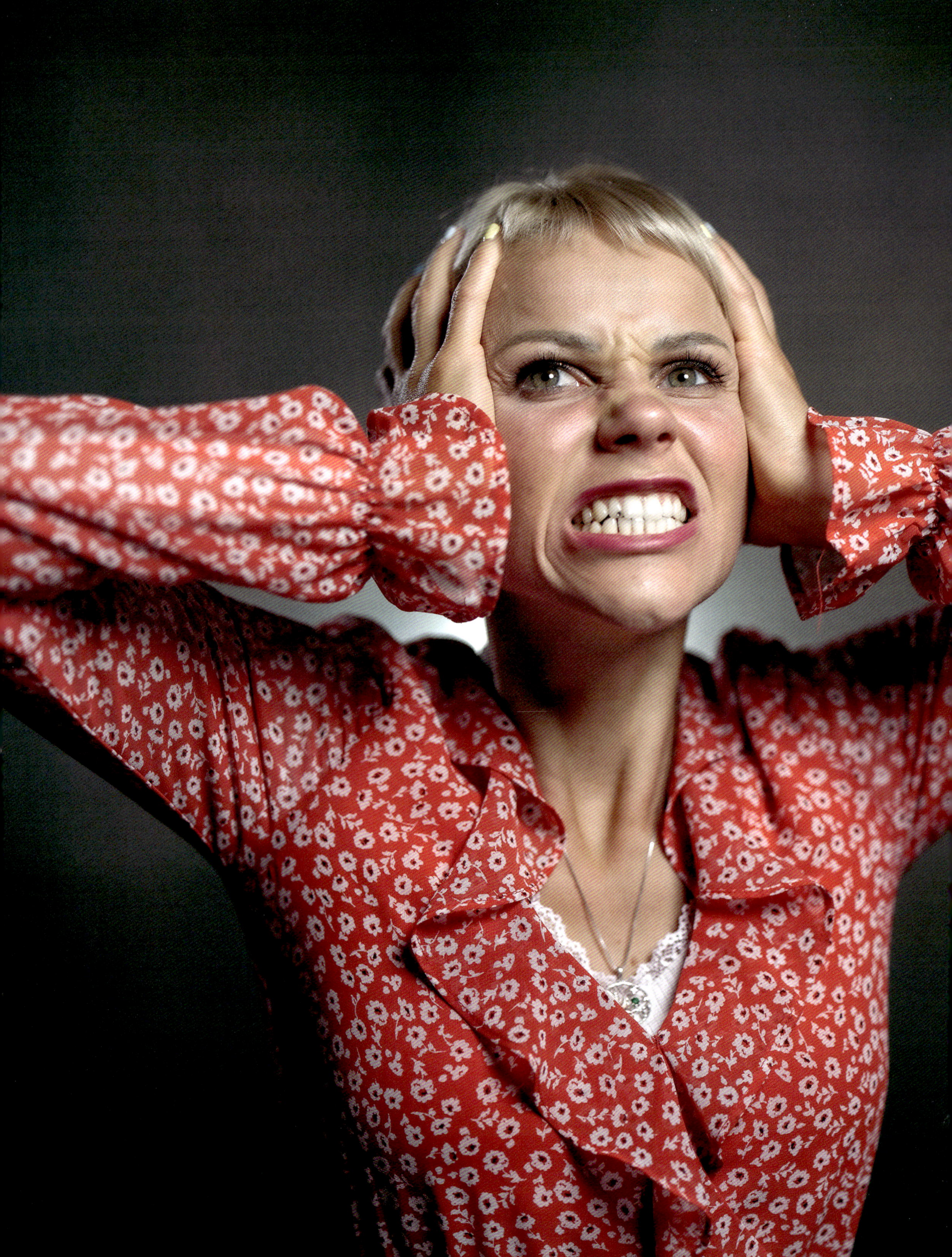

Es war der 2. Oktober 2023 und für Nicole Keßler fing der Tag schon komisch an. Da sie vergessen hatte, dass der Kindergarten geschlossen hatte, musste die Großhandelskauffrau schnell ihre beiden Töchter (fünf und zwei Jahre alt) zu ihrer Oma bringen. Auf der Arbeit ging dann auch etwas schief – kurzum: Die 32-jährige Dresdnerin, die heute mit ihrem Freund und den Kindern in Moritzburg lebt, war gestresst. Nachmittags wollte sie bei ihren Eltern im Garten entspannen, den schönen Spätsommertag mit der Familie genießen. „Plötzlich dachte ich, mich trifft ein Blitz. Die ganze linke Seite kribbelte, ich dachte, ich habe einen Stromschlag bekommen. Die anderen dachten, mich hätte eine Wespe gestochen. Aber mein Schwager war auch da und der ist bei der Feuerwehr und außerdem Rettungssanitäter. Er hat sofort reagiert, mich weggezogen und mir gleich all die Fragen im Falle eines Schlaganfalls gestellt. Bis zum Krankenwagen erinnere ich mich an alles. Aber im Wagen bekam ich dann einen epileptischen Krampfanfall und seitdem weiß ich gar nichts mehr."

Gegen Mitternacht wachte Nicole Keßler auf der Intensivstation auf. Sie war alleine und dachte: „Tja, Nicole, jetzt hast du deinen Burnout gekriegt, war ja nur eine Frage der Zeit." Sie hat viel gearbeitet, das Paar baute gerade ein Haus, dazu zwei kleine Kinder. „Dann kam mein Freund, wir haben gesprochen, er wusste aber auch nichts – dann reißt meine Erinnerung wieder ab." Als sie das nächste Mal wach wurde, war es morgens und in ihrem Zimmer stand ein Haufen Ärzte. „Ich dachte nur: Bitte, bitte, bitte nur gute Nachrichten – oder einfach nur: Das war jetzt mal ein Dämpfer."

Leider sagten die Ärzte etwas anderes. Der Hirntumor in Nicole Keßlers Kopf war pfirsichgroß. „Ich dachte, ich bin im Film oder ich träume, das war total unrealistisch. Ich hatte tausend Fragen und dachte nur: Ist das jetzt euer Ernst? Ich habe einen Hirntumor? Ich habe doch zwei kleine Kinder! Und ich bin ein sehr sportlicher Mensch, trinke keinen Alkohol, rauche nicht. Es gibt doch gar keinen Anlass für einen Tumor." Auch Symptome gab es nicht wirklich. Keinen Schwindel, keine Sehstörungen oder Kopfschmerzen. „Manchmal hatte ich ein bisschen Nackenschmerzen und beim Vorbeugen einen Druck im Kopf."

» Es gibt immer Wunder – und das Wunder bin ich.

Nicole Keßler, 32 Jahre, Diagnose: Hirntumor (Astrozytom Grad 3)

Die nächsten Tage verschwimmen in Nicole Keßlers Erinnerung. „Ich glaube, ich stand auch viel unter Beruhigungsmitteln." Eine Woche später war die achtstündige OP. Alles lief gut, es wurden keine Hirnareale verletzt, Nicole Keßler bestand alle Funktionstests. „Ich soll geredet haben, etwas aufgesagt haben – ich weiß das alles nicht mehr. Ich bin nach der OP wohl auch herumgelaufen, Freunde haben mich besucht – ich erinnere mich daran nicht." Der Tumor konnte zu 80 Prozent entfernt werden. Lange acht Wochen später kam der Befund: Astrozytom, Grad 3, unheilbar und bösartig. Die junge Mutter, die ganze Familie war am Boden zerstört. Von Oktober bis Januar wurde der Kopf bestrahlt, 30 Einheiten. „Dann sind wir nach Dubai geflogen. Familienurlaub. Danach fing meine Chemotherapie an, die ich in Tablettenform bekomme für 12 Zyklen."

Nicole Keßler ist unglaublich umtriebig, informiert sich über alternative Behandlungsmethoden und probiert alles aus, was einen positiven Effekt auf ihren Körper haben kann. Ketogene Ernährung, Chinesische Heilmedizin, Akupunktur. Der Haupttumor in ihrem Kopf war im letzten MRT nicht mehr zu sehen. „Dafür wurde im März leider etwas Neues gefunden, auf der anderen Seite. Das ist aber auch um die Hälfte kleiner geworden."

Die zwei kleinen Töchter verstehen nicht wirklich, was mit ihrer Mama ist. „Meine Kinder sind meine ganze Energie, aber sie kosten mich natürlich auch Energie – und wenn mich das an meine Grenzen bringt und ich dann nicht mehr kann, dann werde ich so sauer auf mich. Dann sage ich mir: Du musst das doch genießen, musst alles aufsaugen und wertschätzen. Aber das kann ich kräftemäßig oft einfach nicht." Aber aufgeben wird Nicole Keßler niemals: „Ich habe noch so viel vor in meinem Leben. Ich will meinen Freund heiraten, meine Kinder groß werden sehen und ich will unbedingt Oma werden. Außerdem möchte ich einen Girls-Club eröffnen, mit dem wir anderen Menschen helfen, uns untereinander supporten als Frauen und netzwerken. Ich liebe mein Leben und der Tod kommt für mich nicht in Frage. Und deswegen ist mein Motto: Es gibt immer Wunder – und das Wunder bin ich!"

» Solange ich die Patienten retten kann, sage ich: Geht nicht gibt's nicht!

Prof. Dr. Dr. Guido Schumacher, 61 Jahre, Leiter der Chirurgie in Brixen und Sterzing (Südtirol)

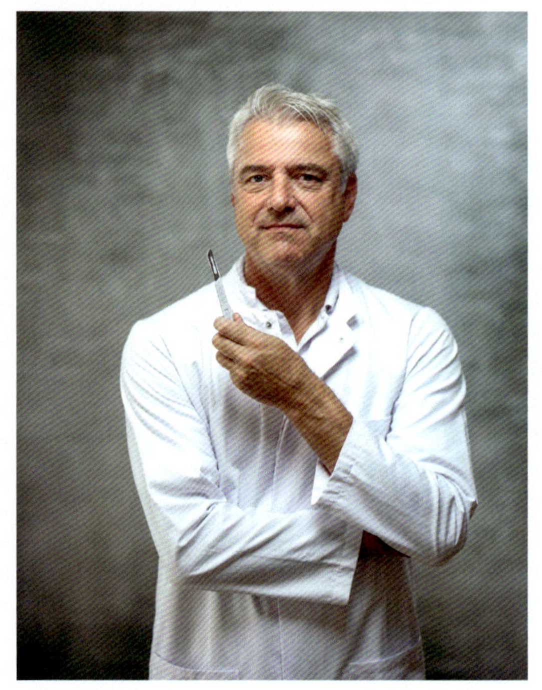

Professor Guido Schumacher sagt, er hatte schon als Medizinstudent einen „unheimlichen Drang, operieren zu wollen.“ Sein Studium begann der gebürtige Bonner in Florenz, studierte dann in Berlin zu Ende und interessierte sich schon damals für Tumorforschung und Tumorchirurgie. Da er großes Interesse daran hatte, dass seine OP-Technik perfekt ist, übte er mit Nähgarn die Knoten. „Und ich habe mir im Supermarkt Hühnchen gekauft und Löcher in die Haut geschnitten, um sie wieder zuzunähen“, sagt der Chefarzt. Mit Erfolg: Heute ist er in der gastrointestinalen onkologischen Chirurgie international anerkannt.

*Professor Schumacher, inwieweit wissen Sie, wie es mit Ihren Patient*innen weitergeht nach der Operation?*
Seit Ende der 90er Jahre haben wir die Tumorkonferenzen und das interdisziplinäre Zusammenspiel, was vorher nicht der Fall war. Das war schlecht für die Patient*innen. Heute behandeln wir die Patient*innen gemeinsam, mit einem interdisziplinären Team aus Onkologen, Chirurgen, Radiologen und anderen Fachleuten. Das sichert eine umfassende Betreuung der Patient*innen von der Diagnose bis zur Nachsorge. Wir jonglieren quasi gemeinsam mit den Möglichkeiten, die wir alle in der Behandlung haben. Manchmal beginnt es mit der OP oder wir entscheiden uns für die Chemo als ersten Schritt, bevor der Tumor operabel ist. Und einige Patient*innen operiere ich ja auch mehrfach. Jeder Mensch ist individuell. Das ist ja das Spannende in der Medizin. Das ist nicht wie beim Auto, da ist alles gleich und ich wechsele mal eben einen Reifen. Von vielen Patient*innen, die ich operiert habe, bekomme ich noch Jahre später Postkarten.

Wie sehr haben sich die Chancen der Krebs-Operationen in den letzten Jahren verändert?
Die Technik ist natürlich viel besser geworden. Und auch das Bewusstsein der Chirurg*innen hat sich verändert. Es ist klar, dass man eben sehr sorgfältig operieren muss. Leberchirurgie zum Beispiel gibt es erst seit den 70er Jahren. Vorher hat man gesagt, das ist ein Organ, das wir nicht anfassen. Das blutet stark, hat feine Strukturen. Die Bauchspeicheldrüse auch. Und bei einem normalen Darmkrebs hat man nicht so sauber die Schichten präpariert wie heute. Wir haben heute allerdings auch viel bessere Instrumente der Blutstillung, haben bessere Scheren, die zum Beispiel erhitzt sind und gleich alles veröden. Dadurch kann man inzwischen sehr bluttrocken operieren. Auch bei einer Leber-OP braucht man eigentlich keine Blutkonserven mehr. Weil man sauber die einzelnen Gefäße präparieren kann. Und generell ist heutzutage die Spannbreite sehr groß, was operabel ist und was nicht. Da gibt es keine scharfe Grenze mehr. Ich bin auch eher der Typ, der nicht so schnell aufgibt. Solange ich die Patient*innen retten kann, sage ich: Geht nicht, gibt's nicht! Und das Ziel der Chirurgie ist es ja immer, den Tumor zu 100 Prozent zu entfernen. Dafür muss man als Chirurg sehr selbstbewusst sein, ein Problem sehen und nicht zurückschrecken. Sich sagen: Das kriege ich hin, das packe ich an – aber gleichzeitig nicht

nassforsch sein, sondern sich selbst richtig einschätzen können und an seine Fähigkeiten glauben.

Was sind Veränderungen, die die KI und die Digitalisierung bei Ihrer Arbeit mit sich bringen?
Roboterchirurgie gibt es ja schon – aber die arbeitet ja nicht alleine. Das ist eine Maschine, an der ich jede kleinste Bewegung selber machen muss, und das wird dann übertragen. Aber natürlich entwickelt die KI sich auch weiter. Aber im Moment kann man sich noch schwer vorstellen, dass die KI alles um die Bauchspeicheldrüse herum präpariert. Jetzt jedenfalls geht es nicht. Aber bei einem normalen Darmkrebs oder der Entfernung der Gallenblase zum Beispiel – da gibt es ganz bestimmte Schichten und bestimmte Strukturen. Wenn das unser bloßes Auge erkennen kann, warum soll das dann der Roboter nicht auch irgendwann erkennen? Das kann man sich schon vorstellen.
Und Digitalisierung brauchen wir unbedingt! Datenschutz ist natürlich wichtig, aber nur bis zu einem gewissen Punkt. Ich finde, der Datenschutz wird so übertrieben, dass man teilweise fast handlungsunfähig wird. Und das schadet den Patient*innen. Nehmen wir ein Beispiel: Ein Patient, der sich nicht verständigen kann, kommt mit Bauchschmerzen in die Notaufnahme. Und er hat auf dem Bauch eine große Narbe – ich kann dann keine richtige Entscheidung treffen, wenn ich nicht weiß, was da schon war. Mit der elektronischen Patientenakte hätten wir das Problem nicht.

*Wie geht man mit den eigenen Emotionen und den Emotionen der Patient*innen um, die so eine OP ja auch immer mit sich bringt?*
Eine Entscheidung muss ich ganz rational und nüchtern für mich treffen: Können wir das machen? Können wir das nicht machen? Und dann muss man natürlich Mensch sein, man muss Empathie haben. Man muss verstehen: Was ist das für ein Mensch, den ich da operiere? Und dazu muss man auch wissen, dass es unterschiedliche Phasen der Krebsverarbeitung gibt – von Ungläubigkeit, über Aggression, Depression oder Akzeptanz ist da vieles dabei. Je nach Phase muss ich anders mit den Patient*innen reden. Und auch, wenn ich schlechte Nachrichten überbringe, muss ich das in einer Form machen, dass mein*e Patient*in das versteht. Gleichzeitig muss ich als Chirurg auch mit Fehlern umgehen. Und auch damit, dass ein*e Patient*in stirbt. Dann muss ich mir Zeit nehmen für die Angehörigen und mich in ihre Situation einfühlen. Aber diesen Umgang kann man lernen.

Gibt es alternative Therapien, die Sie als Schulmediziner befürworten?
Es gibt sogenannte alternative Therapien, die einen nachgewiesenen Effekt haben. Das sind diese ergänzenden Therapien mit Selen oder Mistel – das kann man machen. Das ist aber definitiv kein Ersatz. Als Ersatz gibt es nichts. Bei Krebs gibt es die drei Säulen der Schulmedizin: Operation, Bestrahlung, Chemotherapie. Alles andere ist lediglich Ergänzung. Und von Homöopathie halte ich gar nichts. Das ist Placebo und hat keinen wissenschaftlich nachgewiesenen Effekt. Und ich sage meinen Patient*innen immer: Sobald es anfängt, teuer zu werden, bitte Vorsicht! Es gibt in diesem Bereich sehr viele sehr unseriöse alternative Therapieangebote, die falsche Versprechungen enthalten, und das geht überhaupt nicht.

Warum bekommt der Mensch überhaupt Krebs?
Wir alle haben Krebszellen im Blut. Die bekommt aber das Immunsystem in den Griff, die werden als fremd erkannt und gefressen. Man weiß aber, dass ein Raucher zum Beispiel viel mehr Krebszellen im Blut hat als ein Nichtraucher. Und jetzt ist es einfach eine Sache der Wahrscheinlichkeit: Man kann immer Lotto spielen und alle 300.000 Jahre hat man einen Sechser. Und so ist es im Endeffekt auch bei der Entstehung von Krebs: Immer mal wieder wird eine Krebszelle vom Immunsystem nicht erkannt und diese nistet sich dann ein. Und ich glaube auch nicht, dass sich daran über die letzten Jahrhunderte und Jahrzehnte etwas verändert hat. Manche Krebsarten sind nur seltener geworden und andere eben häufiger. Und häufiger werden sie auch deswegen, weil wir alle immer älter werden. Wenn wir früher im Schnitt mit 50 Jahren gestorben sind, dann haben wir das 70. Lebensjahr und damit den Krebs gar nicht mehr erlebt. Als weitere Faktoren sind zum Beispiel Übergewicht ein Problem, die Umwelteinflüsse, Feinstaub, das Ozonloch, die Sonneneinstrahlung. Und auch die Ernährung ist oft schlechter geworden. Man sagt, 30 Prozent der Krebserkrankungen kann man nicht vermeiden – aber einen Großteil kann man eben doch beeinflussen. Zum Beispiel ist Sport sehr günstig, um Krebs zu vermeiden und auch später in der Behandlung. Beim Brustkrebs zum Beispiel weiß man inzwischen: Wenn eine Frau erkrankt war und dann anfängt, dreimal die Woche etwa anderthalb Stunden Sport zu machen, dann kann das 20 Prozent der Rezidive verhindern. Beim Darmkrebs gibt es diesen signifikanten Effekt auch.

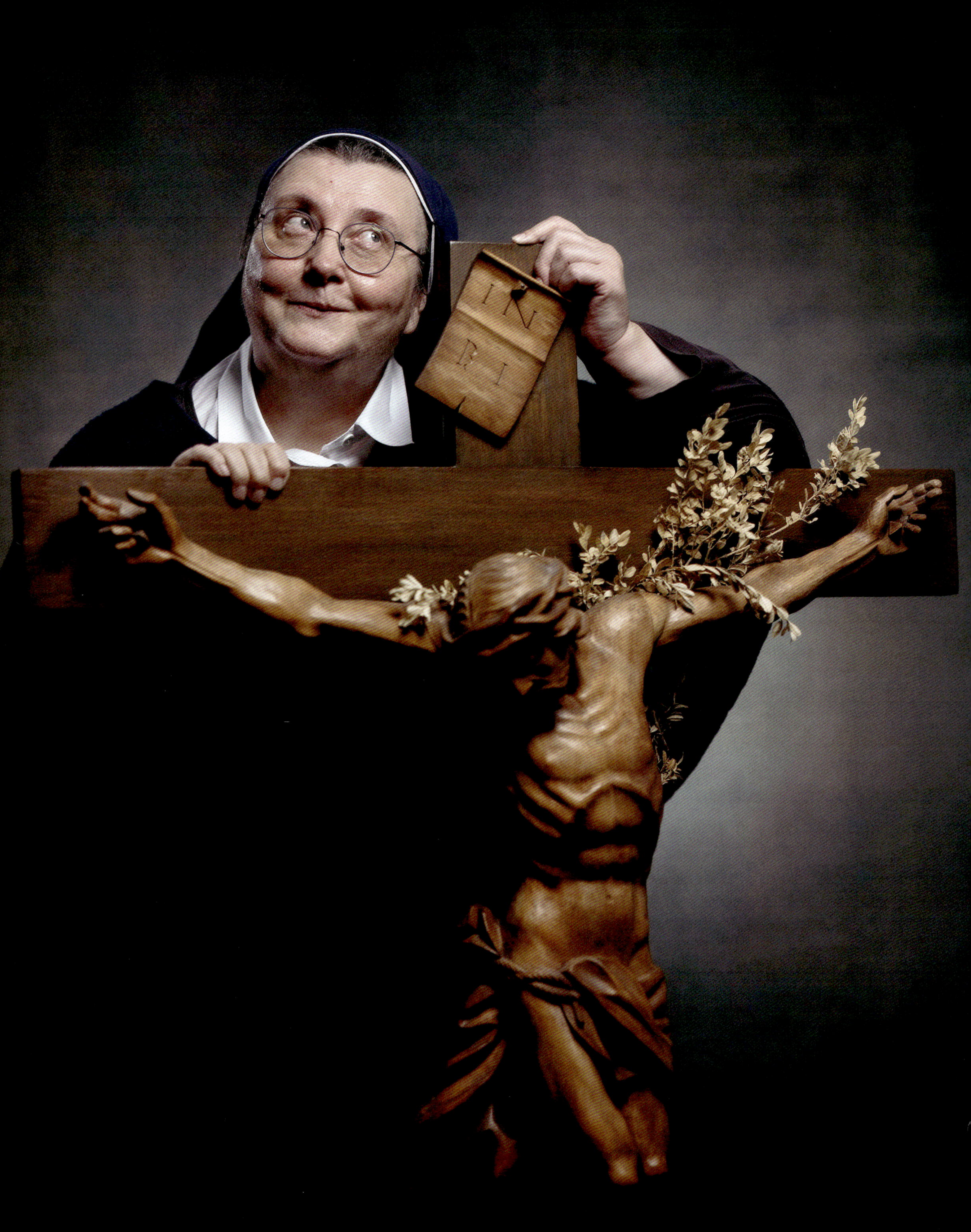

Eine große Sportlerkarriere lag vor ihr. Auf dem Sportinternat trainierte die junge Teresa, die gebürtig aus Kroatien kam, 40 Stunden die Woche. Eines Nachts konnte sie in ihrem Internatszimmer nicht schlafen und griff zu einem Buch, das vor ihrem Bett auf dem Boden lag. Eine Freundin hatte ihr Zimmer umgebaut und ihre Bücher bei Teresa zwischengelagert. „Das Buch, nach dem ich griff, war die Bibel. Ich hatte bis dahin noch nie in ihr gelesen. Der Satz: Selig, die ein reines Herz haben, denn sie werden Gott schauen, hat mich existenziell berührt", sagt die heute 60-Jährige. „Dann lese ich weiter und komme zu dem verrückten Satz: Wenn dich einer auf die rechte Wange haut, halte auch noch die linke hin – wie kann man denn so leben? Aber am nächsten Tag wurde ich bei einem Basketballspiel böse gefoult – und statt zu reagieren, wie ich es sonst getan hätte, blieb ich ruhig und half der Gegenspielerin auf – was für ein Gefühl des Friedens das war! So fing mein Abenteuer an!"

Und was für ein Abenteuer! Teresa Zukic gab mit 18 Jahren den Sport auf, ließ sich taufen und trat mit 19 Jahren ins Kloster ein. Sie lernte Altenpflegehelferin, studierte Religionspädagogik, wurde in einem sozialen Brennpunkt in Hanau Streetworkerin. „Ich habe mit den Kids das gemacht, was ich konnte: Fußball spielen, Basketball spielen und Skateboard fahren." Bei „Schreinemakers Live" wurde sie so in den neunziger Jahren über Nacht einem Millionenpublikum als „Skateboardfahrende Nonne" bekannt.

1994 gründete sie mit dem Bistum Bamberg eine neue Gemeinschaft, die „Kleine Kommunität der Geschwister Jesu", und gibt seitdem voller Leidenschaft ihre Kraft für Gott und den Glauben – und für die Menschen. Macht Kindergottesdienste, Gottesdienste für Suchende, hält Vorträge und schreibt Bücher.

Und dann kommt im Jahr 2020 die Diagnose Gebärmutterkrebs. Ein bösartiger, schnell wachsender Tumor. Ihre erste Reaktion? Untypisch – aber für Schwester Teresa doch so passend: „Warum nicht ich? Was privilegiert mich, so etwas nicht zu bekommen? Ich bin immer voller Zuversicht gewesen, selbst wenn ich Todesangst hatte. Aber was ist denn das Schlimmste am Sterben? Das du die, die du liebst, verlassen musst oder dass du die, die du liebst, hergeben musst. Aber mir war immer bewusst: Der Krebs wird nie die Nummer Eins in meinem Leben sein, sondern Gottes atemberaubende Liebe!"

Auf ihrem weiteren Weg mit der Erkrankung geschahen viele Dinge, die Schwester Teresa dieser Liebe zuschreibt. Sie geriet an die richtigen Ärzte, bekam eine vorgezogene OP. „Eigentlich nur, damit ich nicht noch mehr Schmerzmittel bekommen musste, aber wäre es nicht so gekommen, würde ich hier heute nicht sitzen." Durch eine zuvor durchgeführte Untersuchung von Blase und Darm war der Tumor offenbar geweckt worden – und dann nutzte kein Schmerzmittel mehr. „Ich habe vor Schmerzen geschrien." Schwester Teresa wurde am Montag statt wie geplant am Mittwoch operiert. „Und am Dienstag bestimmte die Regierung, dass wegen der Pandemie keine OPs mehr stattfinden sollen, nur noch Corona-Fälle." Der Arzt, der sie operiert hatte, war Prof. Dr. Jalid Sehouli, der gynäkologische Krebsspezialist der Berliner Charité. Inzwischen sind die beiden befreundet, haben Bücher über Ernährung bei und nach dem Krebs zusammen geschrieben.

» Ich sage mir jeden Morgen: Heute wird der schönste Tag meines Lebens.

Schwester Teresa Zukic, 60 Jahre, Diagnose: Gebärmutterkrebs

Auch nach der schweren Diagnose, die inzwischen überstanden ist, zweifelt Schwester Teresa keine Sekunde an Gott: „56 Jahre lang ging es mir gut – ich war gesehen von ihm. Ich habe das alles mitgemacht, von Diagnose bis OP, sechs Chemos, Bestrahlung, Reha – und ich habe gemerkt: Auch wenn du krank bist, kannst du glücklich sein. Wenn du ins Kloster kommst, bekommst du beigebracht, jeden Tag so zu leben, als wenn es der letzte wäre. Also was tue ich? Ich gebe mein Bestes! Ich genieße! Und jeden Morgen, wenn ich die Augen aufmache, sage ich mir: Heute wird der schönste Tag meines Lebens." Champagner, weiße Rosen und Cappuccino machen Schwester Teresa glücklich. Dass sie wieder gesund ist, natürlich auch. Dennoch: „Gesund sein ist das Höchste, heißt es immer. Das ist Schmarrn – was heißt das denn für Kranke und Behinderte!? Geliebt zu sein ist das Höchste! Wenn Du noch so krank bist, aber du hast eine Heldin oder einen Helden an deiner Seite, die oder der dich über alles liebt, dann erträgt man auch das Kranksein. Wir sind auf der Welt, um geliebt zu werden und zu lieben – und wenn das nicht ist, dann ist nichts."

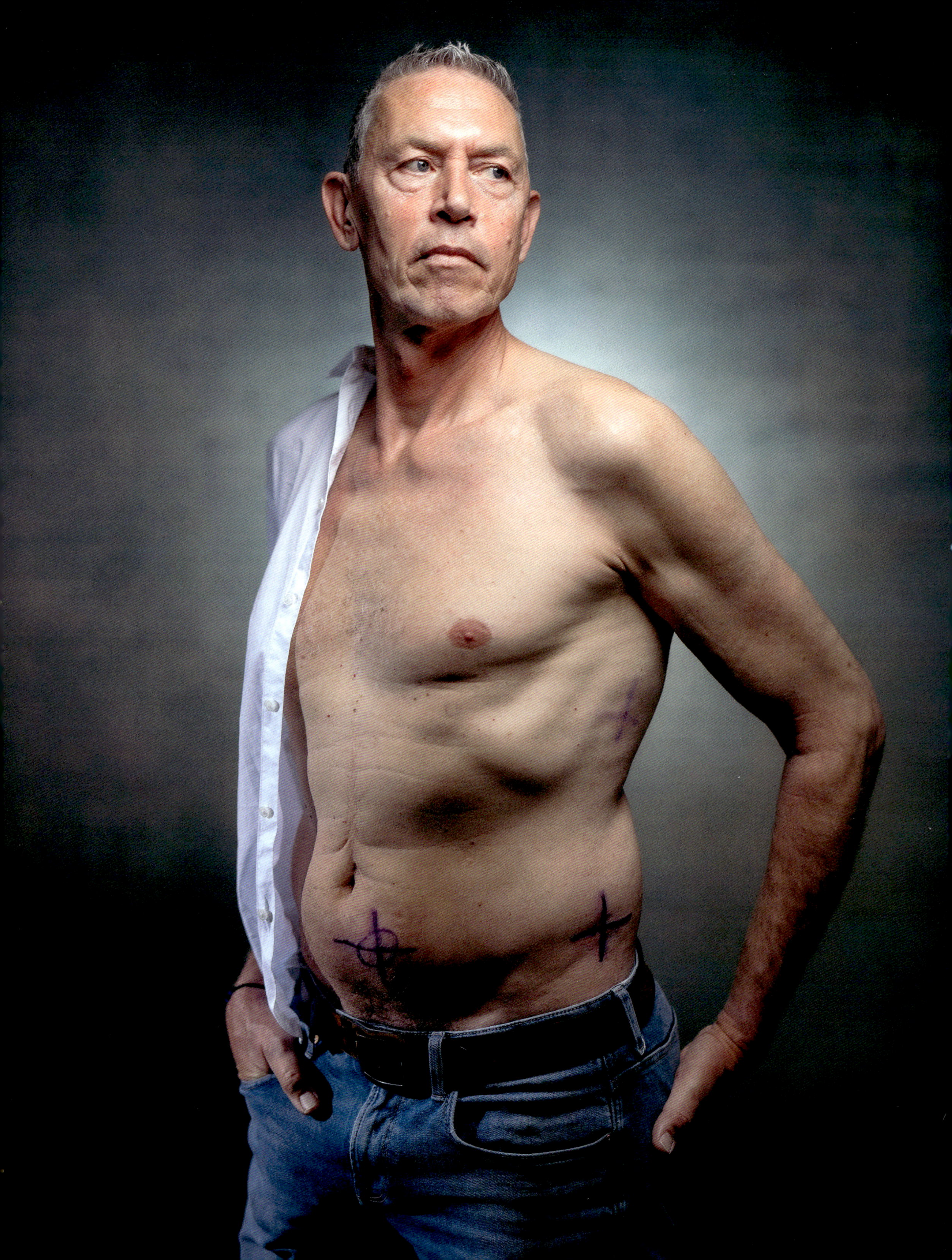

Willi Liedigk ist im Westerwald geboren und groß geworden. Seine Kindheit und Jugend war nicht leicht. Schon als Kind war er ständig krank, lag oft und lange in Krankenhäusern, „im hämatologischen Bereich stimmte mit mir schon immer irgendwas nicht". Dazu war der Vater herzlos, die Mutter desinteressiert. Sein Gefühl über Jahre: Ich bin nicht normal und immer nur im Weg. Aus einer jung geschlossenen Ehe, die er nur einging, um zu gefallen und nicht aufzufallen, musste scheitern. Der große Gewinn daraus: Sein heute 38-jähriger Sohn. Ansonsten ließ das Lebensglück auf sich warten.

Heute ist Willi Liedigk 61 Jahre alt. Und das Glück und die Liebe haben ihn endlich gefunden. Im September 2021 heiratete der freie Redakteur und Autor seine große Liebe, seinen Mann Artjom. Zu dem Zeitpunkt war er bereits seit Jahren krank. „Aber mit der Krankheit hadere ich nicht. Ich hadere eher mit meiner privaten Situation. Dass ich mich immer nach Glück gesehnt habe und als ich es endlich hatte, hieß es: Nein, das bekommst du nicht!"

» Ich wollte immer nur gefallen. Heute sage ich ganz klar, was ich will und was nicht.

Willi Liedigk, 61 Jahre
Diagnose: B-Zell-Lymphom, unheilbar

Alles begann 2006. Willi Liedigk, inzwischen lange in Berlin, spürte einen Knoten im Hals. Der ließ sich aber gut verschieben und der HNO-Arzt blieb entspannt. „Irgendwann wurde das aber ein kosmetisches Problem und ich ließ es entfernen", sagt Willi Liedigk. Das Gewebe kam zur Untersuchung ins Labor. Fast fünf Wochen später kam der Anruf. Diagnose: Non-Hodgkin-Lymphom, das Staging ergab ein Stadium 3. „Eine Bestrahlung war nicht möglich, also hieß es, wir machen Wait and Watch." Viele Jahre ging das gut. „Es war kaum mehr Bestandteil meines Lebens, ich ging einmal im Jahr zur Untersuchung und das war es. Irgendwann ging es dann los, dass ich nachts viel schwitzte und mich nach und nach schlechter fühlte." Aber mit 55 Jahren, 2018, flog Willi Liedigk zum Tauchen nach Sharm el Sheikh. „Meine damalige Beziehung war schwierig und ich war nicht gesund. Ich war sehr traurig und verzweifelt – und genau dann lief mir dort Artjom regelrecht in die Arme." Da war es endlich, das Glück und die Liebe. Drei Jahre später die Hochzeit. Und dann, im Juni 2023, ging es Willi Liedigk sehr schlecht. „Ich bin morgens wach geworden und mein Bauch war ganz hart, wie ein Brett. Im MRT kam raus, dass das Lymphom, das vor 17 Jahren bei drei mal sechs Zentimetern war, nun bei 21 mal 17 Zentimetern lag. Ich habe auch überall die Lymphknoten gespürt." Bei der anschließenden Biopsie kam heraus, dass das Non-Hodgkin noch nachweisbar war, aber innerhalb einer Stanze zu einem B-Zell-Lymphom transformiert war. „Mein Onkologe sagte, wenn wir jetzt nicht therapieren, sind sie in ein paar Monaten tot."

Im August begann die Chemo, sechs Zyklen. „Ich hatte unter der Chemo neurologische Probleme, dazu Orientierungslosigkeit. Und das ganze drumherum fand ich so schrecklich, das hat mich sehr belastet. Die vielen jungen Menschen und eine kam plötzlich nicht wieder… Und auch mein eigener körperlicher Verfall war psychisch sehr belastend, ich fühlte mich so ausgeliefert. Ich sah aus wie ein Zombie und ich kam mir auch so vor." Direkt nach der Chemotherapie sagte Artjom zu seinem sehr geschwächten Mann: „Du gehst auf keinen Fall in die Reha, wo nur Krebskranke sind, die von morgens bis abends über ihre Krankheiten reden – wie sollst du da gesund werden? Wir nehmen uns eine zweimonatige Auszeit auf den Kanarischen Inseln, ein kleines Häuschen direkt am Meer." Dort fand Willi Liedigk seinen Lebensmut wieder. „Wir hatten Ruhe und wunderschöne Momente der Zweisamkeit. Und ich fand endlich die Stärke, zu sagen: Ich lasse mich nicht mehr fremdbestimmen, weder durch eine Krankheit noch durch einen Menschen. Ich wollte früher immer nur gefallen. Heute sage ich ganz klar, was ich will und was nicht. Ich war guter Dinge und voller Hoffnung!" Auch, was das PET CT anging, dass gleich nach der Rückkehr angesetzt war. Dann die Ernüchterung. „Mein Onkologe sagte, die Chemo hat ganz gut gewirkt, aber es gibt noch Restaktivität im unteren Bauch." 20 Bestrahlungen folgten, als nächste Möglichkeit bleibt noch die neue CAR-T-Zell-Therapie. Aber so weit ist es noch nicht. Noch gilt es abzuwarten, ob die Bestrahlung wirkt. Da bleibt Willi Liedigk weiterhin voller Hoffnung. Und genießt so lange sein spät gefundenes Lebensglück. Endlich kann er sagen: „In guten Momenten möchte ich die ganze Welt umarmen."

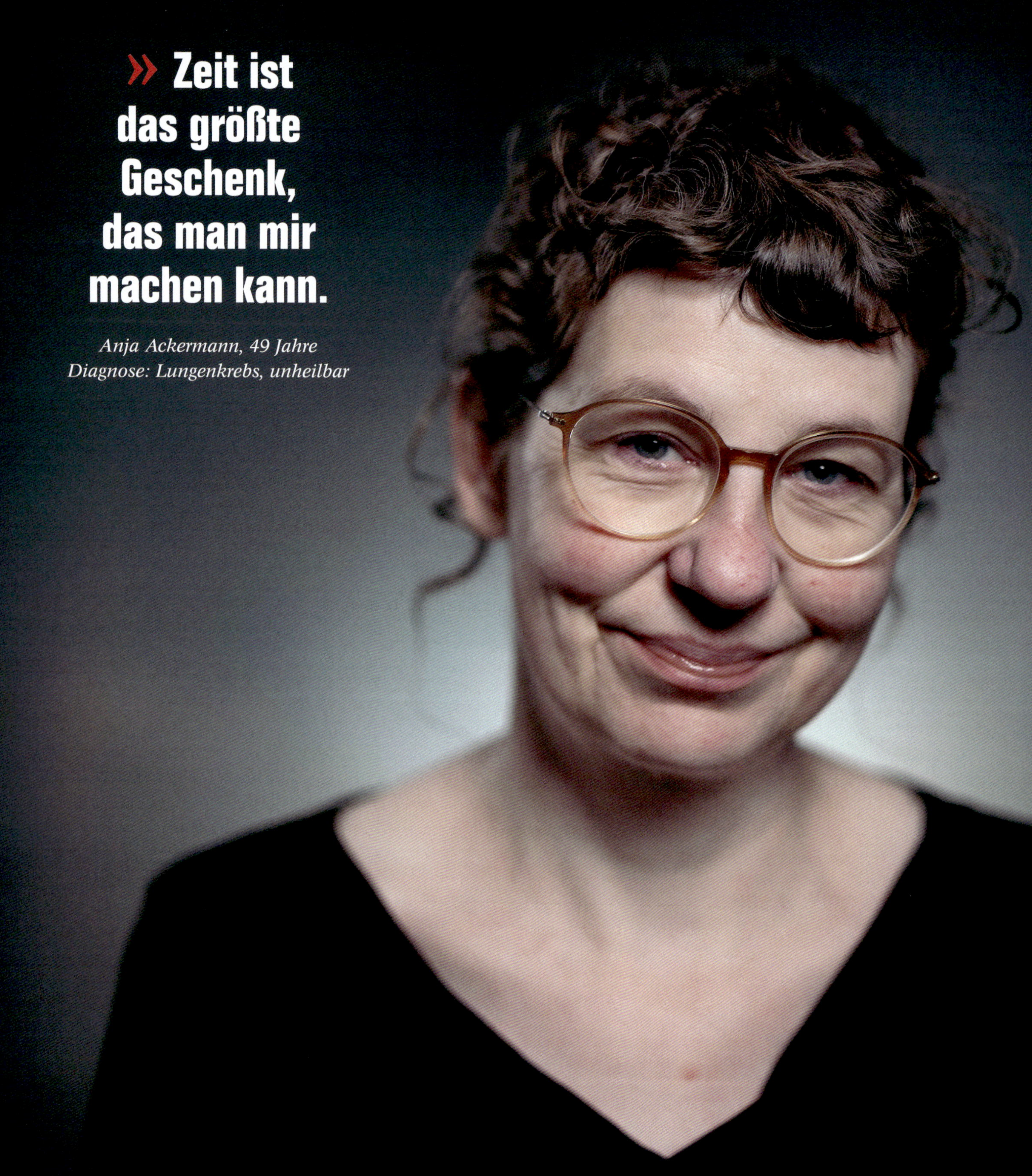

» Zeit ist das größte Geschenk, das man mir machen kann.

Anja Ackermann, 49 Jahre
Diagnose: Lungenkrebs, unheilbar

Den Moment, als die Krankenschwester ihren Kopf zur Tür reinsteckte und fragte: „Wie lange dauert das hier noch?“, wird Anja Ackermann niemals vergessen. Kurz zuvor hatte ihr ein junger Arzt in einem kargen Zimmer, in dem noch ein angebrochenes Mittagessen auf dem Tisch stand, mitgeteilt, dass sie einen bösartigen Lungentumor hat. Inoperabel, die Behandlung lediglich noch palliativ. Wie lange dauert das hier noch? Für Anja Ackermann ohne Therapie drei bis zwölf Monate, mit etwa 12 Monate. Das war im Mai 2022, die Statistik hat sie immerhin besiegt. „Ich erinnere mich noch, dass ich mich absurderweise gefreut habe – keine OP“, sagt die heute 49-jährige Bildungsberaterin. Sie hatte eine Freundin aus Hamburg bei sich damals, schließlich habe sie gespürt, dass es etwas Schlimmes ist. Sie hatte Schmerzen beim Atmen, auf der linken Lungenseite. „Lungenkrebs hat leider die Eigenschaft, sich lange Zeit nicht bemerkbar zu machen. Für eine Schilddrüsenuntersuchung habe ich ein CT machen lassen. Am nächsten Tag saß ich bei der Ärztin, die mir per Mail einen Termin am nächsten Tag gesendet hatte. Man hätte da was gefunden, wahrscheinlich Krebs“, sagt Anja Ackermann. Sie hat eine wunderschöne Stimme, nur ab und zu unterbrochen von einem kleinen Räuspern. „Ich habe erst geflucht, dann geweint“, sagt die studierte Kulturwissenschaftlerin. Weitere Untersuchungen folgten, dazu Biopsien – ein Monat verging, bis zu dem Tag im Mai, als die endgültige Diagnose feststand: Lungenkrebs, Endstadium. Vier Stunden hatte sie zuvor in der Lungenambulanz zusammen mit ihrer Freundin gewartet, sei „fast verrückt“ geworden.

Es war nicht die erste Krebsdiagnose in ihrem Leben. Mit 29 Jahren wurde bei Anja Ackermann Brustkrebs diagnostiziert. „Meine Mutter ist jung an Krebs gestorben – ich dachte damals, jetzt passiert mir das auch.“ Doch Anja Ackermann besiegte den Krebs – damals wie heute helfen ihr Freunde. „Niemand aus meinem Umfeld hat sich zurückgezogen, niemand hat Berührungsängste gehabt“, sagt Anja Ackermann. „Alle haben signalisiert, dass sie für mich da sind und mich unterstützen.“ Ihre erste Diagnose kam am ersten Tag ihres ersten Jobs nach dem Studium. „Ich habe danach lange am Rande der Armutsgrenze gelebt, habe Toast mit Senf gegessen, Schulden gemacht bei der Bank, die den Dispo immer weiter erhöht hat. Mit 40 Jahren kam die Insolvenz, als ich einsah, dass ich die Schulden mit meinen freiberuflichen Jobs in der Museumspädagogik nicht stemmen konnte“, sagt Anja Ackermann. „Tja, und als die Insolvenz vorbei war, kam Corona und als Corona vorbei war, kam der Lungenkrebs.“

Und ja, manchmal hadere sie mit dem Schicksal: „Ich habe Jahrzehnte auf so viel verzichtet, bin nicht in den Urlaub gefahren, habe auf der Speisekarte immer das Billigste genommen – und natürlich wollte ich das alles irgendwann einmal nachholen. Jetzt geht das nicht mehr.“ Ein paar Mal habe sie versucht, in den Urlaub zu fahren. Einmal bekam sie vorher blutigen Husten, ein anderes Mal wurde eine Metastase im Gehirn gefunden. Mit „soetwas“ fährt man nicht in den Urlaub. Im schlimmsten Fall kann bei einem geplatzten Blutgefäß, das der Tumor aufreißt, in kurzer Zeit ihre Lunge mit Blut volllaufen. „Das will ich nicht im Ausland erleben“, sagt Anja Ackermann. Der Traum vom Mittelmeer, Sonne und barfuß im Strand bleibt … „Ich bin einfach zu schwach.“

Nur ein Traum, von dem sie sich verabschieden muss. „Eigentlich ist jeder Tag ein kleiner Abschied: Ich musste mich von der Arbeit verabschieden, von Urlauben, von Konzerten, ich bin nicht mehr so viel wach …“ Es gibt viele schlechte Momente, sagt sie. Auch Momente, in denen sie nicht mehr leben wollte. „Denn eigentlich bin ich ganz anders, als ich es jetzt bin, viele meiner Eigenschaften sind vergraben“, sagt Anja Ackermann. „Und wenn ich mich irgendwann nicht mehr wiedererkenne, dann möchte ich eigentlich eine Pille bekommen, mit der ich einfach einschlafen kann.“

Aber da gibt es eben auch noch die guten Momente. Die Zeit, die sie mit Freunden und Familie verbringt. Die Liebe, die sie erfährt und den Zusammenhalt. „Das ist und war auch meine Motivation, die Therapien zu machen: die Aussicht auf gemeinsam verbrachte Zeit“, sagt Anja Ackermann und ergänzt: „Ich versuche, es den anderen auch nicht so schwierig zu machen, das Zusammensein für die anderen so angenehm wie möglich zu gestalten. Ich versuche, möglichst wenig zu jammern und noch so viel wie möglich von der alten Anja hochzuholen.“

Anja Ackermann ist am 12. Juni 2024 verstorben.

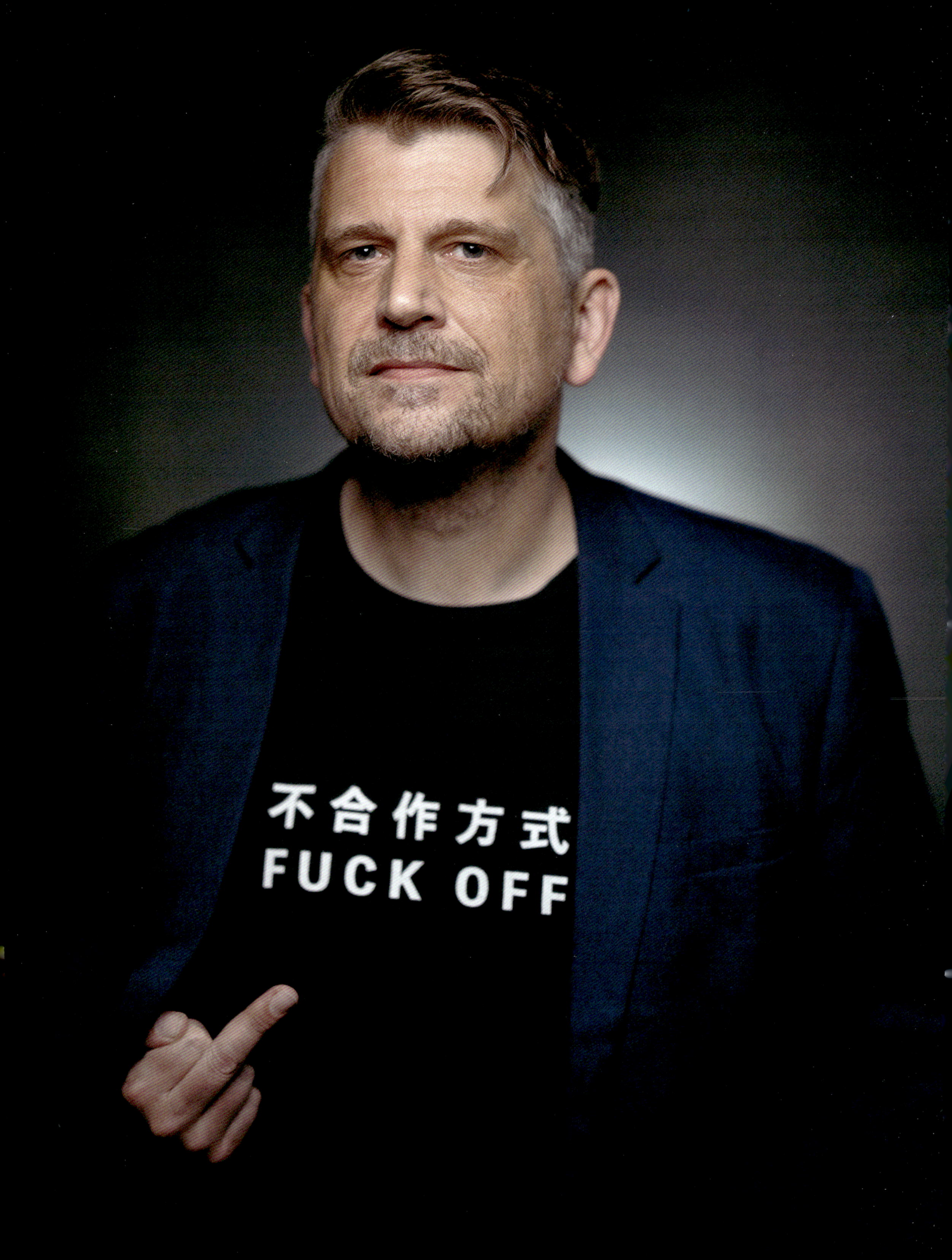

不合作方式
FUCK OFF

Es wirkte wie Ironie des Schicksals, als Stefan Schmitz im Mai 2019 die Diagnose Darmkrebs bekam. Denn der Grafikdesigner war von Anfang an der Art Director von yeswecan!cer, Deutschlands größter digitaler Krebs-Selbsthilfegruppe. „Das begann 2017 oder 2018, da war ich noch gesund, und ich habe durch meine Arbeit dort auch viel mit der Krebsgesellschaft zusammengearbeitet. Und da ich immer sehr leidenschaftlich bin bei dem, was ich tue, musste das dann beim Krebs wohl auch so sein – so habe ich versucht, mir das schön zu reden."

Dabei war anfangs nichts schön zu reden: Der gebürtige Husumer, der heute in Hamburg lebt, hatte einen veränderten Stuhlgang, er dachte an einen Reizdarm, irgendwann kamen Schmerzen dazu. „Ich bin trotzdem relativ entspannt zur Darmspiegelung gegangen. Als ich aus meinem Propofoltraum erwachte, schaute mich ein Arzt mit traurigen Augen an und sagte: Das sieht nicht gut aus, Sie haben sehr wahrscheinlich einen Darmkrebs. Auf dem Rückweg vom Arzt rief das Krankenhaus schon an. Da dachte ich: Oha, das scheint ja schlimm zu sein. Auf dem Weg nach Hause lief im Radio „Losing my religion" von REM und da dachte ich: Wie oft werde ich dieses Lied noch hören können? Ich höre gerne und viel Musik – aber wenn ich tot bin, wird es schwierig, noch Musik zu hören …" Um seine Frau und seine damals 16-jährige Tochter machte sich der Grafiker die meisten Sorgen. „In einer ihrer wichtigen Lebensphasen, der Pubertät, im Krankenhaus zu sein, ist mir sehr schwergefallen", sagt Stefan Schmitz, der seit Jahrzehnten den Spitznamen „Doktor" hat. „Ich war der Erste aus Husum, der in Hamburg war. Ich hatte eine kleine Wohnung – da hatte ich viel Besuch von Freunden und aus Spaß schrieb einer der Freunde an meine Tür: ‚Praxis für Zivildienstplatzsuchende Dr. Stefan Schmitz' – da war der Doktor geboren."

Und nun kam der „Doktor" selbst ins Krankenhaus. Da der Krebs nicht gestreut hatte, waren die Ärzte einigermaßen entspannt. Mit einer Chemo und Bestrahlung wurde der Tumor zunächst verkleinert, dann kam die Operation. „Ich bekam einen künstlichen Darmausgang, damit die operierte Stelle im Darm ausheilen konnte. Der sollte aber nach drei oder vier Wochen zurückverlegt werden." Und das wurde er auch. „Aber leider stellte sich heraus, dass der Darm an einer Stelle nicht richtig zugewachsen war und dadurch ist Stuhl in meinen Körper eingedrungen. Das führte zu Entzündungen im Körper." Es folgte eine weitere OP, Stefan Schmitz bekam wieder ein Stoma. Es folgten vier Jahre, in denen vieles versucht wurde, viel therapiert und operiert wurde. „Doch die Entzündung hatte sich so sehr im Körper verteilt, dass die Ärzte gesagt haben: Das wird nichts mehr. Die Entzündung geht nicht mehr weg und damit musste der Darmausgang bleiben. Aber ich hatte mich in der Zwischenzeit tatsächlich daran gewöhnt. Für mich war es schlimmer, all die Jahre in Behandlung zu sein und keinen Schlussstrich ziehen zu können. Deswegen war ich dann fein mit der Legung des dauerhaften Darmausgangs."

» Ich bin so frei im Kopf, wie ich es noch nie war.

Stefan Schmitz, 51 Jahre,
Diagnose: Darmkrebs

Heute ist der „Doktor" krebsfrei. Geblieben ist das Stoma. Mit dem Stefan Schmitz heute ohne Gram lebt. „Abgefahren finde ich, dass ich irgendwann so gelassen wurde! Ich habe es akzeptiert und erkannt, dass ich nicht viel dazu tun kann. Die Freude darüber, dass ich überhaupt noch lebe, ist bei mir so groß, dass alles andere überstrahlt wird. Denn mehr als Sterben kann man nicht. Aber in der Zeit, in der ich NICHT sterbe, genieße ich jetzt mehr. Dadurch bin ich so frei im Kopf geworden, wie ich es noch nie war. Vielleicht, weil jetzt die Angst fehlt. Ich lasse mich auf jedes Abenteuer ein, das das Leben mir anbietet – und das viel angstfreier als vorher und das ist ein schönes Gefühl. Der Verlust der körperlichen Unversehrtheit ist natürlich doof. Aber ich bin ein freierer Mensch." Stefan Schmitz hadert nicht damit, ob Fehler gemacht wurden von Seiten der Ärzte und er hadert nicht mit seinem Schicksal. „Manchmal habe ich natürlich schon überlegt: Was will mir diese Geschichte denn nun erzählen? Ich dachte eigentlich immer, mein Karmakonto wäre im positiven Bereich. Aber heute weiß ich, dass eine schlechte Erfahrung nicht unbedingt schlecht fürs Schicksal sein muss. Ganz im Gegenteil, sie kann auch Türen öffnen für neue positive Erfahrungen. Diese Positivität ist heute meine größte Stärke. Und die Erkenntnis, dass man das Leid nicht ändern kann – aber den Umgang damit."

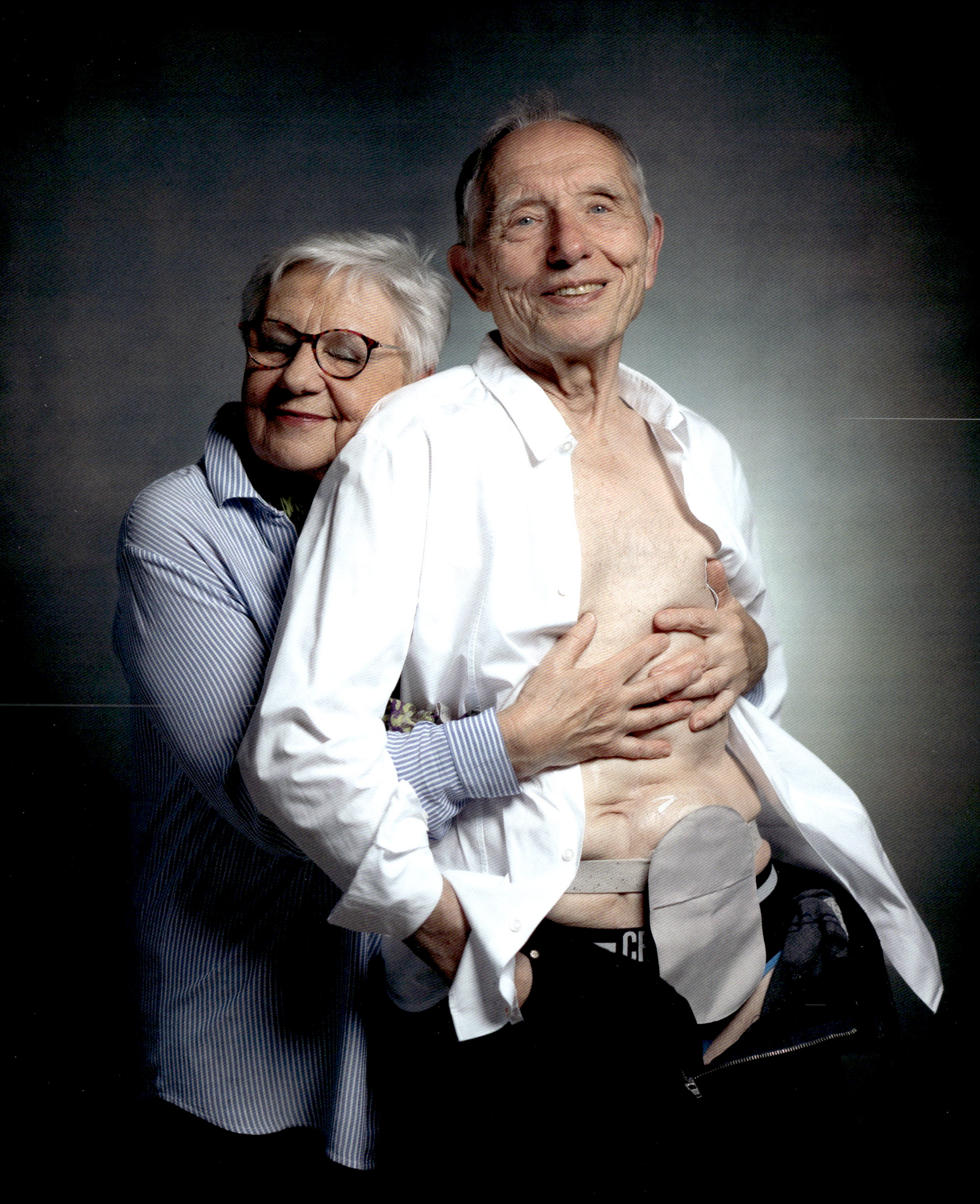

Seit 58 Jahren sind Rita und Peter Srodka verheiratet. Sie sind eine Einheit und erzählen gemeinsam von der Zeit im Jahr 2017, als eine Vorsorgeuntersuchung anders lief als erwartet. „Mein Name ist Peter Srodka, 81 Jahre alt aus dem Ruhrgebiet. Ich habe lange Jahre als Berufsberater im Arbeitsamt Olpe gearbeitet – und ich bin verspätet zur Darmspiegelung gegangen", sagt der Bochumer ohne Umschweife in seiner Vorstellung. Im Alter von 75 Jahren ist er auf Drängen seiner Frau gegangen, nicht weil er Probleme hatte. „Ich dachte, als aktiver Sportler wäre ich unbesiegbar. Aber das ist leider nicht so gewesen."

Guter Dinge war er zur Untersuchung gegangen, warum auch nicht? Dann überschlugen sich die Ereignisse: Es wurde ein Tumor am Schließmuskel gefunden, ein Abstrich entnommen und auf eine schnelle, minimalinvasive OP gedrängt. Was aber folgte war ein schwerer Eingriff mit mehreren Schnitten und als Peter Srodka aus der Narkose erwachte, hatte er ein Dünndarm- und ein Dickdarmstoma. „Und eigentlich wurde mir sofort gesagt, dass ich die mein Leben lang behalte. Da war die Anspannung natürlich extrem und die Frage in meinem Kopf: Kann ich das alles bewältigen? Auch mit der richtigen Versorgung?" Sieben Wochen blieb Peter Srodka im Krankenhaus, es gab viele Probleme. „Immer wieder war was undicht, der Bauchraum lief voll, er bekam viele Schmerzmittel und musste immer wieder auf die Intensivstation", sagt Rita Srodka. Und ihr Mann ergänzt mit Ruhrpottwitz: „Aber ich hab auf der Intensivstation auch immer wieder Fußball geguckt, das darf man nicht vergessen!"

Dann, noch im Krankenhaus, hatte Peter Srodka ein „Erweckungserlebnis", wie er es nennt. „Da kam die Renate vom Besucherdienst am Darmkrebszentrum in Olpe zu mir, die schon dreißig Jahre mit einem Stoma lebt. Als sie ins Zimmer trat und da war, wurde mir klar – damit kann man leben!"

Heute ist Peter Srodka Mitglied der Selbsthilfegruppe der Deutschen ILCO (Vereinigung Stomaträger und Darmkrebsbetroffener) und engagiert sich seit 2018 zudem beim Besucherdienst am Darmkrebszentrum in Olpe für Betroffene – so gibt er sein „Erweckungserlebnis" an andere weiter. „Freitags bekomme ich eine Liste aus dem Krankenhaus, wer operiert wurde und am Montag gehe ich ins Krankenhaus und spreche mit den neuen Stoma-Patienten", sagt Peter Srodka. „Meist dreht es sich um Fragen zur richtigen Versorgung."

Der künstliche Darmausgang ist ein Tabu in der Gesellschaft und das möchte Peter Srodka ändern. „Ich möchte das durchbrechen, erzähle deshalb jedem von meinem Stoma – auch, weil ich dadurch die Menschen nur zur Vorsorge bekomme. Oder ich drehe die Sache um und sage: Wer ein Stoma sexy findet, der sollte auf keinen Fall zur Darmkrebsvorsorge gehen." Viele Stoma werden irgendwann zurückverlegt – bei Peter Srodka aber blieb der eine. „Heute bin ich im Gleichgewicht und kann das gut ertragen. Ich habe meinen Darm inzwischen erzogen. Um acht Uhr gibt es Frühstück, um 13 Uhr Mittag und abends um 18 Uhr die letzte Mahlzeit. Bevor ich ins Bett gehe, wechsel ich den Beutel dann kann man ruhiger schlafen. Morgens wird der Beutel wieder gewechselt, man braucht eben Routine. Und ja, ich kann nicht alles essen und zwar bin ich immer noch viel in Bewegung und sportlich, aber vieles geht eben auch nicht mehr." Aber als Familie kommen sie damit klar, auch als Paar und auch Sexualität ist noch immer ein Thema – und auch das ein Tabu in der Gesellschaft. „Ich kann sagen, meine Frau hat noch einen rüstigen Rentner", sagt Peter Srodka. „Da bin ich vollkommen frei von Schamgefühl. Das hat natürlich auch was mit meinem Alter zu tun. Man darf ja auch nicht vergessen, wie alt wir sind! Klar wollen wir noch ein paar Jahre leben, aber wir haben unser Leben ja auch gelebt."

„Das stimmt", sagt Rita Srodka und ergänzt: „Natürlich hatte ich anfangs Angst, meinen Mann zu verlieren. Aber mit dem Saubermachen oder dem Stoma habe ich keine Probleme! Bei uns gilt: Was gemacht werden muss, das wird gemacht! Ich hatte immer Hoffnung und war nie pessimistisch. Ich habe mir gedacht: Wenn das Schlimmste wirklich kommt – warum soll ich dann vorher meine Kräfte schon aufbrauchen? Wir gehen das einfach an und wollen das Beste hoffen."

» Wer ein Stoma sexy findet, der sollte auf keinen Fall zur Darmkrebsvorsorge gehen.

Peter Srodka, 81 Jahre
Diagnose: Tumor am Schließmuskel (Analkarzinom)

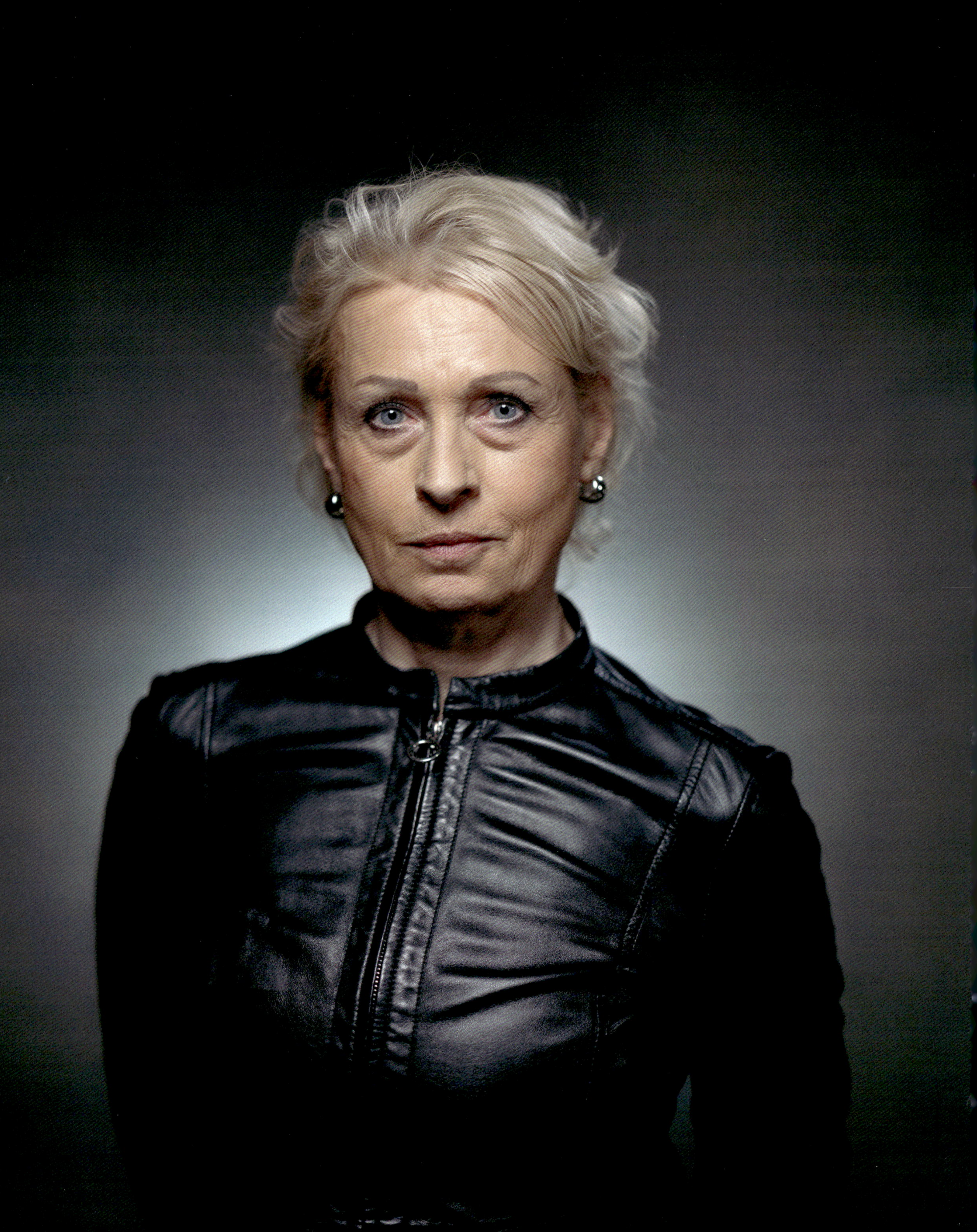

Es war im Sommer 2020. Das Jahr, von dem Maike Canzler sagt, dass es „kaum ein Jahr gab, in dem ich so fit war wie in diesem Sommer.“ Es war aber auch der Sommer, in dem sie ihre Krebsdiagnose bekam. Ovarialkarzinom, Eierstockkrebs. Ein Zufallsbefund, wie sie sagt. Im fortgeschrittenen Stadium, zwar heilbar, aber mit nicht so guten Prognosen. Die Diagnose – ein Schock. Wie immer, wie für jeden. Aber Maike Canzler ist Sportwissenschaftlerin, betreibt ein eigenes Studio, ist Personal Trainerin. „Ich bin jemand, der sehr gesund lebt, meine Ernährung stimmt – eigentlich gibt es wenig Gründe, die dafür sprechen, dass ich so etwas bekommen habe“, sagt die 65-Jährige. Für sie ist die Diagnose damals unfassbar. „Ich war extrem gut im Training, hab mich so gut gefühlt und überhaupt keine Beschwerden gehabt.“ Heute weiß sie: „Das ist das Tückische und hat offenbar gar nichts zu sagen.“

In der Charité wurde Maike Canzler tumorfrei operiert, bekam im Anschluss sechs Chemo-Zyklen und dann für zwei Jahre ein neues Medikament, für das sie aufgrund ihrer Krebsform in Frage kam. „Seit Juni letzten Jahres bin ich nun quasi ohne alles, gelte als krebsfrei und habe die ersten drei Jahre, in denen Rezidive am häufigsten auftauchen, gut überstanden“, sagt die gebürtige Ostfriesin, die seit über 30 Jahren in Berlin lebt. Mit so viel Power in der Stimme, mit der sie über die vergangene Zeit spricht, wird schnell klar: Da hat sich der Krebs mit der Falschen angelegt!

Denn natürlich: Eine Personal Trainerin, eine Sportlerin, die anderen Menschen Gesundheit vermitteln und vorleben will – die hat gesund zu sein. „Berufsbedingt ist es unheimlich wichtig, einen intakten Körper zu haben und gesund auszusehen“, sagt Maike Canzler. „Deswegen war die Diagnose für mich auch so schwierig, weil ich dachte: Mensch, ich lebe so gesund und ich fand tatsächlich auch, das passte nicht zu meinem Image.“ Wie sollte sie mit ihrer Krankheit nach außen umgehen? Nach kurzem Zögern war klar: Mit offener Entschlossenheit. „Ich habe nie aufgehört zu arbeiten – da hat mir Corona damals natürlich auch ein bisschen zugespielt. Wir hatten das Studio zu und ich habe nur Personal Training gemacht – meine ganze Erkrankung hindurch. Ich habe jeden Tag Sport gemacht, bin gelaufen oder gewalkt. Nur am Tag der Chemo und am Tag danach habe ich pausiert.“

Die Chemo hat sie gut vertragen: „Am Schlimmsten war der Haarausfall“, sagt Maike Canzler. Und das Essen war problematisch. „Ich habe zehn Kilo abgenommen, aber ansonsten fühlte ich mich nicht schlecht oder war sehr schwach. Ich bin und war immer sehr diszipliniert, sehr positiv und schaue nach vorne – ich war in der Zeit viel bei meiner Tochter in München und wir haben trotz allem eine gute Zeit gehabt.“

Heute, sagt Maike Canzler, merkt niemand bei ihr einen Unterschied – auch sportlich – zu der Zeit vor der Diagnose. „Ich selber würde vielleicht sagen, wenn ich in mich hinein horche, dass ich Verluste im Ausdauerbereich habe. Aber ich bin ja auch ein paar Jahre älter geworden, wer weiß, woran das liegt …“ Heute hat sie ihr „Portfolio“ ein wenig verändert, ihre Zielgruppe. „Es kommen viele Menschen zu mir, die sich fragen: Wie werde ich wieder fit nach meiner Krebserkrankung? Oder zur Vorbereitung auf OPs, nicht nur bei Krebs. Ein wenig ist das auch die gute Seite der Krankheit: Ich habe mein Business verändert, arbeite weniger – und das ist positiv. Darüber habe ich früher immer nur geredet, es aber nie geschafft.“ Und überhaupt: Heute schenkt Maike Canzler sich mehr Zeit für sich selbst, hat wieder mit dem Reiten angefangen, schafft sich Inseln, wo sie auftanken kann. Denn direkt nach der Chemotherapie war sie in ein Loch gefallen, hat zusammen mit einem Psychoonkologen nach Lösungen gesucht – immer mit ihrem disziplinierten Blick nach vorne. Und dennoch: „Ich denke jeden Tag an die Krankheit. Ich horche in meinen Körper hinein und bei Veränderungen werde ich unruhig. Frage mich: Ist das normal? Wenn ich huste, dann denke ich, jetzt habe ich Metastasen in der Lunge“, sagt Maike Canzler. Gegen Angst und Unsicherheit hilft eben auch Disziplin nicht. Aber Maike Canzler hat ihren Weg gefunden. „Ich bin demütiger geworden und gelassener. Und meine Tochter sagt, ich bin sehr schnell glücklich zu machen.“ Welch eine wunderbare Gabe.

» Es gab kaum ein Jahr, in dem ich so fit war, wie im Sommer meiner Diagnose.

Maike Canzler, 65 Jahre
Diagnose: Eierstockkrebs

» Die Krebsdiagnose ist die größte Kränkung, die ich in meinem Leben haben kann.

Dr. Adak Pirmorady Sehouli, 45 Jahre, Fachärztin für Psychosomatische Medizin und Psychotherapie, Leiterin der psychosomatischen Ambulanz der Charité, Campus Benjamin Franklin

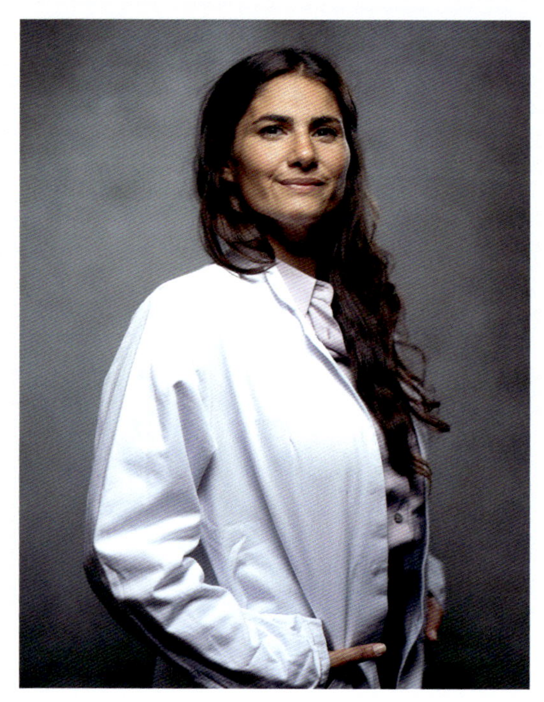

Dr. Adak Pirmorady Sehouli ist Fachärztin für psychosomatische Medizin und Psychoanalytikerin. Und sie ist Kulturwissenschaftlerin und Künstlerin. Sie ist Mitbegründerin des ehrenamtlichen Vereins der Europäischen Künstlergilde für Medizin und Kultur, der sich den Bereichen Kultur, Kunst und Integration von Kreativität in der Medizin widmet. „Hätte man mich nach dem Abitur gefragt, warum ich Ärztin werden möchte, dann hätte ich gesagt, weil ich mit Menschen zusammenarbeiten und ihnen helfen will – aber das ist es nicht ausschließlich." Sie fasziniert vor allem auch das nicht Messbare, das nicht Wissenschaftliche an ihrer Arbeit. In ihren Forschungsprojekten geht viel um die Integration von Kreativität in die Behandlungsstrategien sowie einen ganzheitlichen, humanen Ansatz in der Medizin.

Dr. Pirmorady Sehouli, viele der Krebsbetroffenen, mit denen ich gesprochen habe, sagten, dass sie keine psychoonkologische Unterstützung wollen oder brauchen. Wird das Feld der Psychoonkologie unterschätzt?

Ich glaube, dass Psychoonkologie ein Fachbereich ist, der tatsächlich unterschätzt wird. Selbstverständlich gibt es auch die Phase, wo man der Meinung sein kann, ich wupp das jetzt alleine und man muss auch ehrlicherweise sagen, es gibt Bereiche, wo die Psychoonkologie nicht unbedingt zu dem ganz bestimmten Zeitpunkt das Richtige ist. In einer Akutsituation hilft es nicht, täglich zum Psychoonkologen zu gehen, sondern da muss man Therapien planen, da braucht es die Spezialisten, die Onkologen. Aber für jeden von uns, und das gilt auch für diejenigen, die nicht an einer Krebserkrankung leiden, macht es durchaus Sinn, zur Entlastung des gesamten Systems, Unterstützung – und das am besten von außen – hinzuzuziehen. Weil das noch einmal eine ganz andere Perspektive gibt. Denn das ist ja die Schwierigkeit unserer neuronalen Netzwerke: Dass wir die Perspektive nicht so ohne weiteres wechseln können, mit uns selbst im Gespräch sozusagen. Sondern dass es dafür Unterstützung braucht. Und dafür ist die Psychoonkologie natürlich ein großartiges Feld, wenn sie kompetent ausgeführt wird.

Was fasziniert Sie so sehr an Ihrem Berufsfeld?

Es ist die Faszination an einem System, das nahezu perfekt ist: Dieser Organismus Mensch, der auf physiologischer Ebene Unglaubliches leistet, ist beeindruckend. Aber darüber hinaus gibt es ein Feld, das mich ebenso fasziniert: Wenn ich mit Menschen arbeite, die so schwere Diagnosen und Schicksale haben, gibt es eine Ebene, die man nicht wissenschaftlich darstellen kann, weil man sie nicht messen kann. Wenn jemandem alles genommen wurde, aber dieser Mensch trotzdem erhobenen Hauptes in eine Richtung laufen kann. Denn diese Kraft können Patienten manchmal entwickeln – und vielleicht, das weiß ich nicht, können sie sie sogar nur entwickeln, weil sie diese schwere Diagnose bekommen haben. Vielleicht hätten sie diese Stärke nicht entwickelt ohne die Diagnose. Es ist faszinierend, Menschen dabei zu beobachten, wie sie damit umgehen und sie dabei zu unterstützen, in dieser akuten Kränkung mit etwas umzugehen, was uns allen widerfährt – dass nämlich unsere Lebensspanne endlich ist. Vom Tag der Geburt nähern wir uns dem Tod. Das ist natürlich etwas, was unser Gehirn sehr gut ausblendet, denn sonst könnten wir nicht leben und nicht funktionieren. Aber diese Patient*innen, die ich da sehe, sind eben akut mit dieser Situation konfrontiert. Und es ist interessant zu sehen, welche Strategien sie entwickeln oder auch nicht entwickeln. Und sie dann aber auch dahingehend zu unterstützen, diese Strategien doch entwickeln zu können.

Wovon hängt es ab, wie man mit einer Krebsdiagnose umgeht oder umgehen kann?
Das ist nicht so klar zu sagen. Es kommt ganz viel auf Strukturen an, auf das Strukturniveau des oder der Betroffenen. Das ist das einzige, worauf man den Umgang mit so einer schweren Erkrankung beziehen kann. Das Strukturniveau bedeutet, dass in der frühen Entwicklung Kompetenzen entwickelt worden sind, die wir nutzen können – auch in Krisensituationen. Wir wissen ja auch, dass Menschen, die in Kriege verwickelt sind, was ganz klar ein Trauma darstellt, unterschiedlich damit umgehen. Oder dass Menschen, die schwere Traumatisierungen erlebt haben, es schaffen, ein ganz funktionales Leben aufzubauen. Das heißt, je nachdem, welche Kompetenzen erlangt werden konnten, kann es einem jungen Menschen schwerer fallen, mit der Diagnose umzugehen, als einem älteren Menschen – oder eben auch umgekehrt. Und mit Kompetenzen meine ich nicht das Gehalt, das ich auf dem Konto habe, oder ob ich eine Frau, einen Mann habe oder Kinder, sondern: Wie ist die Kommunikation mit dem Innen, wie ist die Kommunikation mit dem Außen? Wie ist die Impulssteuerungsfähigkeit, wie schaffe ich es, Selbstfürsorge zu betreiben? All das sind einzelne Kriterien, die wir in der Psychosomatik und Psychodynamik bewerten würden, um dann ein Bild über den Patienten zu bekommen. Und das ist meiner Meinung nach das, was letztlich ausmacht, wie wir mit schweren, einschneidenden Momenten umgehen.

Kann man so etwas auch später noch lernen oder trainieren?
Das kann man lernen, aber man muss es auch lernen wollen. Man kann nicht erwarten, dass es jemanden gibt, der das für einen macht. Und es braucht einen Lehrer, der sich auf das jeweilige Strukturniveau einstellen kann. Es gibt tatsächlich viele Menschen, die das so machen. Die haben sich ihr ganzes Leben nicht mit sich selbst auseinandergesetzt, nichts reflektiert. Die Beziehung zu ihren Familien oder Kindern nicht irgendwie gefördert – und dann passiert etwas Gesundheitliches und dann ist der Moment, wo sie sagen: Jetzt möchte ich Psychotherapie. Das wird natürlich schwieriger, als für jemanden, der sich im gesunden Zustand mit sich selbst befasst hat, Konflikte nicht gescheut hat, nicht nur verdrängt hat. Der ist dann darin geschulter. Beides ist dennoch möglich. Aber auch da muss man sich selbst als Therapeut oder als Behandelnder auf jede Stufe begeben können, wenn man erreichen möchte, dass das Strukturniveau reift.

Welche Rolle spielt die Psyche bei Krebserkrankungen?
Anders als zum Beispiel eine chronische Darmerkrankung, die meist auch psychische Aspekte hat, löst eine psychische Belastung keinen Krebs aus. Das ist eine Mutation auf der Zellebene. Aber was nach einer Krebserkrankung passiert, wie es passiert und wie Therapien angenommen werden, wie sich der Patient entwickelt, das ist abhängig von der Psyche des Patienten. Und es ist auch abhängig davon, was der Patient will, wie sehr er sich mit sich auseinandersetzen will. Und dieser Schmerz, den diese Diagnose mit sich bringt – und damit meine ich nicht den körperlichen, postoperativen Schmerz – dieser Schmerz, dass dieser Körper, der mir bis hierhin immer legitim, adäquat und unkritisch zu Verfügung stand, dass der mir jetzt versagt, der ist immens. Es ist der Verlust der Integrität dieses größten, verlässlichen Objektes in meinem Leben. Und das ist die größte Kränkung, die ich in meinem Leben haben kann. Und diesen Schmerz zu verstehen und zu verarbeiten, ist immens wichtig. Um dann irgendwann auch sagen zu können: Dieser Körper, der war immer da und der ist auch jetzt da, der trägt mich weiterhin, das Herz schlägt trotzdem ununterbrochen und die Atmung geht verlässlich die ganze Zeit – was für eine wahnsinnige Leistung das ist! Und einzusehen und zu verarbeiten, dass dieser Körper alles Recht der Welt dazu hat, auch mal zu versagen, das ist ein sehr entlastender Moment.

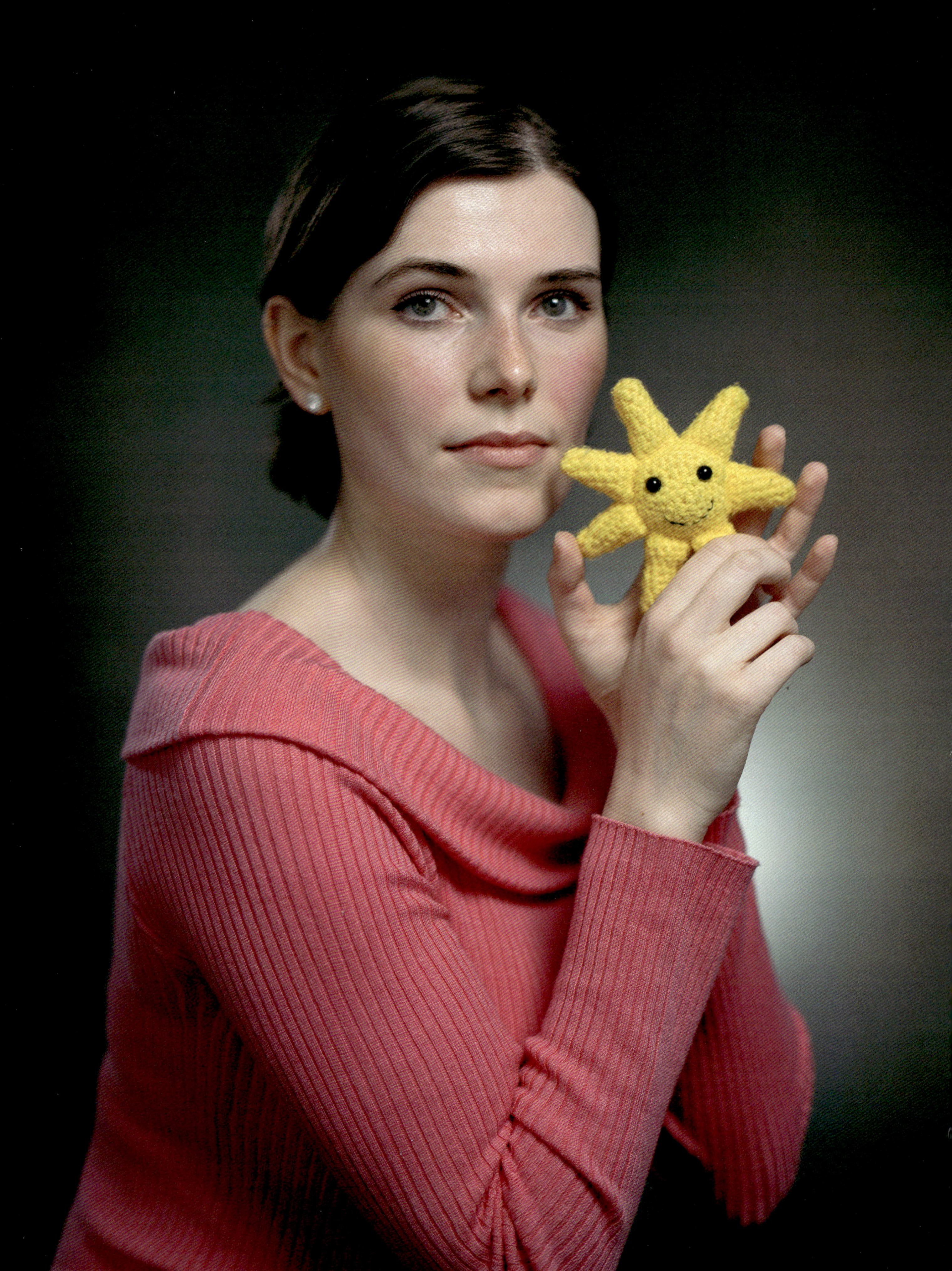

Die kleine Schwellung am Hals hätte alles sein können, dazu der leichte Husten und der Ausschlag. Es war mitten in der Corona-Zeit, Katharina Felthöfer hatte Stress wegen ihres Examens und Verspannungen am Hals vom langen Sitzen am Schreibtisch. Ihr Vater, selbst ein Arzt, beruhigte sie, der HNO-Arzt, zu dem sie in Berlin ging, zunächst auch. Er schickte sie dennoch zum MRT, einmal den Lymphknoten checken. „Als mein HNO-Arzt den Befund gesehen hat, hat er mir sofort gesagt, dass er denkt, dass es Krebs ist. Das habe ich aber nicht an mich rangelassen, weil mein Bruder, der zwei Jahre jünger ist als ich, 2019 auch schon mal am ganzen Körper riesige Lymphknoten hatte – und ihm damals fälschlicherweise die Diagnose Hodgkin gegeben wurde, bis dann ein Bluttest zeigte, dass er Pfeiffersches Drüsenfieber hatte", erzählt die heute 25-jährige Jura-Studentin. „Das heißt, wir alle als Familie, dachten: Das kennen wir ja, wir lassen uns jetzt nicht verrückt machen." Die junge Frau fuhr nach Hause, ins thüringische Gera und ließ im Krankenhaus, in dem auch ihr Vater arbeitet, eine Biopsie machen. „Zwei Tage später, am 3. März 2022 war die Diagnose da: Hodgkin-Lymphom, ein Form von Lymphdrüsenkrebs, die sehr gut heilbar ist – deshalb bin ich immer davon ausgegangen, das ich das überlebe und das hat mir in der ganzen Zeit der Therapie Hoffnung und Kraft gegeben."

» Es war schwer, die Leichtigkeit zurück in mein Leben zu lassen.

Katharina Felthöfer, 25 Jahre
Diagnose: Hodgkin-Lymphom

Sechs Zyklen Chemo und einen Monat Bestrahlung musste Katharina Felthöfer überstehen, dann schloss sich eine Reha an. „Da ging es hauptsächlich darum, mich körperlich aufzupäppeln, weil ich sehr abgebaut hatte." Denn die Stärke, die die junge Frau am Anfang der Therapie hatte, ist irgendwann gekippt, jeder Zyklus wurde schlimmer und anstrengender und die Nebenwirkungen schwerer. Und während sie immer schwächer und damit auch eingeschränkter wurde, bekam sie mit, was im Leben ihrer Freunde passierte. „Die Corona-Maßnahmen wurden aufgehoben, man konnte wieder viel machen, wieder in Präsenz in die Uni gehen. Und ich hatte das Gefühl, bei mir entwickelt sich alles in die andere Richtung. Ich werde schwächer, frustrierter und bin Dingen ausgesetzt, die ich nicht beherrschen kann." Dazu gehörte auch der Verlust des Haares. „Das hat für mich den Kontrollverlust so sehr gezeigt. Dabei hat man als junger Mensch doch das Gefühl, die Welt steht einem offen, man man kann machen, was man will, kann selbstbestimmt sein – und dann wurde mir klar: Nichts liegt in unseren Händen, Sicherheit ist eine Illusion und jeden kann es treffen und man kann da auch nicht vorbereitet sein." Ihre Eltern waren in all dieser Zeit ihre größte Stütze – von ihrem Freund trennte sie sich, für ihn war die Belastung zu groß. „Aber meine Eltern haben gesagt: Wir sind eine Schicksalsgemeinschaft und wir gehen da jetzt zusammen durch und lassen dich nicht auf halber Strecke liegen. Und mein Vater hat mir immer wieder klar gemacht: Du überlebst das, das ist heilbar."

Katharina Felthöfer hat es überlebt. Im Januar 2023 konnte sie nach Berlin zurückkehren und ihr Studium wieder aufnehmen. Doch dann fing eine Phase an, die ihr zeigte: Nur weil die Therapie vorbei ist, ist es noch nicht vorbei. „Die Phase, die dann kam, hatte ich sehr stark unterschätzt. Ich war sauer, dass alle so schlecht drauf waren und dachte die ganze Zeit: Warum? Die haben doch nicht die letzten Monate im Krankenhaus verbracht. Ich musste dann lernen, dass das wahre Leben außerhalb der Klinik auch kein Bullerbü oder Disney-Film ist – es gibt auch neben Krebs andere Gründe im Leben, warum man Probleme hat." Die junge Frau steckte zudem in einer „krassen Identitätskrise". Viele Fragen und Gedanken trieben sie um – Fragen und Gedanken, die sich wenige Menschen in ihrem Alter stellen müssen. „Ich musste herausfinden, inwieweit mich die Krankheit und die Therapie geprägt hat und wie ich es schaffe, an mein altes Leben anzuknüpfen – oder, ob ich es überhaupt schaffe. Es war ganz schwer für mich, wieder Leichtigkeit in mein Leben zu lassen und wieder unbeschwert zu sein."

Heute geht es ihr gut, sie hat gekämpft und ihren Platz im Leben zurückgewonnen. Das Thema Krebs wird niemals ganz weg sein, die Zeit, die sie durchlebt hat nicht und auch nicht die Angst, dass da wieder was kommen könnte. Aber sie hat ihre Ausnahmesituation als Weckruf genommen: „Plötzlich hat man einen klaren Blick auf Dinge und Menschen – für das zukünftige Leben kann man da viel mitnehmen. Wir sind alle nur eine Laune der Natur, es gibt keine Sicherheit – ich habe das akzeptiert und lebe dadurch viel mehr im Hier und Jetzt."

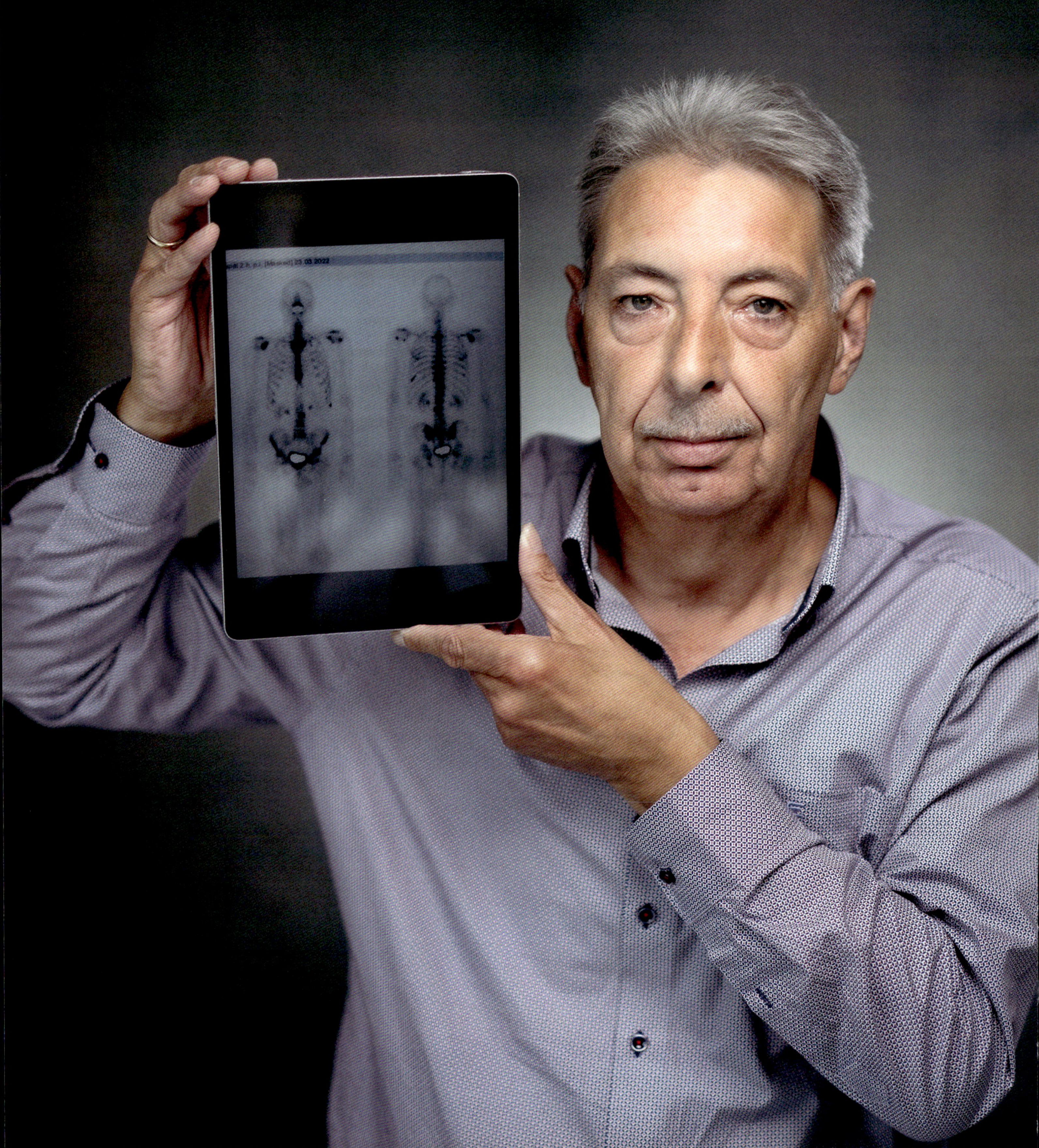

Wenn Claus Bruckert die Aufnahmen von seinem Ganzkörper-Knochenszintigramm zeigt, dann ahnt wohl auch Jede und Jeder mit ungeübtem Medizinerblick, dass all diese schwarzen Punkte, die da in der Wirbelsäule, dem Becken- und Brustkorbbereich zu sehen sind, nichts Gutes heißen können. „Ich sage immer zu Freunden und Bekannten: Für jeden schwarzen Punkt einen Euro, dann könnten meine Frau Petra und ich in einem guten Restaurant essen gehen", sagt Claus Bruckert. Jeder schwarze Punkt im Körper von Claus Bruckert ist eine Metastase. Aber der 58-jährige Qualitäts- und Umweltmanager aus Hemer in Nordrhein-Westfalen ist eine absolute Kämpfernatur und bietet dem Krebs die Stirn. Bei seinem Urologen hat er schon den Titel „Selbermacher" – weil er alles in die Hand nimmt, organisiert und erforscht, was in seiner Situation nötig und möglich ist.

Dabei standen die Prognosen im Februar 2022 nicht gut, als nach einer Prostatauntersuchung sein PSA-Wert bei 22,5 lag – und nicht bei 4, wie es für einen Mann in seinem Alter normal gewesen wäre. „Ich bin damals nicht zum Arzt gegangen, um den Krebs feststellen zu lassen, sondern weil ich seit November 2021 eine Dreifachbelastung bei der Arbeit hatte. Ich hatte mehrere Nächte nicht geschlafen und bekam die Diagnose depressive Episode." Und so ganz nebenbei fragte sein Hausarzt den damals 56-Jährigen, ob er eigentlich schon einmal seine Prostata untersuchen lassen hatte. „Ich meinte noch: Nein, will ich auch nicht. Aber mein Arzt sagte: Machen wir aber – und schickte mich bei dem PSA-Wert gleich weiter zum Urologen. Es war eigentlich klar, dass das Krebs sein musste. Deswegen war mein Motto gleich: Hallo Krebs, ich heiße Claus. Wir leben jetzt zusammen." Die Stanzbiopsie beim Urologen bestätigte den Verdacht. „Wir sind nicht in Tränen ausgebrochen, sondern dachten uns: C'est la vie! Damals sind ja alle davon ausgegangen, dass es zwar Prostatakrebs ist, aber nicht schlimm." Trotzdem wurde ein Ganzkörper-Knochenszintigramm gemacht – und all die schwarzen Punkte kamen zum Vorschein. Das gesamte Skelett voller Metastasen. „Das hat mir dann den Boden unter den Füßen weggezogen", sagt Claus Bruckert. Um dann mit seiner sonoren, festen Stimme fortzufahren: „Aber nur kurz – weil Kopf in den Sand stecken nichts bringt, denn so viel Sand haben wir nicht." Laut Patientenleitfaden hätte keine OP mehr stattfinden sollen. Aber diese Aussage ließ der „Selbermacher" nicht auf sich beruhen. „Ich habe durch längeres Forschen herausgefunden, wo ich doch noch operiert werden kann. Und ein Professor in München sagte: Ich operiere Sie! Egal, was in dem Patientenleitfaden steht. Damit war ich also eigentlich auf der guten Seite – und bin es auch immer noch", sagt Claus Bruckert.

Im August 2022 war die OP des Tumors. Der Krebs ist also raus. Was nicht mehr weggehen wird, sind die Metastasen. „Ich bekomme nun eine Hormonentzugstherapie. Da die Metastasen sich von Testosteron ernähren, bekomme ich alle drei Monate eine Spritze, dass die Testosteronproduktion eingestellt wird. Dadurch werden die Metastasen in einen Schlaf versetzt." Das heißt: Die schwarzen Punkte sind da, aber sie geben Ruhe. Zusätzliche Knochenaufbauspritzen und Calciumtabletten helfen, die Knochen zu stärken. Denn natürlich weiß niemand, wie lange die Therapie weiter so gut funktioniert. „Meine Therapie ist außerdem, dass ich ganz offen und ehrlich mit jedem darüber spreche. Der Krebs ist jetzt ein ungeliebtes Familienmitglied, das ich eigentlich nicht eingeladen habe, das sich aber hier bei mir eingenistet hat. Den werde ich nicht wieder los. Aber wir probieren weiter, machen und tun – denn ich will die Zeit, die ich noch gut und gesund habe, genießen. Jetzt! Zeit ist nur noch zum Genießen da", sagt Claus Bruckert. Da haben sich seine Prioritäten verschoben. „Und auch Freunde habe ich neu eingestuft. Denn auch da schließen sich Türen und es öffnen sich ganz andere, mit denen man gar nicht gerechnet hatte."

» Zeit ist jetzt nur noch zum Genießen da.

Claus Bruckert, 58 Jahre
Diagnose: Metastasierter Prostatakrebs, unheilbar

Durch die Prostata-Operation hat Claus Bruckert heute noch mit Inkontinenz zu tun. Das nervt ihn ein bisschen, wie er sagt. Und Sexualität ist durch diese leichte Inkontinenz und durch die Testosteronspritzen kein Thema bei Claus Bruckert und seiner Frau Petra. Das stört die beiden aber nicht, auch da verschieben sich Prioritäten. Denn das Paar hat etwas anderes im Kopf, ein wichtigeres Thema: Das Überleben. Denn eins ist für den „Selbermacher" natürlich ganz klar: „Kollege Krebs wird mich nicht besiegen!"

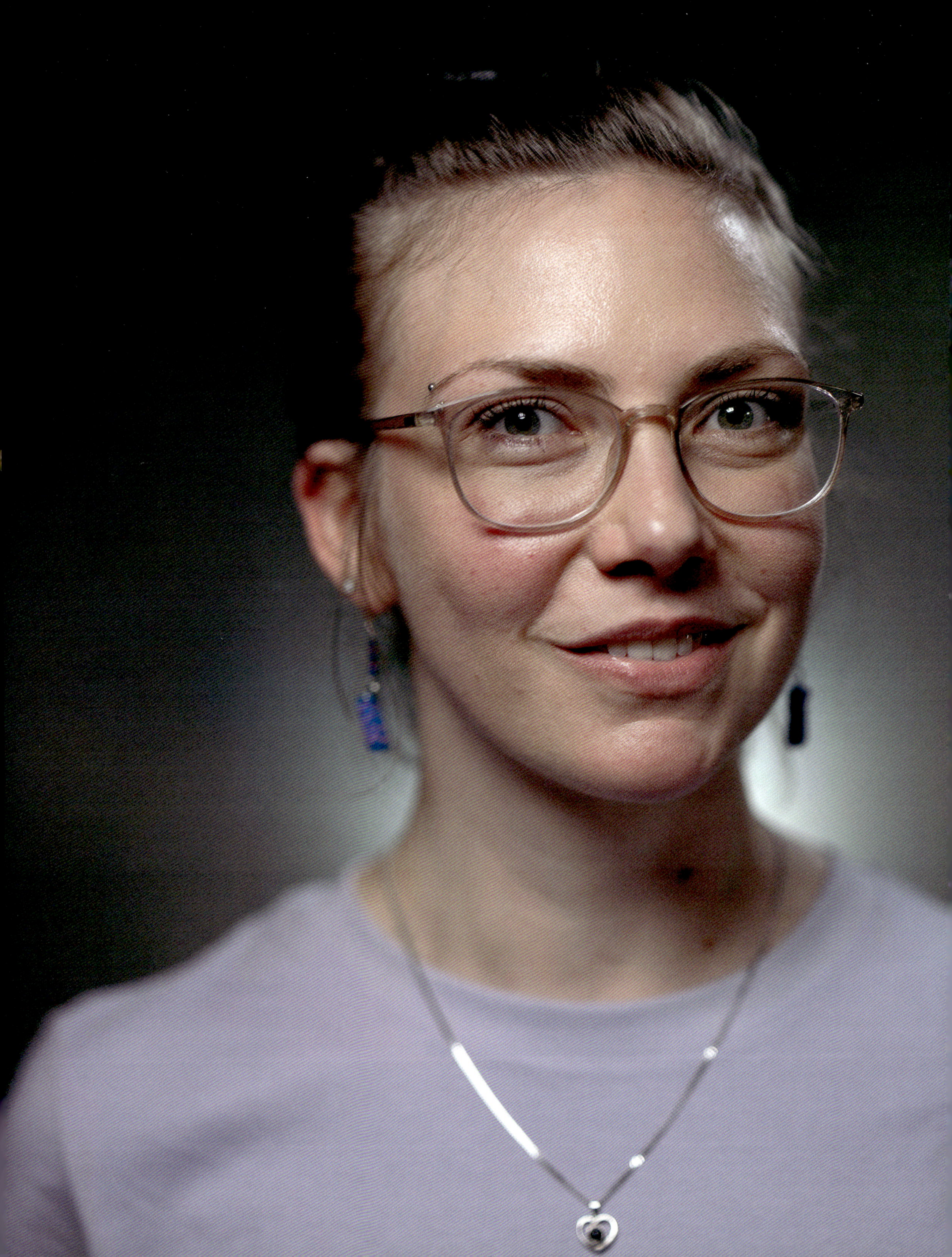

Der Sommer des Jahres 2021 stand vor der Tür und Geraldine Hinnenthal kaufte sich einen neuen Bikini. Das Oberteil war ein wenig eng, also rückte, zog und drückte die junge Berlinerin alles zurecht – und fühlte plötzlich einen Knubbel. Den sie sofort erst einmal verdrängte. „Ich habe eine Woche nicht mehr hingefasst, hatte aber die ganze Zeit ein schlechtes Gefühl", sagt die heute 35-jährige Mutter einer siebenjährigen Tochter. Denn Krebs kam häufiger vor in ihrer Familie, eine genetische Vorbelastung wurde allerdings nie festgestellt. Ihrer besten Freundin erzählt sie dann aber doch von ihrer Entdeckung. Die Intensivkrankenschwester tastet die Brust ab und schickt ihre Freundin sofort zum Arzt. „Erst dann habe ich es meinem Mann gesagt und bin zu meiner Ärztin in die Notfallsprechstunde gegangen." Es war bereits 20 Uhr und Geraldine Hinnenthal, die zu der Zeit einen Jobwechsel hinter sich hatte und nun als Assistenz der Geschäftsführung arbeitete, wollte eigentlich schon wieder gehen. Aber sie blieb, weil ihr Mann sie darum bat und die Ärztin, die Geraldine kennt, seitdem sie 15 Jahre alt ist, sagte schon beim Ultraschall der Brust: „Oh Gott, mein Kind, Du hast Krebs!"

Am nächsten Tag ging sie mit ihrer Überweisung ins Mammographiezentrum in Steglitz. „Da sagte man zu mir: Nee, Sie sind viel zu jung, wir können Sie jetzt nicht behandeln. Ich habe sechs Stunden gewartet und nach dem Ultraschall hieß es: Ja, das könnte Krebs sein, hier haben Sie einen Flyer von Krankenhäusern, da können Sie sich ja mal durchtelefonieren." Es war Freitagnachmittag und niemand mehr zu erreichen. Was blieb war Ungewissheit, Angst und das Gefühl, allein zu sein. Zum Glück organisierte ihre Ärztin ihr einen Termin zur Stanzbiopsie. Bis das Ergebnis da war, fuhr die junge Familie in den lang gebuchten Urlaub. „Das war gut, um die Wartezeit zu verbringen. Als ich dann das Gespräch hatte und in das Zimmer kam, sah ich schon die OP-Unterlagen. Die Onkologin meinte aber, ich hätte Glück im Unglück, denn es sieht so aus, als müsste ich keine Chemo machen, sondern nur eine OP. Doch diese Prognose änderte sich leider ..." Denn nach der Operation der Nachsatz: Sie müssen noch einmal operieren, der Tumor ist größer als gedacht – und Lymphknoten sind auch befallen. „17 Lymphknoten haben sie rausgenommen und ein gutes Stück der Brust", sagt Geraldine Hinnenthal. „Und es war nicht sicher, ob noch irgendwo Metastasen sind, weil drei Lymphknoten befallen waren mit Kapseldurchbruch ins Fettgewebe." Sechs Monate Chemo und ein Monat Bestrahlung folgten. „Nun bin ich für insgesamt zehn Jahre in der Anti-Hormon-Therapie bis ich 40 bin und dann hofft man, dass ich in den Wechseljahren bin, damit gar nichts mehr passieren kann."

» Ich halte es mit Pippi Langstrumpf: Das haben wir noch nie probiert, also geht es sicher gut.

Geraldine Hinnenthal, 35 Jahre
Diagnose: Brustkrebs

Die Diagnose knallt in das Leben der jungen Frau, wie bei so vielen – aber bei jungen Menschen zerstört der Krebs oft schlagartig Pläne, die ältere Menschen vielleicht schon verwirklichen konnten. So auch bei Geraldine Hinnenthal. „Wir wollten ein zweites Kind und ich hatte bereits zwei Fehlgeburten – dann kam der Krebs." Doch zerstörte Hoffnungen und Wünsche können auch neue Energien und Ziele freisetzen. So auch bei Geraldine Hinnenthal. „Das hat mich dazu gebracht, meine Lebensziele zu überdenken und ich habe mich neu ausgerichtet und werde jetzt Erzieherin." Selbst, wer sie nicht anschaut, hört bei diesen Sätzen die Freude in ihrer Stimme. Eine Freude, die sie sich natürlich hart zurückkämpfen musste. Sport half ihr immer. Früher hat sie Basketball auf Leistungsniveau gespielt. „Und auch jetzt mache ich ganz viel anderen Sport, das ist einfach eine Stressabbausäule in meinem Leben", sagt Geraldine Hinnenthal. Und auch, wenn ihr der Umgang mit dem Thema Kinderwunsch lange sehr schwer gefallen ist und sie über einen längeren Zeitraum ihre Brust nicht anfassen konnte, ist sie heute gefestigt und mit sich im Reinen. „Wenn ich früher Unsicherheiten hatte, fällt mir jetzt nichts mehr ein, was ich an meinem Körper nicht mag. Denn er hat mich da durch gebracht." Und inzwischen sieht sie ihre Hormontherapie – mit allen fiesen Nebenwirkungen wie Arthrose, Hitzewallungen, schlechtem Schlaf und Depressionen – „als meine Lebensversicherung". Und beim Blick auf ihr Leben hält sie es inzwischen ohnehin mit Pippi Langstrumpf: „Das haben wir noch nie probiert, also geht es sicher gut."

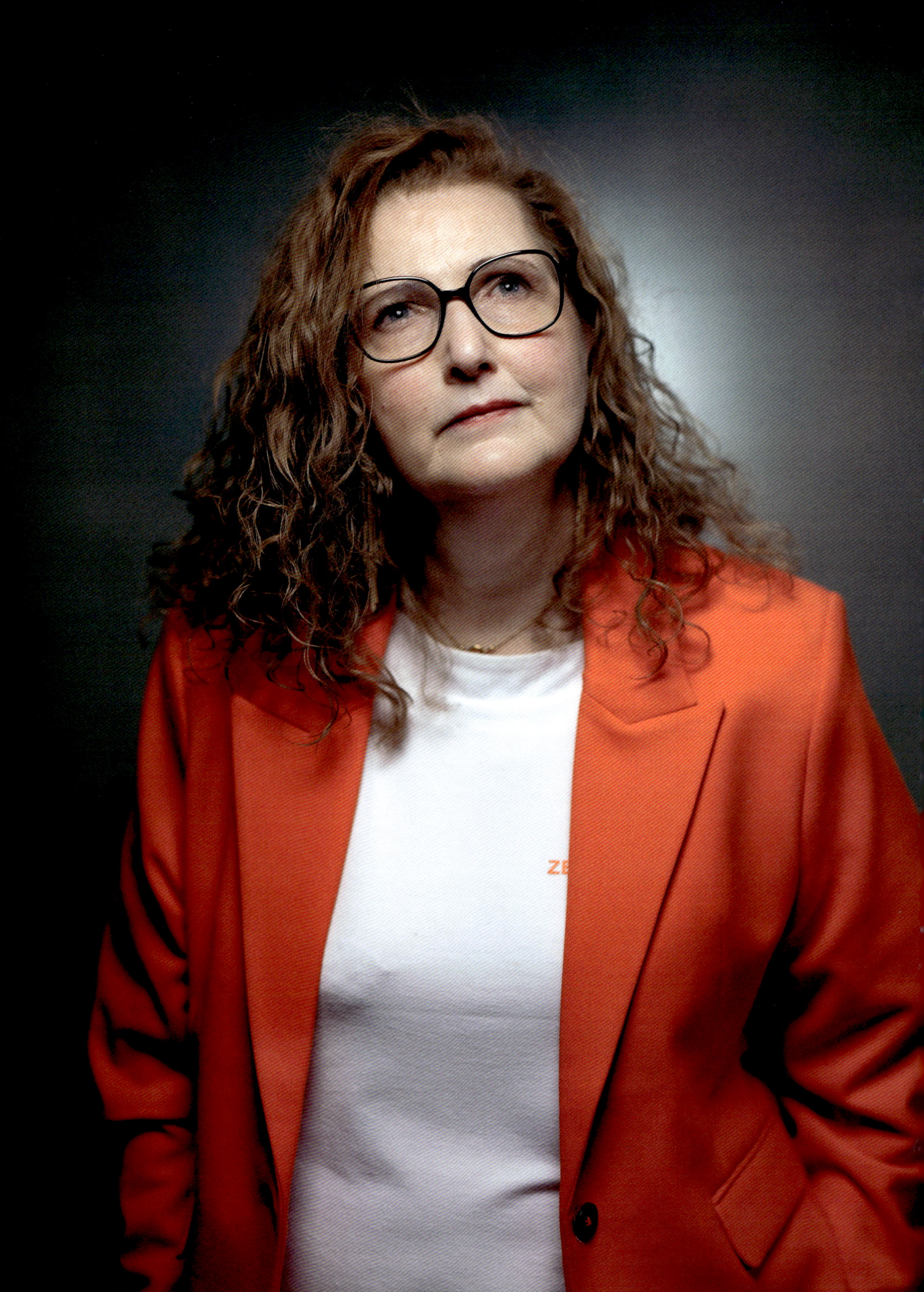

Nella Rausch springt sofort hinein in ihre Geschichte, nimmt mit auf eine bildreiche und wortgewandte Reise durch ihre Krebserkrankung, die beim Zuhören so lebhaft ist, dass man beinahe beschämt ist, wie gut man sich unterhalten fühlt. Die 58-jährige Berlinerin, die in Dortmund geboren wurde, ist eine echte „Rampensau", wie sie später im Gespräch selber sagt. Sie beginnt ihre Geschichte also am Nikolaustag des Jahres 2015 – an diesem Tag wies Nella Rausch sich selbst in die Notaufnahme eines Krankenhauses ein, weil sie fand, „dass nichts mehr stimmte". Normalerweise lief sie viel, auch Halbmarathon, tanzte Flamenco, fuhr Rad. Irgendwie fehlte plötzlich die Energie, dazu das Schwitzen in der Nacht – na ja, könnte auch die Menopause sein, dachte sich die Mutter dreier Kinder. Aber da war diese „dicke Schwellung unterm rechten Rippenbogen". Zuvor hatte eine Ärztin die Vermutung ausgesprochen, die Prokuristin und Projektleiterin habe vielleicht eine Eisenspeicherkrankheit.

» **Ich hatte drei Prozent Überlebenschancen – und die sitzen jetzt hier.**

Nella Rausch, 58 Jahre
Diagnose: Non-Hodgkin-Lymphom

Ein Termin zum Prüfen der Annahme war für den Januar ausgemacht. „Hätte ich den Rat befolgt, dann wäre ich heute nicht mehr hier", sagt Nella Rausch. „Der Arzt im Krankenhaus wurde beim Ultraschall ganz ruhig und sagte: Das dauert etwas länger!" Aus länger wurde sehr viel länger, die Diagnose: Ein Non-Hodgkin-Lymphom im vierten Stadium. Non-Hodgkin ist in vielen Fällen heilbar – bei Nella Rausch nicht.

Chemotherapien folgten, wollten jedoch nicht richtig funktionieren. 2016 wirkte eine CAR-T-Studie wie ein rettender Strohhalm – doch nach Biopsien und mehrmaliger Prüfung ist sie nicht in die Studie aufgenommen worden. Wenn Nella Rausch davon erzählt, klingt es so beschwingt, als würde sie von einem missglückten Schuhkauf erzählen. Blieb die Frage: Was tun? „Ich habe dann eine Immuntherapie angefangen, noch bevor die Krankenkasse zugestimmt hat. Mein Professor sagte: ‚Wir stehen nicht mit dem Rücken zur Wand, wir stehen schon drin.' Ich hatte noch drei Prozent Überlebenschancen – und die sitzen jetzt hier!"

Am 23. Juni 2017 folgte noch eine Stammzellentransplantation, seitdem ist Nella Rausch krebsfrei. „Ich habe aber mit Abstoßungsreaktionen zu tun, die sich bei mir in der Lunge abspielen. Mein Lungenvolumen liegt bei 30 Prozent", sagt Nella Rausch und schiebt nach, dass sie dennoch im letzten Jahr beim Frauenlauf zehn Kilometer gewalkt ist. Natürlich – niemand, der sie kennt, würde sich darüber wundern. Sie ist eine Macherin, die sich über ihre Einschränkungen nicht ärgert, sondern ihre Möglichkeiten einfach uminterpretiert hat: Dieses geht vielleicht nicht mehr – dafür aber jenes.

Mit dieser Einstellung hat sie viel aus ihrem neuen Leben gemacht: 2019 gründete sie den Blog „Zellenkarussell", es folgte 2020 der Podcast „Nellas Neuaufnahme" und der Ratgeber „Warum sagt mir das denn niemand? Was Du nach einer Krebsdiagnose alles wissen musst". Nella Rausch hat viel zu sagen, musste was los werden. „Ich habe aus Wut geschrieben, nicht aus Therapie. Gegen die Stigmatisierung: Denn Krebs ist zwar blöd, aber macht nicht blöd! Und auch mit Schuld hat Krebs nichts zu tun." Ein Gefühl, das Erkrankten oft gegeben wird. Oder nahestehende Menschen einholt. Wie bei Nella Rausch, die in diesem einen Moment unerwartet und umso berührender in Tränen ausbricht: Es geht um ihren Vater. „Das war der schlimmste Moment während meiner Krankheit: Als mein Vater, der zu dem Zeitpunkt schon dement war, dachte, er wäre Schuld, da er selber auch ein Non-Hodgkin-Lymphom hatte." Aber Schuld ist für Nella Rausch ebenso ein Unwort im Zusammenhang mit Krebs wie das Wort Kampf. „Ich finde, Krebs ist kein Gegner, gegen den man kämpfen kann. Die Ärzte können kämpfen, ich selbst kann nur versuchen, eine Einstellung dazu zu finden. Am besten Akzeptanz. Ein Kampf zieht zu viel Energie."

Heute blickt sie zurück auf die Zeit vor der Diagnose und erkennt, was die Krankheit auch zum Positiven bei ihr verändert hat. „In meinem Leben war alles tutti: Arbeit, Familie, Ehemann … Aber ich war wie in einem Hamsterrad, so getrieben, konnte nicht richtig innehalten und genießen", sagt sie und webt wieder eines dieser wunderbaren Bilder in ihre Geschichte ein: „Ich hatte lange einen kratzigen Pullover an, der war auch ein wenig eingelaufen. Aber trotzdem habe ich ihn immer wieder neu gewaschen und angezogen." Nun trägt sie nur noch, was ihr wirklich gefällt. Was weder kratzt, noch zu eng ist.

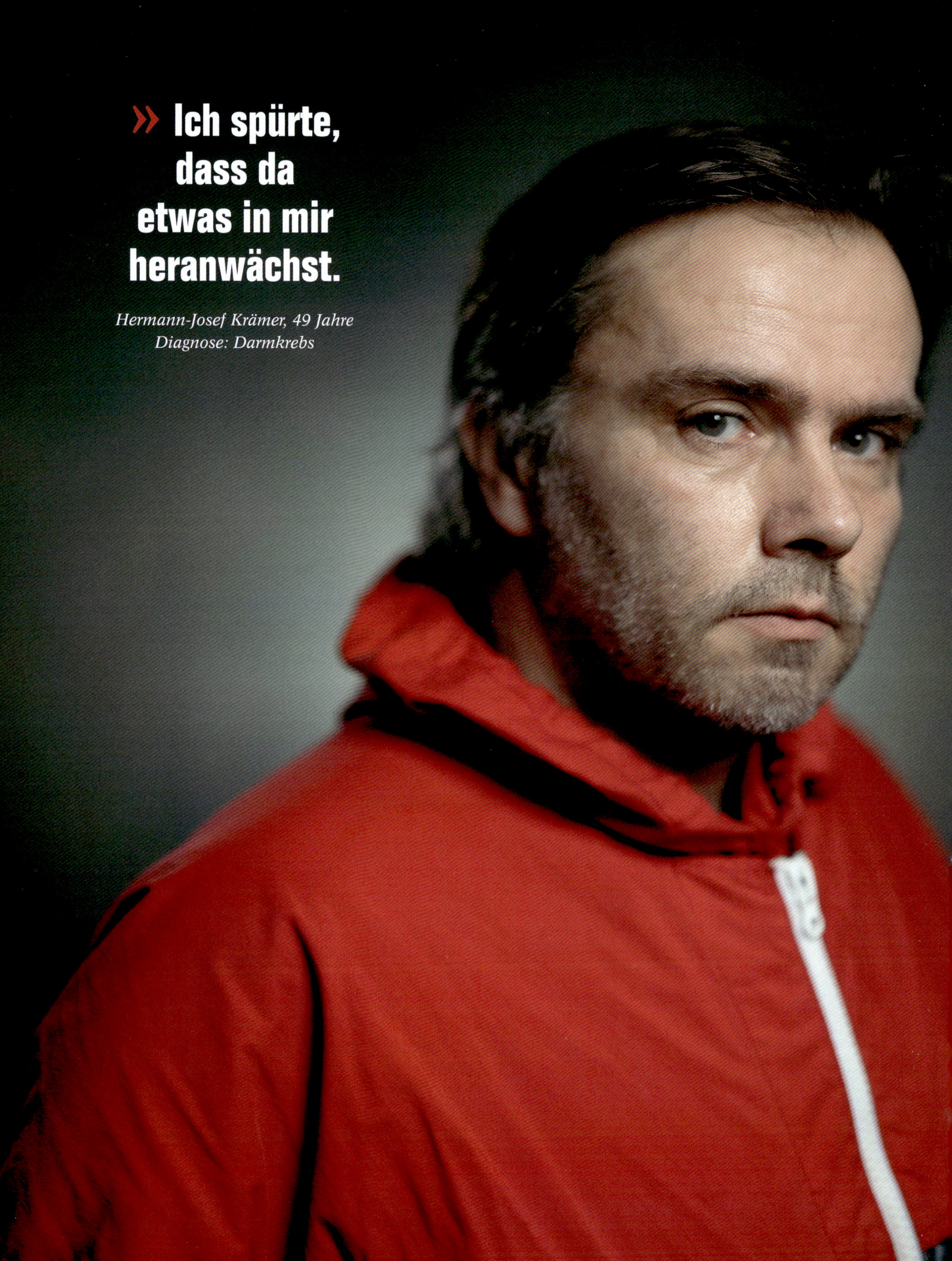
» Ich spürte, dass da etwas in mir heranwächst.
Hermann-Josef Krämer, 49 Jahre
Diagnose: Darmkrebs

Hermann-Josef Krämer hat einen langen Krankheitsweg hinter sich. Zu lang, um auf alle Details einzugehen, aber im Jahr 2002 wurde er erstmals aufgrund einer Falschbehauptung in eine Psychiatrie zwangseingewiesen. Von seinem Bruder. „Von da an, war ich immer wieder in psychiatrischen Kliniken, bekam jahrelang Medikamente – das waren traumatische Erlebnisse", sagt Hermann-Josef Krämer. Er berichtet von falschen Diagnosen, verletztem Vertrauen und ungerechtfertigten Behandlungen. Und weil das Leben manchmal unfair sein kann, kam es im Jahr 2019 zu einem weiteren „massiven Lebenseinschnitt", wie der Umweltschutzingenieur sagt, der gebürtig aus der Eifel kommt. „Ich hatte schon länger schwere Bauchschmerzen, wurde aber nicht immer ernst genommen." Und dann wäre es plötzlich beinahe zu spät gewesen: Magen- und Darmspiegelung, Not-OP, Entfernung des halben Dickdarms. Diagnose. Darmkrebs. „Ich habe in dem Moment komplett abgeschaltet und mir gedacht: Ich lasse das jetzt einfach geschehen", sagt Hermann-Josef Krämer. Und dennoch: Die Diagnose hatte er schon länger geahnt. „Ich habe lange Zeit schon gesagt: Ich spüre, dass da etwas in mir heranwächst. Aber als es dann soweit war, fühlte es sich doch an wie in einem schlechten Film."

Eine Chemotherapie lehnte Hermann-Josef Krämer ab, versuchte, seinem Körper mit anderer Ernährung und einem Heilpraktiker zu helfen. Doch nach einem dreiviertel Jahr war ein Rezidiv da – an Bauchspeicheldrüse, Magen, Darm und Leber. „Da wurde mir dann gesagt, dass es in ein paar Monaten vorbei ist."

Und dann kam das „Glück im Unglück" doch zu Hermann-Josef Krämer: „Ich habe an einer Studie mit der Immuntherapie an der Charité teilgenommen", erzählt er. Die Immuntherapie hat Wunder gewirkt. Ich war quasi tot gesagt – und jetzt vor kurzem beim Onkologen war sowohl im CT als auch bei den Blutwerten nichts mehr festzustellen. Faszinierend!"

Körperlich ist derzeit also eigentlich alles gut – seelisch jedoch hat Hermann-Josef Krämer zu kämpfen. Wieder. Wie eigentlich immer. Sogar ein Theaterstück hat er einmal geschrieben über sich und sein Leben. „Hermanns Schlacht" heißt es – doch, so sagt er selbst: „Diese Schlacht ist heute vorbei!" Er habe keine Kraft mehr. „Ich kann auch irgendwie nicht diesen klassischen Weg eines Krebspatienten gehen, der nach guten Nachrichten das Leben neu plant, bewusster erlebt und mit der Einstellung „Jetzt erst recht!" neuen Mut fasst. Das habe ich schon so oft im Leben leisten müssen, diese Kraft aufzuwenden für einen Neuanfang. Jetzt kann ich das nicht mehr." Sein Leben sei derzeit eher ein Überleben, seit Monaten lebe er zurückgezogen wie ein Eremit, viele Freunde und Bekannte habe er nun verloren. „Ich hatte früher natürlich auch den Wunsch nach einer Familie, ich habe gebrannt für den Umweltschutz", sagt Hermann-Josef Krämer. „Aber als Psychiatriepatient und dann noch mit der Diagnose Krebs – das ist einfach zu viel, da steigen die meisten Menschen doch aus."

Diese geringere Bereitschaft zur sozialen Interaktion bei den Menschen in seinem Umfeld oder in der Gesellschaft allgemein, hat seiner Meinung nach auch viel mit Corona zu tun. Freundschaftsdienste, das Interesse aneinander – alles sei stark zurückgegangen. „Das sehe ich generell in der Gesellschaft, aber ich fühle mich ein wenig auch so, als sei ich aufgegeben worden von einem großen Teil meines Freundeskreises." Trauer und Einsamkeit schwingt mit in den Worten von Hermann-Josef Krämer. Doch dass man sich Sorgen um ihn macht, das möchte er nicht. „Ich bin nicht lebensmüde – ich bin lebensneutral. Ich habe keine Bucket-List, aber irgendwie ist diese Lethargie und Neutralität ja auch ein wenig freiwillig gewählt. Wahrscheinlich versuche ich mit dieser Neutralität auch bewusst das Hadern mit meinem Schicksal einzudämmen."

Ein Schicksal, das, zumindest was den Krebs betrifft, immer häufiger um sich greift. Deshalb schlägt Hermann-Josef Krämer von seinem Krebs, seiner „biografische Krankheit", auch die Brücke zum großen Ganzen: „Krebs wird immer mehr, kommt immer früher. Ich sehe diese Krankheit wie ein Fieberthermometer unserer Gesellschaft, wie einen Gradmesser unserer Zeit. Sie sagt uns, dass es so nicht mehr geht – der Umgang mit der Umwelt und unser soziales Miteinander."

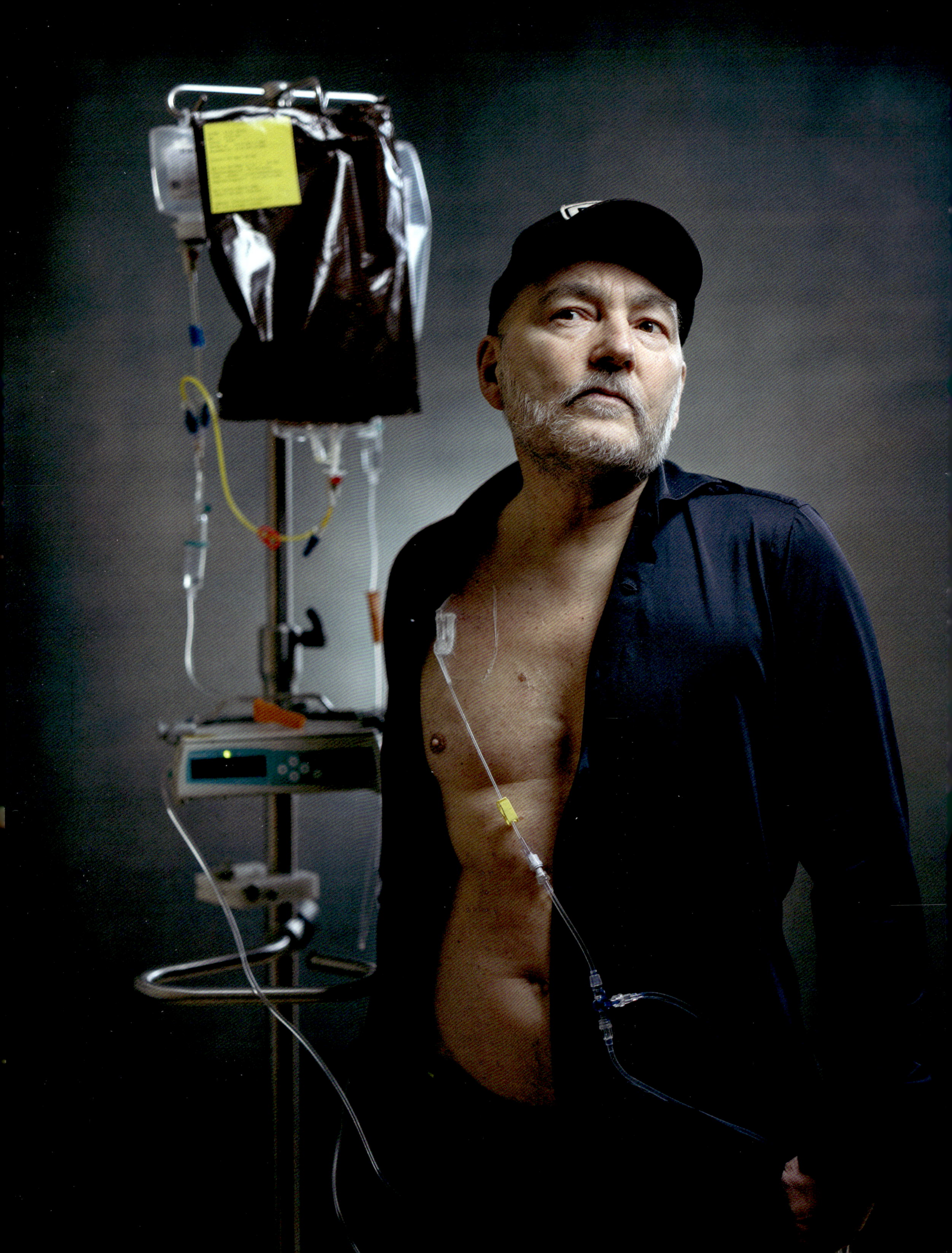

Reto Klar hatte immer Energie für Zwei. Mindestens. Sechs- oder Sieben-Tage-Wochen, jeden Morgen eine Stunde auf dem Spinning Bike und zusätzlich abends dreimal die Woche eine Stunde joggen. Immer ruhelos, immer in Bewegung, niemals geduldig. Erschöpfung? Fehlanzeige. Pausen? Brauchte er nicht. Aber dann, ganz plötzlich, eben doch. „Meine sportliche Leistung wurde schlechter“, sagt der 57-jährige Fotograf. Aber es war ja auch sehr heiß, das schlaucht eben. Aber einmal zum Arzt, das Blutbild checken, schadet ja nicht. Reto Klar war entspannt – schließlich war er nie krank, sein Körper funktionierte immer.

Und dann klingelte das Telefon, am Abend der Blutentnahme, gegen halb neun. „Das war mein Hausarzt, der mich drängte, direkt ins Krankenhaus zu fahren“, erinnert sich der Vater zweier Töchter (15 und 17 Jahre). „Mein HB-Wert lag bei knapp unter 6 – normal sei alles zwischen 12 und 14.“ Der erste Verdacht: innere Blutungen, eventuell ein Magengeschwür.

» Natürlich möchte ich mein altes Leben noch mal zurückhaben.

Reto Klar, 57 Jahre
Diagnose: Mantelzelllymphom, unheilbar

Reto Klar fuhr direkt ins Krankenhaus und „von dem Moment an war ich in der Maschinerie.“ Der schlechte Blutwert bestätigte sich, aber da alle anderen Werte gut waren und er erstaunlich fit wirkte, durfte Reto Klar wieder nach Hause. Zunächst. Denn es folgte eine stationäre Aufnahme, um weitere Untersuchungen zu machen. Dafür lag der leidenschaftliche Rennradfahrer auf der Onkologie – eine Biopsie des Knochenmarks sollte Klarheit bringen. „Ich durfte wieder nach Hause und man sagte mir, wenn ich in den nächsten Tagen nichts höre, sei das ein gutes Zeichen – dazu bekam ich einen Termin zur Blutsprechstunde etwa zwei Wochen später.“ Das Telefon blieb ruhig – Glück gehabt!

Am 6. Oktober 2023 dann der Tag der Sprechstunde. Reto Klar ging allein hin, guter Dinge, morgens um acht schon, er hatte ja schließlich noch viel zu tun. Aber die Ärzte auch – und der Termin war für halb zwölf eingetragen. „Ich saß also dreieinhalb Stunden auf dem Flur.“ Dann schaute der Arzt auf seine Zettel, schaute den Mann vor sich an und sagte diesem dann, dass er ein Mantelzelllymphom habe. „Das hat mir natürlich überhaupt nichts gesagt, aber ich habe an seinem Blick gesehen, dass das nichts für die leichte Schulter war. Und dann brach eine Welle über meinem Körper zusammen. Ich war nicht mehr aufnahmefähig und fühlte mich, als würde ich immer weiter weg rutschen von dieser Szenerie.“ Durch einen dumpfen Schleier erreichten ihn Worte wie „unheilbar“ und „Lebenserwartung“. Nach heutigen medizinischen Stand liege die bei etwa zehn Jahren.

Diese erste Phase nach der Diagnose war für Reto Klar die schwerste: „Ich hatte Fragen über Fragen. Wie lange bleibt mir, was mache ich mit der Familie – das hat mich wirklich mitgenommen. Meine Frau und meine Töchter haben natürlich einen besonderen Stellenwert, sie sind meine Bezugspersonen – aber eben auch diejenigen, um die man sich sorgt und die man nicht belasten will. Und trotzdem die Nähe braucht.“

Die Arbeit nahm – wie schon immer in seinem Leben – eine ganz besondere Rolle ein. „Sie war wie eine Leitplanke durch diese Zeit.“ Außer den Klinikaufenthalten für die stationären Chemos hat Reto Klar keinen Arbeitstag verpasst. Sechs Chemos bekam er, drei stationär, drei ambulant. Die Nebenwirkungen: minimal. Nervenkribbeln, schlechteres Hörvermögen, Hautprobleme. Viel schlimmer als die körperliche Belastung aber war die psychische Belastung, die durch die zweimalige Ablehnung der Krankenkasse entstand: Es war zu spät, um an einer Studie mit einem neuen Medikament teilzunehmen und zu früh für dessen Zulassung. Heute ist die Behandlung komplett abgesegnet – aber das hat viel Kraft gekostet.

Aber auch neue Kraft hat Reto Klar gefunden – in und mit der Krankheit. „Ich erlebe eine neue Intensität mit meiner Familie und habe eine weniger harte Schale als früher.“ Dazu gehören natürlich auch negative Gedanken, die ihn manchmal einholen: Wirst du jemals wieder der Alte? „In den guten Momenten ist meine Antwort: Natürlich! Und natürlich möchte ich mein altes Leben noch mal zurück haben.“ Und zwei große Wünsche hat Reto Klar: „Ich möchte meine Frau noch mal heiraten und meinen 70. Geburtstag erleben. Die Ärzte können nicht wirklich voraussagen, wie lange ich noch lebe. Das macht mich so normal wie jeden anderen gesunden Menschen. Schließlich weiß keiner von uns, was morgen passiert.“

» Wir leben in einer Zeit, die begeistert!

Prof. Dr. Dietger Niederwieser, 71 Jahre, Krebsforscher und ehemaliger Chefarzt für Onkologie und Hämatologie am Universitätsklinikum Leipzig

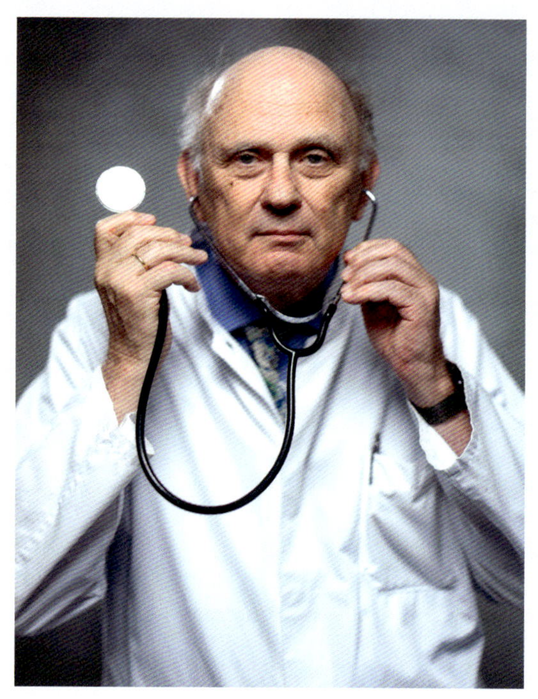

Professor Dr. Dietger Niederwieser sagt, dass er auf der ganzen Welt zuhause ist – und somit auch weltweit Patient*innen behandelt. Der 71-Jährige kommt gebürtig aus Südtirol. Er ist der ehemalige Präsident der Europäischen Gesellschaft (EMBT) sowie des weltweiten Netzwerks für Blut- und Knochenmarktransplantationen (WBMT), arbeitet für die Weltgesundheitsorganisation WHO, ist langjähriger Präsident der Ostdeutschen Studiengruppe für Hämatologie und Onkologie e.V. (OSHO) und ehemaliges Mitglied des Ausschusses für neuartige Therapien (CAT) in der Europäischen Arzneimittel-Agentur (EMA). Der Hämatologe ist fasziniert davon, wie Krankheiten entstehen – und umso mehr davon, wie man sie gezielt behandeln kann.

Professor Niederwieser, wie hat sich die Krebsforschung in den letzten 40 Jahren verändert?

Wir haben enorme Fortschritte gemacht. Um das ganz generell zu sagen: Vor 40 Jahren hat man noch geglaubt, je mehr man von einem Medikament gibt, um so größere Behandlungserfolge erzielt man. Dies hat natürlich zu starken Nebenwirkungen geführt. Heutzutage ist das Credo: Je spezifischer und genauer das Medikament auf die Ursachen der Krankheit wirkt, desto besser ist es. Wir wissen bei vielen Krankheiten, wie sie entstehen, welche Genveränderung vorhanden ist und wie man diese Veränderung und deren Produkte ausschalten kann. Das ist enorm! Man kann heutzutage mit einer Tablette zum Beispiel bei einer chronischen, myeloischen Leukämie die Krankheit zwar bei den meisten Patient*innen nicht heilen, aber man kann die Krankheit zurückdrängen und bei einigen kann man sogar die Tablette weglassen, ohne dass die Krankheit zurückkommt. 98 Prozent der Patient*innen überleben so inzwischen zehn Jahre. Vor dieser Therapieform, die wir 1999 begonnen haben, haben etwa 30 bis 50 Prozent der Patien*innen überlebt. Das sind enorme Fortschritte. Bei vielen Tumoren werden heute mit gezielten, so genannten personalisierten Therapien bessere Ergebnisse erzielt als mit Chemotherapie. Und einige Tumore werden heute sogar ohne Chemotherapie behandelt.

Wie kommt es zu diesen Fortschritten?

Durch die sprunghafte Weiterentwicklung der Technik zum Nachweis von Genveränderungen wissen wir viel mehr über bösartige Erkrankungen Bescheid. Man kann heute die gesamte Erbmasse einer Person entschlüsseln und sogar die aktivierten Gene bestimmen. Wir wissen dadurch auch, welche Gene verändert und aktiviert sind und wir können sie und ihre Produkte in einigen Fällen sogar neutralisieren. Wir haben zigtausende Gene in unseren Zellen, die sich milliardenweise am Tag erneuern. Da kann es durchaus sein, dass die Erbmasse und auch die Zellen missraten. Normalerweise gibt es in unserem Körper viele Kontrollmechanismen zur Erkennung und Zerstörung dieser missratenen Zellen. Aber es kann auch sein, dass eine missratene Zelle so perfekt erscheint, dass das Immunsystem sie nicht erkennt – und dann haben wir eben ein Problem.

Wo könnte die Forschung in zehn oder zwanzig Jahren stehen?
Wenn wir mit dem Rhythmus weitermachen wie heute, dann können wir sehr viele zusätzliche Krankheiten heilen, aber natürlich nicht alle. Jede Krankheit hat ihre eigenen Eigenschaften und die gilt es durch Bestimmung der Erbmasse zu erkennen und dagegen eine Therapie zu erzeugen. Das dauert manchmal sehr lange, wie am Beispiel der CAR-T-Zell-Therapie zu sehen. Kolleg*innen haben schon vor etwa zwanzig Jahren mit dieser kühnen Idee begonnen, um eine effiziente neue Krebstherapie durchzuführen. Einer davon hat überlegt, wie er das potenteste Anti-Krebs-Mittel, unsere eigenen Killerzellen, so verändern kann, dass sie Krebszellen erkennen und zerstören können. Daran hat er 15 Jahre gearbeitet, bis dieses Konzept gewirkt hat – aber eben auch sicher genug war, um am Patienten eingesetzt zu werden. Erst vor sechs, sieben Jahren wurden die ersten klinischen Studien begonnen und heute ist die Therapie für gezielte Tumoren nicht mehr wegzudenken. Das ist eine begeisternde Entwicklung, aber eben nicht für jeden Patienten oder jede Tumorerkrankung passend.

Wie funktioniert diese Therapie?
Die eigenen (oder auch fremde) Killerzellen, die für die CAR-T-Therapie verwendet werden, bekommen ein Gen inseriert und werden scharf gegen die Tumorzelle gemacht. Die Tumorzelle muss spezielle Eigenschaften haben: Zum Beispiel darf die Tumorzelle auf der Oberfläche keine Proteine haben, die auch auf gesunden Zellen zu finden sind. Sonst zerstören die CAR-T-Zellen auch gesunde Zellen und das ist natürlich nicht gut. Die CAR-T-Zellen werden heute bei einigen Leukämien, Lymphomen und Multiplen Myelomen mit großem Erfolg eingesetzt. Auch bei einem Nichtansprechen auf konventionelle Therapien. Eine andere Möglichkeit besteht darin, Eiweiße auf der Tumoroberfläche zu bestimmen, um eigene Killerzellen gegen diese Eiweiße zu impfen. Da gibt es zum Beispiel beim Bauchspeicheldrüsenkrebs vielversprechende Ergebnisse in sogenannten Phase-1-Studien, in Studien zur Dosisfindung. Da sind wir also ganz am Anfang einer einzigartigen Therapie mit vielen erfolgversprechenden Hoffnungen.

Warum dauert es so lange, dass in Deutschland neue Therapien und Medikamente zugelassen werden?
Um eine neue Substanz und insbesondere neue Therapiekonzepte, wie zum Beispiel zelluläre Therapien zuzulassen, braucht es genaue Untersuchungen zur Wirkung und zu Nebenwirkungen. Manchmal können diese Nebenwirkungen auch erst nach Monaten oder Jahren auftreten. Es ist daher nicht verwunderlich, dass eine Zulassung oft Jahre braucht. Das muss auch auf europäischer Ebene mit der EMA und mit der Zulassungsbehörde der USA abgesprochen werden. Als ehemaliges Mitglied der europäischen Kommission für fortgeschrittene zelluläre Therapien weiß ich, wie genau und verlässlich diese Behörden arbeiten. Es war zu Beginn eine große Herausforderung, diese neuen zellulären Medikamente aufgrund einer Nutzen-Risiko-Abwägung im Gegensatz zu chemischen Substanzen zuzulassen. Oft sind es ja auch Nebenwirkungen, die nur bei einem Bruchteil der Patienten auftreten. Deshalb gilt es eventuelle Risiken genau zu quantifizieren und abzuwägen. Aber natürlich sollten viele dieser Sicherheitsmaßnahmen regelmäßig auf dem Prüfstand stehen und, wenn nötig, auch hinsichtlich der Zeit optimiert werden, ohne die Sicherheit zu reduzieren. Daran arbeiten auch die zuständigen Gremien. Ich kann Ihnen versichern, dass ein großer Wille zur Optimierung der Zulassungsverfahren auf europäischer Ebene besteht und gerade bei den zellulären Therapien auch deutlich erfolgte.

Wird der Krebs irgendwann besiegt werden?
Wir leben gerade in einer Zeit, die uns extrem begeistern sollte! Diese ganzen neuen Therapien, die wir jetzt haben, entstanden aus dem Fleiß von Menschen, die Tag und Nacht für die Wissenschaft gearbeitet haben und arbeiten. Was wollen wir denn mehr? Viele bösartige Krankheiten kann man ja heute schon besiegen, es kommt natürlich auch immer auf das Stadium an. Dennoch wird es auch immer Tumore geben, die sehr schlecht behandelbar sind. Bei zigtausenden Genen gibt es eben Millionen Mutationsmöglichkeiten. Wir können nicht alle beeinflussen, aber inzwischen sehr viele. Es wird die Aufgabe der nächsten Jahre sein, für jede Genmutation ein Gegenmittel zu entwickeln. Jedenfalls wird die Behandlung sich weiter deutlich ändern, spezifischer werden und mit weniger Nebenwirkungen sein.

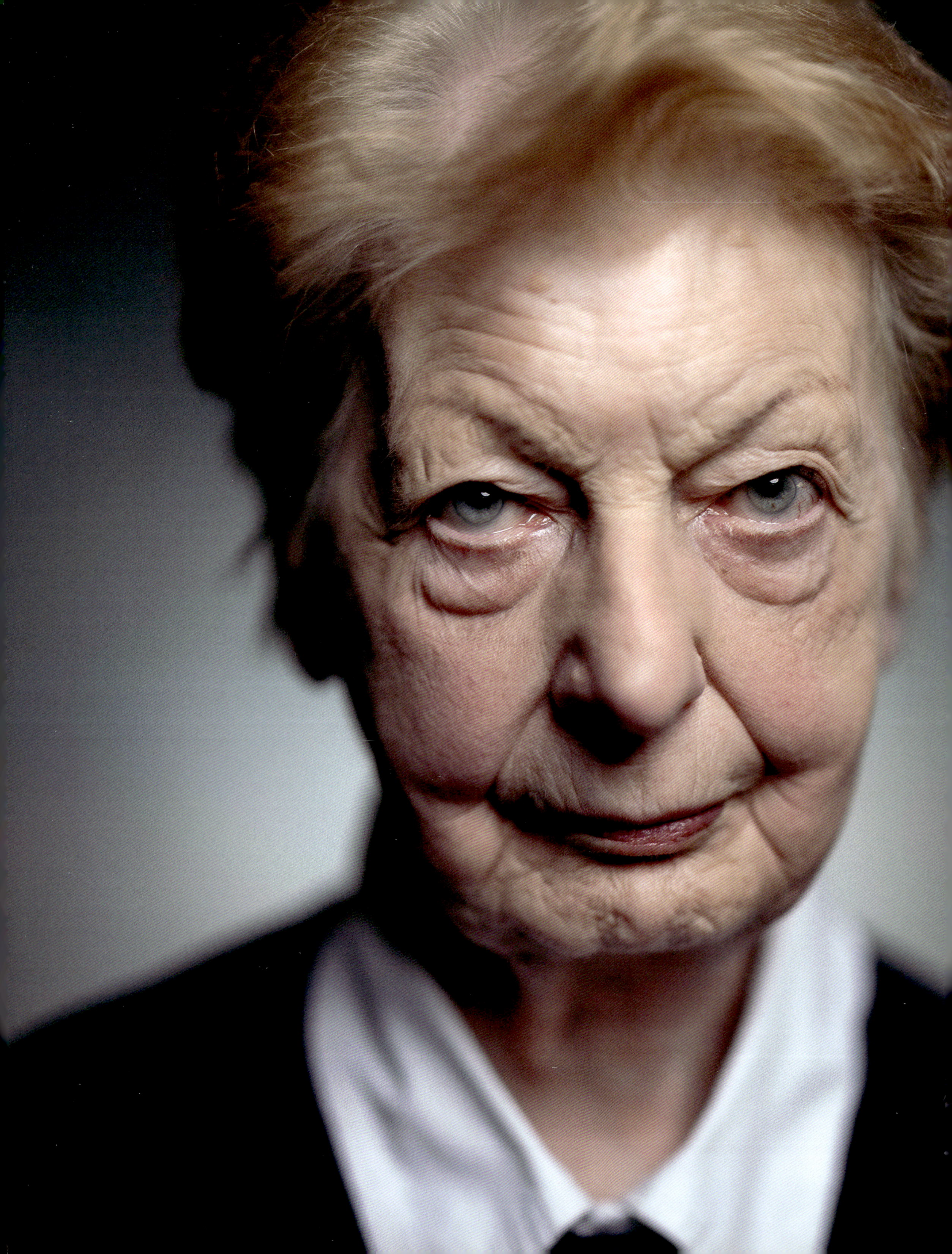

Muss das wirklich sein? Warum muss ich so etwas in meinem Alter noch kriegen?" Helga Brietzke wurde 1941 in Neuenburg in Friesland geboren, sie ist heute 83 Jahre alt. Im Sommer 2023 bekam sie die Diagnose Marginalzonenlymphom. Es war ihre zweite Krebsdiagnose – nach 40 Jahren, in denen sie „gut gelebt" hat. 1981 war die gelernte Arzthelferin an Brustkrebs erkrankt. Damals war ihr Sohn sechs Jahre alt.

„Ich hatte eine Amputation und danach Bestrahlung", sagt Helga Brietzke. „Krebs war damals noch viel mehr tabuisiert als heute, damit wollte niemand etwas zu tun haben. Mein Mann hat nicht darüber gesprochen, die Familie auch nicht. Und als ich operiert war und die Kur gemacht hatte, hieß es: So, der Krebs ist weg – damit war das Thema durch."

» Nee, Helga Brietzke! Du lässt dich nicht unterkriegen!

Helga Brietzke, 83 Jahre, Diagnose: Brustkrebs und Marginalzonenlymphom

Aber für Helga Brietzke nicht. Es ging ihr nicht gut. Ihre Mutter war mit 54 Jahren an Brustkrebs gestorben. „Aber die Oberärztin auf der Frauenstation im Krankenhaus, in dem ich war, die war ganz fantastisch und hat gemerkt, dass es mir nicht gut ging. Sie hat zu mir gesagt: Wenn Sie Probleme haben, dann kommen sie zu mir." Helga Brietzke arbeitete im Hospital zum Heiligen Geist in Hamburg, der Stadt, in der sie inzwischen lebte, und sie bekam viel Unterstützung – mehr als zu Hause. Das gab ihr Kraft – die sie fortan weitergeben wollte. Sie gründete 1983 in Hamburg-Poppenbüttel die erste Selbsthilfegruppe für Frauen mit einer Brustkrebsdiagnose. „Ich habe dadurch und durch die Krankheit sehr viel Selbstständigkeit und Stärke erlangt. Das war für mein Leben eine große, positive Umstellung. Aber mein Mann ist damit leider nicht klargekommen." 1996 trennte sich das Ehepaar. Helga Brietzke setzte sich rund 20 Jahre für das Thema Selbsthilfe ein, organisierte Schulungen, Seminare und Ernährungsberatungen und arbeitete eng mit der Deutschen Krebshilfe zusammen. Und sie schrieb ein Buch, gemeinsam mit dem Arzt Professor Christian Lindner: „Ich hatte Brustkrebs und viele Fragen danach …"

Eine starke, selbstständige und engagierte Frau. Und nun, mit 83 Jahren, kam der Krebs wieder zu ihr. Sie bemerkte eine Beule am Kopf, war unsicher, wo die herkam. Vielleicht irgendwo gestoßen? Es kamen Schmerzen in Rücken und Armen dazu, Überweisungen, ein wenig ratloses Hin und Her. Und dann, an einem Tag im Sommer 2023, Helga Brietzke fuhr gerade mit dem Bus nach Hause, bekam sie einen epileptischen Anfall. Sie kam ins Krankenhaus, blieb fünf Wochen und bekam die Diagnose Marginalzonenlymphom. Im Rückenmark wurde eine Metastase festgestellt, der Tumor am Kopf war sehr ungewöhnlich für die Diagnose. „Ich habe mich gefragt: Warum muss ich so alt werden und noch so etwas kriegen? Warum muss mir das passieren? Ich habe auch geheult und war in einem Wechselbad der Gefühle: Immer zwischen „Ich will das schaffen" und „Das ist doch alles Mist". Aber irgendwann habe ich mir gesagt: Nee, Helga Brietzke! Du lässt dich nicht unterkriegen! Du kämpfst, selbst wenn sie dir sagen, dass es nur bedingt heilbar ist." Die Chemo hat Helga Brietzke gut überstanden. „Da kam mir auch zugute, dass ich durch die Selbsthilfegruppe viel an Erfahrung und Wissen gesammelt hatte." Im Moment steht die Frage nach einer Bestrahlung des Kopfes im Raum.

Helga Brietzke hat auch diesmal wieder ihren Weg gefunden, mit dem Krebs umzugehen. Noch immer arbeitet sie ehrenamtlich im Hospital zum Heiligen Geist, leitet dort die Bibliothek. Und auch ansonsten weiß sie sich zu beschäftigen: „Ich gehe gern spazieren, gehe gern auf Flohmärkte, habe einen Stand und verkaufe Bücher. Ich will die Jahre, die ich noch habe, einfach gut leben. Ich will Jazzkonzerte erleben, keinen Streit haben. Hätte ich ein bisschen Geld, dann würde ich nach New York oder San Francisco fliegen – ach, einmal noch New York sehen! Oder auf ein Konzert von Elton John gehen." Musik von Elton John, Tina Turner und Peter Maffay soll auch auf ihrer Beerdigung gespielt werden. „Aber mein Tod steht nur draußen an der Tür und klopft. Aber ich bin über die Brücke gegangen, die mich auf die gute Seite gebracht hat, wo mich jemand an die Hand genommen und gesagt hat: Wir schaffen das!" Dafür hätte sie gern auch einen Partner gehabt. „Das ist eigentlich das Einzige, was mich traurig macht, dass ich niemanden hatte, der an meiner Seite war und ist. Aber ich lasse mich nicht unterkriegen und habe auch keine Angst vor dem Tod – ich finde nur schade, dass ich dann nicht mehr mitbekomme, wie alles weitergeht."

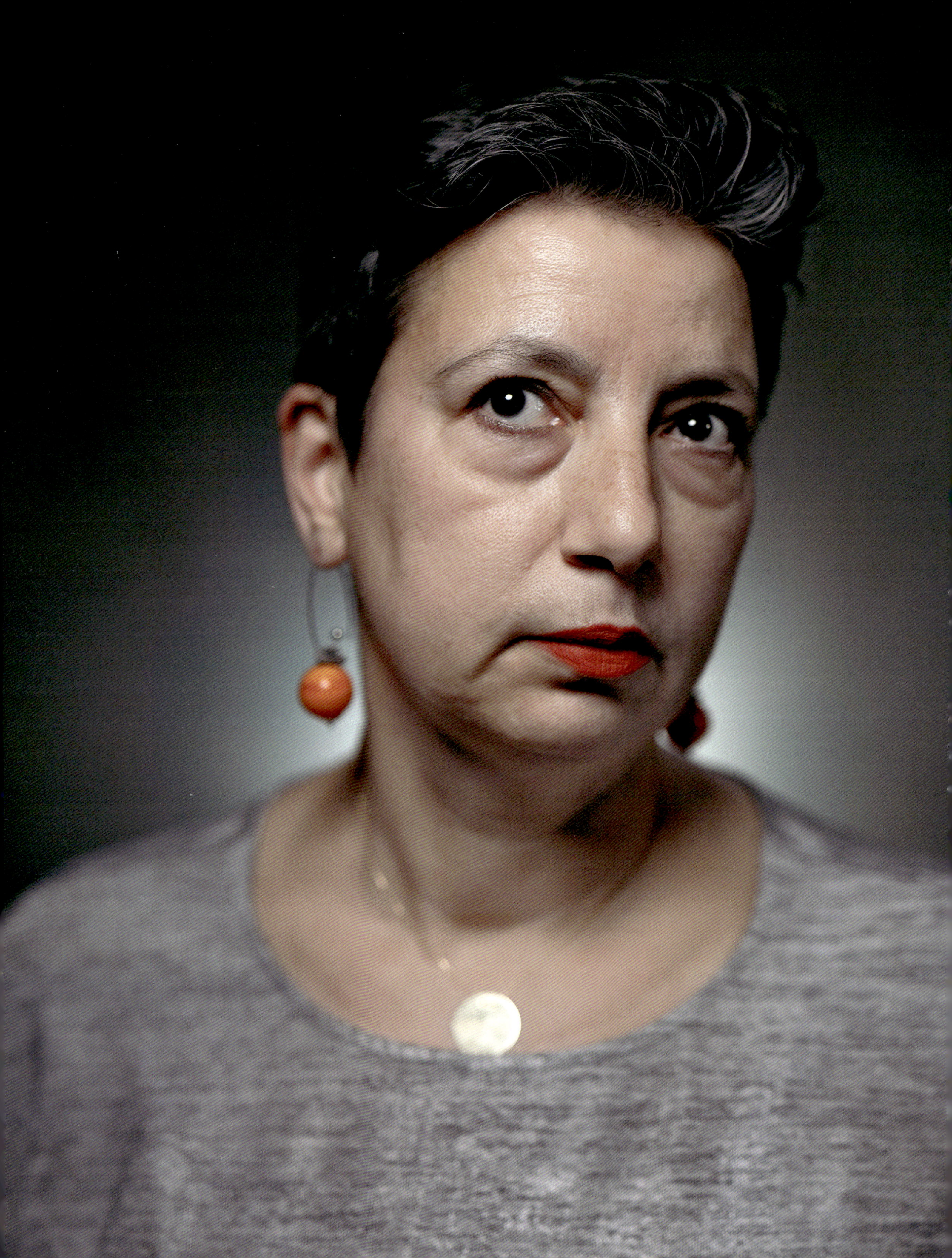

Als Hayriye Oguz im Januar 2018 die Diagnose hormonelles Mammakarzinom bekam, gab es für den Tumor in ihrer Brust direkt eine Kampfansage: „Mit mir nicht!“ Unglaublich, welche Kraft sie in diesem Moment aufbrachte – trotz allem, was die heute 53-jährige Hamburgerin in den rund zwei Jahren vor ihrer Diagnose bereits mitgemacht hatte.

2016 wurde ihr Vater krank: Metastasiertes Prostatakarzinom. „Meine Schwester und ich haben ihn mitgepflegt und sind erstmals mit Krebs in Berührung gekommen. Im Oktober 2016 verstarb unser Vater dann leider.“ Nach Weihnachten verlor Hayriye Oguz ihren Job: „Weil ich in der ganzen Zeit nicht gearbeitet habe während der Pflege meines Vaters.“ Sie war Eventmanagerin in einer amerikanischen Wirtschaftskanzlei, das Jahr 2017 verging mit „viel Arbeitsgericht, Abfindungen und so weiter.“ Und dann kam der Januar 2018 und damit ihre eigene Diagnose. Es folgten zwei Operationen, im Februar und im März, Chemo, Bestrahlung. „Am Nikolaustag 2018 war ich durch mit allem, 2019 folgte die Anschlussheilbehandlung und eine lange Reha.

Ich bin während dieser ganzen Zeit von einer gut Verdienenden, über die Arbeitslosigkeit in die Krankheit gefallen – und fast bei Hartz IV gelandet“, sagt Hayriye Oguz. Was für sie mit das Härteste war: „Du musst dich mit Krebs befassen und aber auch mit dem ganzen Bürokratiekram. Eigentlich bräuchte man eine Sekretärin oder einen Sekretär, der all das koordiniert und katalogisiert – denn eigentlich sollst du ja in dieser Zeit gesunden, wie es so schön heißt.“ Zum Gesunden aber fehlte Hayriye Oguz schlichtweg die Ruhe: Zuhause wartete noch eine Herausforderung auf sie. „Unsere Mutter war dement, sie hatte die Form, die sich mit sehr viel Aggressivität äußert. Zudem hatte sie Lungenkrebs – aber alles ging ganz gut mit ihr, solange Papa noch gelebt hat.“ 2020 nahm sie ihre Mutter bei sich zuhause auf. Eine alles andere als leichte Aufgabe in ihrer eigenen ohnehin schwierigen Situation.

Dann wurde Hayriye Oguz noch einmal vorsorglich operiert. „Meine Gebärmutter wurde entfernt, da ich Genträgerin bin, BRCA2 und RAD51C. Als mein Vater krank war, hatte ich beim BRCA-Netzwerk Informationen gesucht – ich war Ratsuchende und habe dann beschlossen, dass ich mich gern engagieren würde.“ Gesagt, getan – mittlerweile leitet sie gemeinsam mit einer Freundin den Hamburger Standort des BRCA-Netzwerks und ist zudem die bundesweite Migrationsbeauftragte. „Aufgrund meiner türkischen Wurzeln ist mir die Situation betroffener Frauen mit Migrationshintergrund vertraut. Wir haben sehr viel Hilfe in Deutschland, aber sie ist nicht sichtbar. Sie ist schon für deutschsprachige Menschen nicht sichtbar und das Paket Krebs macht dich fertig, weil unsere Gesellschaft ein System ist, das alle schnell wieder auf den Arbeitsmarkt kriegen will, egal, wie es der einzelnen Person geht – sei es körperlich oder mental.“ Dabei ist Austausch, Kommunikation und Sichtbarkeit so wichtig für die Betroffenen. Hayriye Oguz wusste das im Moment ihrer Diagnose: „Mir war klar: Ich werde darüber sprechen und mir alle Hilfe holen, um zu überleben und im besten Falle gesund zu werden.“ Und auch sie brauchte Hilfe bei Chemo und Bestrahlung. „Ich ging zu einer Selbsthilfegruppe – aber da saßen nur ältere und alte Frauen und ich dachte: Was soll ich hier?“, sagt Hayriye Oguz. „Aber irgendwann machte es klick und ich dachte: Die sitzen hier! Die sitzen hier alle und leben!“

» Als ich die Diagnose bekam, habe ich dem Krebs gesagt: Mit mir nicht!

Hayriye Oguz, 53 Jahre
Diagnose: Brustkrebs

Heute hilft sie anderen Betroffenen dabei, die Diagnose und den Krebs mit eben so viel Mut und bestmöglicher Unterstützung anzugehen. „Ich hatte meine OPs im Hamburger UKE und bin dort im Patienten-Beirat des UCCH, dem Universitären Cancer-Center Hamburg.“ Ihre Kampfansage hat sie stark gemacht, während all der Zeit. Auch als während der Erkrankung ihre Beziehung zerbrach. Auch, als sie durch die Chemo „oben ohne“ und aufgequollen war. Eine Perücke hat sie nicht getragen, aber sich einen „sauteuren Lippenstift“ gekauft, große Ohrringe getragen. „Ich wollte dem Krebs nicht die Möglichkeit geben, mir mein Frausein zu nehmen.“ Auch ihre eigene Stärke hat sie durch die Krankheit neu gefunden: „Ich habe früher lange meine Skills ganz nach hinten gestellt. Nun habe ich wieder angefangen, Fotos zu machen, zu malen. Ach ja, und Boxen gehe ich auch“, sagt Hayriye Oguz strahlend. Boxen – ein sportgewordenes „Mit mir nicht!“.

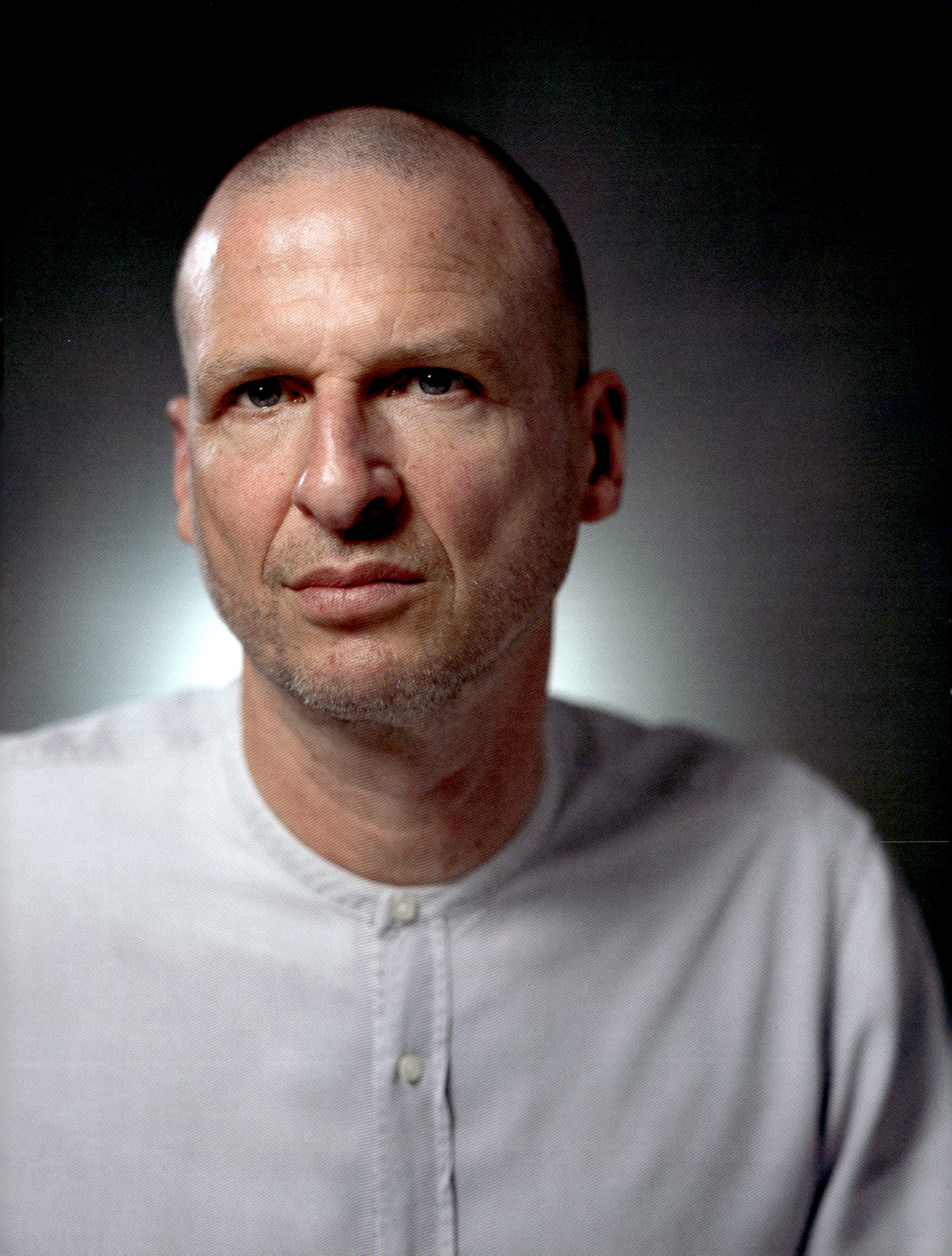

Michael Hölzl ist wahrscheinlich das, was man einen Lebemann nennt. Viel harte Arbeit, viel gutes Leben, häufig auf der Überholspur. Bestens ausgebildet, wortgewandt. Ein Macher. Bis es Ende Mai 2020 plötzlich hieß: „Sie haben nicht mehr lange." Diagnose: Mantelzelllymphom, unheilbar.

Der 1973 in Innsbruck geborene Hölzl hatte zuvor noch die Hoffnung, dass die pulsierende Erbse im rechten vorderen Lendenbereich, die er dort seit drei, vier Tagen spürte, ein Leistenbruch sei. Nach ein paar abgleichenden Telefonaten mit seinem Vater und anderen Betroffenen im Freundeskreis war dem studierten Architekten schnell klar: Das war kein Leistenbruch. „Ich ging zu meinem Hausarzt und da meinte die Ärztin nach dem Ultraschall, dass das Gerät wahrscheinlich defekt sei – sie müsse noch mal jemanden dazuholen", erinnert sich Hölzl. „Zu Zweit saßen sie dann vor dem Monitor, haben sich immer wieder wortlos angeschaut – da wusste ich schon: Das ist nicht gut. Und dann kam die Aussage: Sie stehen kurz vorm multiplen Organversagen." Dann ging alles sehr schnell: Es folgten verschiedene Diagnostik-Termine, eine Biopsie, dann eine zehntägige Diagnostik. 37 Kriterien wurden untersucht – wurden diese alle erfüllt, konnte Michael Hölzl an einer Studie teilnehmen. Zu diesem Zeitpunkt seine einzige Chance aufs Überleben. Die derzeit klassisch angewandte Behandlungsmethode wäre gescheitert. Nur so hat der seit vier Jahren für einen Unternehmer als Privatsekretär tätige Hölzl bis heute überlebt. „Jetzt habe ich sogar die Chance auf sechs bis sieben Jahre Ruhe, dann wird die Krankheit wohl langsam wieder starten. Aber bis dahin kann es ja auch schon wieder eine andere Medikation geben", sagt Michael Hölzl, der seit dem Jahr 2000 in Berlin lebt.

Er sagt, er habe „tiefstes Vertrauen in die Versorgungsstruktur" und nie habe er daran gezweifelt, dass seine Therapie und seine Behandlung das Richtige sei. Mit seinem Schicksal hadern? Wozu? „Ich habe alles an meiner Behandlung sehr wertgeschätzt und tue nun selbst alles dazu, dass es meinem Körper gut geht", sagt Michael Hölzl. Sein Fokus im Leben hat sich ein wenig verschoben. Heute achtet er auf Ernährung, auf Pausen, gönnt sich Ruhe, wenn er merkt, dass sein Körper diese braucht. „Meine Grenzen sind anders gesteckt – früher hatte ich keine. Außer, ich falle tot um." Auch die Wahrnehmung seines Umfelds, auch des persönlichen, habe sich geändert: „Wenn du erst mal so eine Erkrankung oder Diagnose hast, merkt man erst, was das für ein Massenphänomen ist. Weniger als jeder Dritte bekommt in seinem Leben eine Krebsdiagnose – ob man daran stirbt ist dann noch einmal eine andere Frage. Auch in unserer Firma hatte jeder dritte Krebs." Wer sich dessen bewusst ist, geht anders durchs Leben, kann neu sortieren. Auch Michael Hölzl hat das getan: „Mein Leben ist viel klarer geworden. Ich schätze andere Dinge, ich strukturiere mich neu und ich habe den Fokus mehr auf den prodynamischen, lebensbejahenden Dingen." Damit habe er schon direkt nach der Diagnose angefangen. Als er „zwei Minuten lang tiefgründig abgeklopft" hatte, welche Wege es gebe, um sein Leben schnell zu beenden. „Die haben mir alle nicht gefallen." Also hat er seinen Fokus auf die Genesung gelegt und alles eliminiert, was ihm nicht hundertprozentig gut getan hat.

» Die Krankheit ist wie der Tod eines besten Freundes.

Michael Hölzl, 51 Jahre
Diagnose: Mantelzelllymphom, unheilbar

Bis September 2023 ging seine Behandlung. Und nun also Ruhe. Bis die Krankheit, die ja nicht weg ist, wieder ausbricht. Aber jetzt ist jetzt. Und das Wort Hoffnung mag Michael Hölzl nicht: „Ich bin kein Mensch, der hofft. Ich hasse Hoffnung. Hoffnung bringt einen nicht weiter." Er weiß, dass er auch viel Glück hatte, dass seine Behandlung gut angeschlagen hat, dass es ihm vergleichsweise gut ging. Auch, wenn er Tage hatte, an denen er nicht wusste, wie er vom Bett in sein vor der Tür geparktes Auto kommen sollte: „Ich habe meine Krankheit ein wenig so empfunden, wie den Tod eines besten Freundes. Weil ein Stück der eigenen Identität wegbricht und man danach eine andere annimmt. Man ist nicht mehr der Silberrückengorilla, der man vorher war." Sicher auch deshalb, weil man manchmal eben auch mitbekommt, wie schnell alles vorbei sein kann: Zweimal hat er erlebt, dass Mitpatienten plötzlich zugedeckt auf ihrem Bett liegen. Für seinen eigenen Tod ist bereits alles geregelt: „Egal, wo ich in Europa sterbe, werde ich eingesammelt und komme dann vor der Verbrennung an die Charité. Ich habe mich als Körperspender zur Verfügung gestellt", sagt Michael Hölzl. „Als kleines Dankeschön."

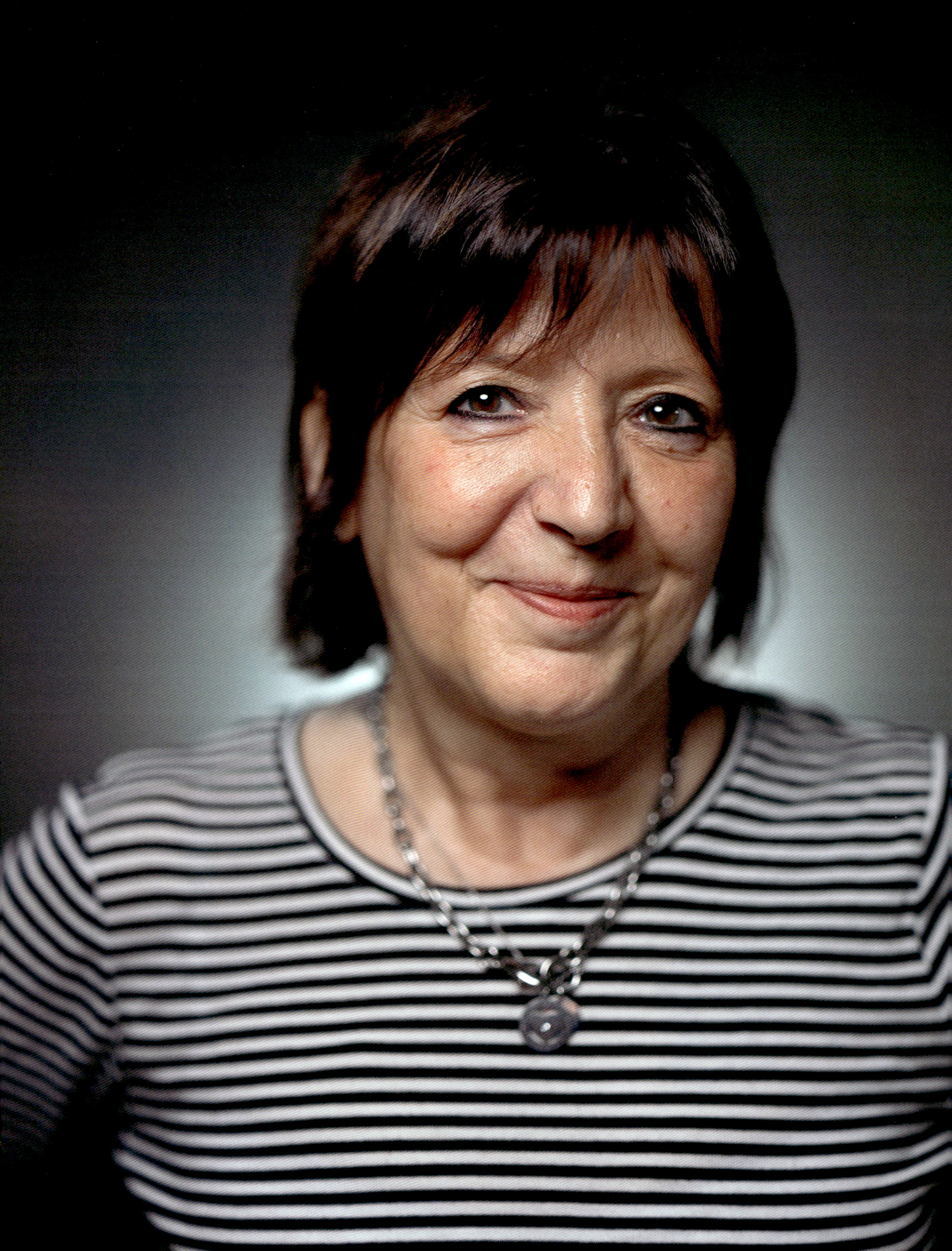

Silke Waurich ist Krankenschwester. Und das schon einige Jahrzehnte. Zur Zeit ihrer Ausbildung galt: „Entweder du wirst gesund oder Du stirbst." Das waren damals die zwei Optionen. „Ich habe sofort gewusst: Nee, ich kann nicht sterben und ich will auch nicht", sagt Silke Waurich über den Moment der Diagnose. Dabei klang unheilbarer Lungenkrebs im ersten Moment schon eher nach der schlechteren der beiden Optionen aus ihrer Ausbildungszeit.

Silke Waurich lebt in Talheim bei Heilbronn. Sie hat zwei Kinder, drei Enkel und lebt allein. Was nicht bedeutend ist – aber zur Zeit ihrer Diagnose eben doch eine Rolle spielte. Denn Deutschland steckte in der Corona-Pandemie und das Leben war für viele ein Einsameres. Der Tag der Diagnose war der 21. April 2021. Vorangegangen waren ein MRT – eigentlich wegen akuter Probleme mit der Halswirbelsäule – ein anschließendes CT, weil im MRT „etwas nicht in Ordnung" war. „In meiner Lunge war ein ein Zentimeter großer Rundherd zu sehen, dazu ganz viele Milchglasherde", sagt Silke Waurich. „Man hat mir aber erst gesagt, dass das Corona sei, denn das hat genauso ausgesehen. Und ich hatte vier Wochen auf der Intensivstation gearbeitet während Corona, als es noch so ganz schlimm war." Corona hätte also in der Tat der Grund für die Veränderungen auf der Lunge sein können. Doch eine OP in der Stuttgarter Lungenfachklinik zerschlug diese Hoffnung: Sieben Zentimeter Lungengewebe wurden Silke Waurich entnommen. Sechs Tage nach der OP kam der Anruf. „Ich war allein in dem Moment, das war schrecklich", sagt Silke Waurich und auch jetzt muss sie bei der Erinnerung mit den Tränen kämpfen.

» Ich werde nicht mehr wie vorher. Aber ich finde, der Mensch, der ich jetzt bin, ist auch nicht schlecht.

Silke Waurich, 57 Jahre
Diagnose: Lungenkrebs, unheilbar

Das Gefühl des Alleingelassenseins ist bis heute für die 57-Jährige an die Krankheit gekoppelt. „Gerade fühle ich mich auch sehr allein, weil sich eigentlich niemand mehr kümmert. Ich gehe alle vier Monate zum CT und auch dann bekomme ich nur einen Anruf, ob alles okay ist – oder eben nicht." Im Moment ist zum Glück alles okay: Seit einem dreiviertel Jahr bekommt Silke Waurich keine Therapie mehr, der Krebs ist stabil. „Rechts unten ist noch ein zwölf Millimeter großes Stück, aber das ist wahrscheinlich verkapselt. Meine Ärzte nennen die Zeit jetzt immer Therapiepause – aber für mich ist es vorbei", sagt Silke Waurich entschlossen. Dennoch: Die Freude darüber, dass alles gut ist, wird ein wenig getrübt von dem Gefühl, mit allem allein gelassen zu sein. „Ich hätte schon gern jemanden, der mal sagt, dass der Port gespült werden muss oder so – man kann doch nicht immer davon ausgehen, dass ich alles von alleine weiß oder herausfinde! Mein Vorteil ist, dass ich vom Fach bin und mir vieles erklären kann – aber ich will ja, dass sofort reagiert wird, wenn das wieder wächst."

Auch während der Chemo, die „furchtbar" war, weil Silke Waurich sich so vergiftet gefühlt hat, hat sie viel mit sich selbst ausgemacht. „Ich habe oft auf dem Sofa gelegen, gelesen und Fernseher geschaut – deswegen bin ich auch wirklich schnell wieder arbeiten gegangen, weil der Kopf sich sonst abschaltet", sagt Silke Waurich und wird emotional, als sie auf ihre Kinder zu sprechen kommt: „Das klingt jetzt blöd, wenn ich das so sage, aber ich hätte schon gern mehr Aufmerksamkeit bekommen oder mehr Unterstützung." Sie hat mit ihren Kindern darüber gesprochen und weiß auch, dass nichts böse Absicht war. „Sie haben auf ihre Art damit zu kämpfen gehabt", sagt Silke Waurich. „Für Angehörige ist das alles oft schlimmer als für die Betroffenen. Und meine Kinder, obwohl sie ja nicht klein sind, waren der Grund, weshalb ich gesagt habe: Ich kann jetzt nicht sterben, die brauchen mich ja trotzdem." Sie habe lange gebraucht, um zu akzeptieren, dass ihr Krebs chronisch und unheilbar sei. „Die Unbedarftheit ist weg, das Vertrauen in den eigenen Körper. Ich bin nicht mehr der Mensch, der ich vorher war. Aber heute bin ich stabil und ruhe in mir. Und der Mensch, der ich heute bin, ist auch nicht schlecht."

Was ihr allerdings manchmal zu schaffen macht, ist das Stigma, das Lungenkrebs mit sich bringt. Dieser Vorwurf: „Du hast ja mal geraucht …" Ja, sie hat mal geraucht, aber ihr Krebs ist eine Form, die oft Frauen in ihrem Alter bekommen – ohne jemals geraucht zu haben. „Mich immer wieder zu rechtfertigen, was bringt das? Ich bereue jede Zigarette, ohne zu wissen, ob es mich nicht trotzdem erwischt hätte. Denn jeder Mensch, der eine Lunge hat, kann Lungenkrebs bekommen."

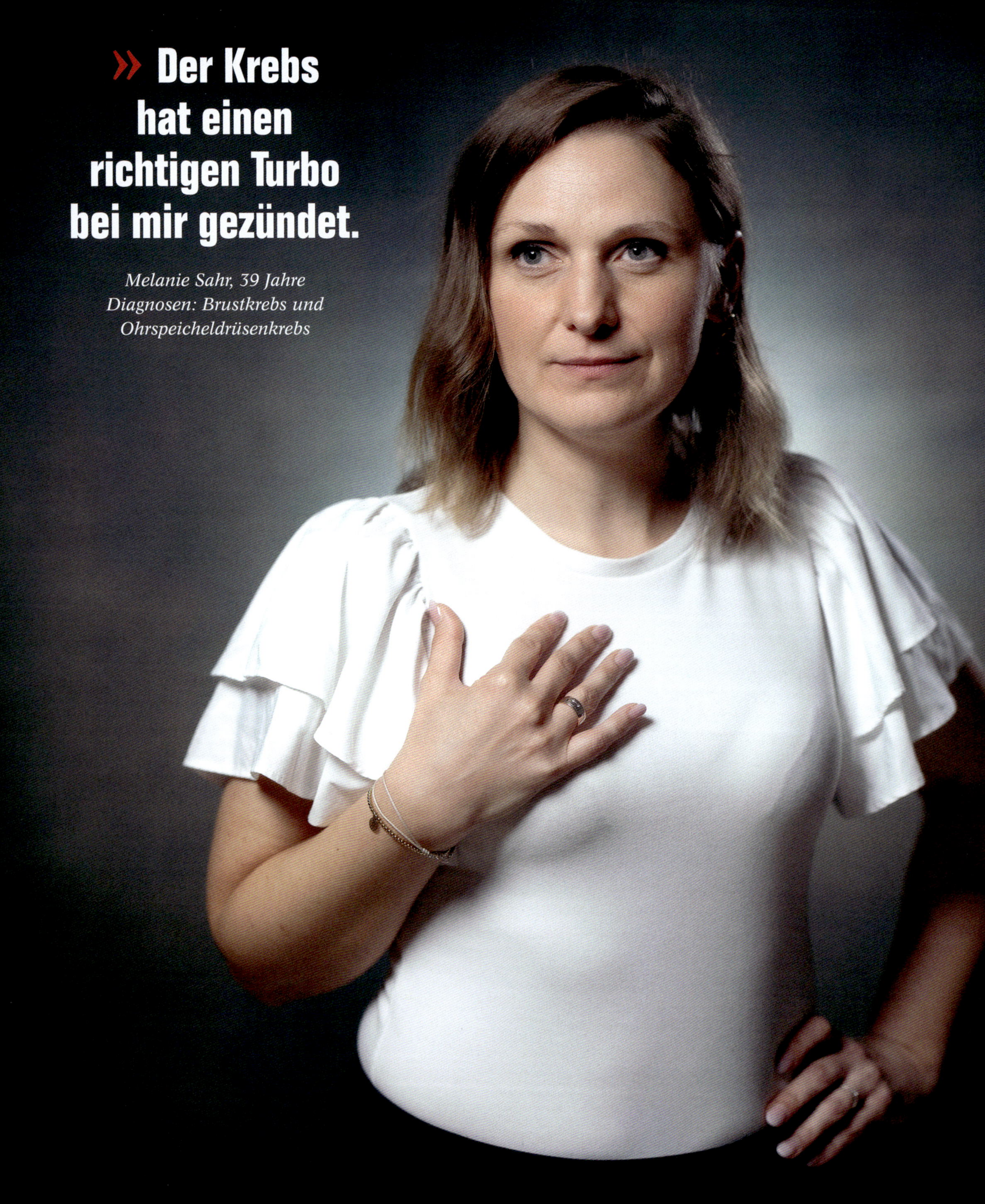

» Der Krebs hat einen richtigen Turbo bei mir gezündet.

Melanie Sahr, 39 Jahre
Diagnosen: Brustkrebs und Ohrspeicheldrüsenkrebs

Es war März 2013 und Melanie Sahr war „der glücklichste Mensch“, wie die heute 39-jährige Marketingmanagerin sagt. Im Januar hatte ihr damaliger Freund Sebastian um ihre Hand angehalten und „ich dachte: Wow – das ist das, was ich zu meinem Glück noch brauche, jetzt wird alles toll, nächstes Jahr wird geheiratet und dann gründen wir unsere Familie und alles läuft nach Plan – wie im Bilderbuch!“ Aber der März 2013 sollte nicht der Beginn dieses erhofften Märchens werden, sondern schrieb eine andere Geschichte, die mit den Worten begann: Brustkrebs, triple negativ, hochaggressiv, schnell wachsend mit sehr schlechten Prognosen. Ein harter Wandel, wenige Wochen, die alles für die junge Frau veränderten. Wie kam es dazu?

„Wir wollten im Februar in den Skiurlaub fahren“, erinnert sich Melanie Sahr. „Zur Vorbereitung sind mein damaliger Verlobter und ich ins Fitnessstudio gegangen, wollten uns vorbereiten und fit sein.“ Auch Brustmuskelübungen habe sie gemacht und plötzlich war da dieser Huckel am Brustansatz – sicht- und tastbar. „Da ich aber auch unglaublichen Muskelkater hatte, dachte ich, ich hätte mich verletzt und war also nicht so alarmiert. Aber mein Mann fand das nicht so cool und wollte das gern sofort checken lassen.“ Nach einer Woche und keiner sichtbaren Verbesserung ging Melanie Sahr zum Frauenarzt. „Der sagte: Sie sind erblich nicht vorbelastet, wären sie über 70 würde ich sie sofort zur Mammografie schicken. Er aber schickte mich nach Hause und sagte, ich sollte Voltaren draufschmieren – sagte also exakt das, was ich natürlich hören wollte. Allerdings sollte ich nach vier Wochen wiederkommen, wenn es nicht besser wurde.“ Und das wurde es nicht.

Im März wurde dann sofort eine Biopsie gemacht, drei Tage später war das Ergebnis da. „Ich erhielt einen Anruf aus der Praxis, dass ich am Abend in die Sprechstunde kommen sollte – am besten mit Begleitung“, sagt Melanie Sahr. „Das Warten zwischen diesem Anruf und dem Termin am Abend war das Schlimmste.“ Das war an einem Donnerstag, am Montag darauf wurde die junge Frau operiert.

Es folgten anderthalb Jahre Therapie, Chemo und Bestrahlung. „Ich habe mit harten Waffen geschossen und hatte wirklich Angst, dass ich nicht mehr so lange auf dieser Welt sein kann“, sagt Melanie Sahr. Dazu kamen Ängste und Trauer um das, was doch alles noch vor ihr liegen sollte. An erster Stelle: Der Kinderwunsch. Diesen musste das junge Paar in einem Kinderwunschzentrum absichern, viel Geld zahlen für etwas, das doch vor wenigen Wochen noch als ganz selbstverständlicher Zukunftsplan vor ihnen lag. „Das hat mich sehr traurig gemacht, ich litt sehr unter dem Gedanken: Warum ich? Alle haben ein ganz normales Leben, aber meines wird gerade total aus den Angeln gerissen.“

Das ist nun elf Jahre her. Und auch, wenn das Leben die Geschichte anders geschrieben hatte, als Melanie Sahr sich das vorgestellt hatte, musste sie doch auf das Bilderbuch nicht verzichten: Das Paar, heute verheiratet, hat einen achtjährigen Sohn und eine kleine Tochter (6). Die Familie lebt im Umland von Berlin, Melanie Sahr arbeitet – überwiegend im Homeoffice – als Marketingmanagerin.

Und doch: Das mit dem Happy End blieb schwierig. Denn im Jahr 2022 kam er wieder, der Krebs – überhaupt nicht artverwandt, kein Zusammenhang mit der ersten Diagnose. Ohrspeicheldrüsenkrebs. „Ich habe voll das Handtuch geschmissen in dem Moment“, sagt Melanie Sahr. „Ich konnte das nicht einordnen und fiel in eine tiefe Lebenskrise.“ Denn Melanie Sahr wurde klar: „Ich kann kein Häkchen setzen, das kann immer wieder kommen, wird mein stiller, treuer Begleiter und gehört zu mir. Und das ist natürlich kein Thema, was man gern zu Gast hat, aber es klopft an so viele Türen.“ Und dann wurde Melanie Sahr klar, dass sie nur eine Chance hat, mit der Geschichte umzugehen, die das Leben ihr schrieb: „Ich änderte meine Einstellung: Ich kann die Dinge nicht ändern, ich muss das annehmen. Ich stelle gar keine Warum-Fragen mehr.“ Stattdessen packt sie nun Themen an, die die eigentlich schüchterne Frau sonst vermieden hätte: „So etwas wie dieses Gespräch hier zum Beispiel. Das kann ich heute tun, weil ich mehr bei mir bin und mir mehr vertraue. Obwohl das Vertrauen in meinen Körper lange nicht existent war durch die Krankheit. Aber da komme ich immer mehr hin. Auch, dass ich denke: Warum denn nicht? Ich habe nur jetzt, ich will mich nicht mehr in die zweite Reihe stellen! Und diesen Turbo, den hat die Krankheit gezündet.“

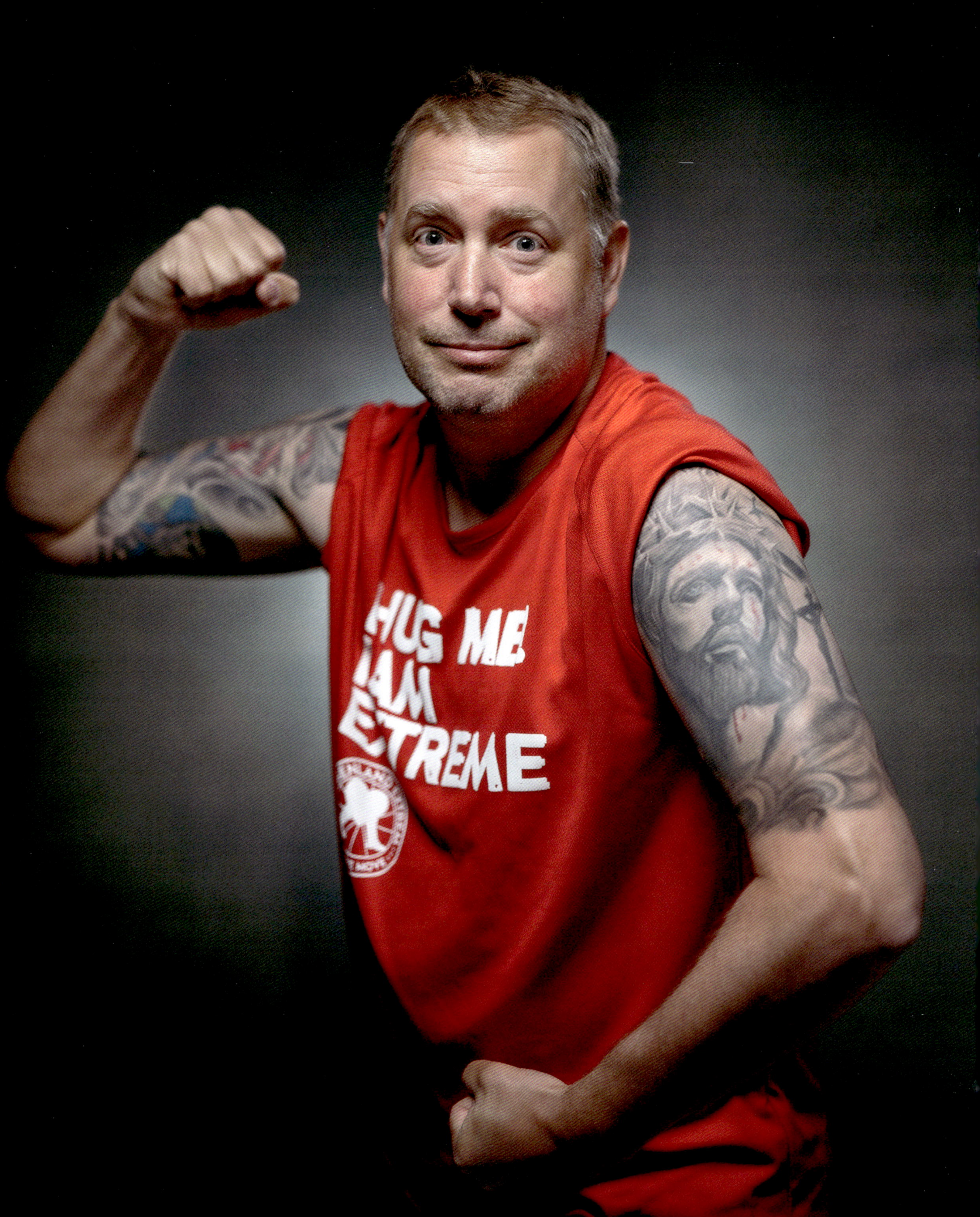
HUG ME!
I AM
TREME

Mit einem Weisheitszahn fing alles an. Beziehungsweise mit der Entfernung desselbigen im Jahr 2015. „Ein Lymphknoten im Hals war danach geschwollen“, sagt Werner Achs. „Wochenlang und es ging auch nicht weg.“ Von der Zahnärztin ging es zum HNO-Arzt, danach zum Ultraschall, es gab Antibiotika. Das Ergebnis vom Ultraschall: Der Lymphknoten ist vergrößert. Soviel wusste der damalige Sachbearbeiter am Gericht auch schon. Da niemand davon ausging, dass es etwas Schlimmes sein könnte, folgte eine lange Wartezeit von drei Monaten, bevor der heute 46-Jährige aus Golz, dem größten Weinort Österreichs im Burgenland am Neusiedlersee, einen Termin beim MRT bekam. Auch dort wurde nur die Vergrößerung festgestellt. Also ging die Suche weiter: Mit einer Biopsie im Krankenhaus. Eine Woche später das Ergebnis – das dann leider nicht nur „hochgradig bösartig“, sondern auch noch äußerst selten war: Werner Achs leidet unter Morbus Castleman, einer lebensbedrohlichen Erkrankung der Lymphozyten, um es knapp zusammenzufassen. Ein ebenfalls nachgeschobenes PET-CT ergab, dass der Burgenländer auch in der linken Leiste einen befallenen Lymphknoten hatte. „Bisher hatte ich da nichts gespürt – aber von dem Moment, von dem ich davon wusste, hatte ich dort Schmerzen“, sagt Werner Achs. Der zweite Befund verschlimmerte die Situation noch: „Dadurch erfolgte die Diagnose „Multizentrisches Morbus Castleman“, was bedeutete, dass es jederzeit im ganzen Körper ausbrechen könnte.“ Die OP am Hals erfolgte im August, die Leiste wurde im Oktober operiert.

» Auch der weiteste Weg beginnt mit dem ersten Schritt.

Werner Achs, 46 Jahre
Diagnose: Morbus Castleman und Plasmazellmyelom, unheilbar

2016 begann eine Antikörpertherapie, 2017 war Werner Achs in Remission – was für eine Erleichterung! Doch dann, Anfang März 2018, bekam Werner Achs ein Stechen in der rechten Brust. Im Juni, beim jährlichen PET-CT für seine Castleman-Diagnose, dann der Schock: Ein Lymphknoten hatte bereits eine Rippe angegriffen – „Castleman war zurück und dazu ergab die Biopsie ein Plasmazellmyelom, also Blutkrebs.“ Zwei unheilbare Diagnosen in kurzer Zeit – und dennoch verließ Werner Achs nie der Mut: „Ich habe nie geglaubt, dass ich es nicht schaffe. Nach der ersten Diagnose hatte eine Psychologin, die mir im Krankenhaus zur Unterstützung angeboten wurde, zu mir gesagt, dass es keine Wunder gebe – da habe ich sie abgelehnt und gesagt, dass ich sie nicht brauche.“

Gegen das Plasmazellmyelom bekam Werner Achs zwei verschiedene Chemos, die er beide nicht vertrug. Die Antikörpertherapie aus dem Jahr 2017 aber passte wieder – „die bekomme ich bis heute jeden Monat gegen Castleman.“ Eine Transplantation mit Eigenstammzellen im Sommer 2019 und eine Bestrahlung halten den Blutkrebs bis heute in Schach. Was für ein Weg! Aber für Werner Achs, der ein leidenschaftlicher Wanderer ist, gehört dieser Weg zu seiner Krankheit – eigentlich zu seinem gesamten Leben – dazu: „Wenn du einmal losgehst, dann zwickt es mal hier und mal da. Aber das vergeht auch wieder – und genauso habe ich es mit dem Krebs eigentlich auch gehalten: Ich gehe einfach weiter und weiter und das wird wieder vergehen. Denn auch der weiteste Weg beginnt mit dem ersten Schritt. Und heute bin ich das fünfte Jahr in der Remission. Aber natürlich sehe ich mein Leben realistisch: Die Castleman-Krankheit kommt immer wieder und der Blutkrebs ist bis heute unheilbar. Aber kann ich es ändern? Nein.“

Heute ist Werner Achs in Pension, er ist oft müde, leidet unter Polyneuropathie – eine schmerzhafte Nebenwirkung seiner Therapie. „Aber jeder Mensch hat doch seine guten und schlechten Phasen – bei mir überwiegen die guten auf jeden Fall“, sagt Werner Achs. Dazu trägt auch seine Freundin bei, mit der er seit zwei Jahren zusammen ist. „Sie wusste, worauf sie sich einlässt – ich hatte auch eine Freundin, als ich die Diagnose bekam. Sie verließ mich aber nach einem Jahr.“ Das hat ihn damals sehr mitgenommen. Heute ist Werner Achs mental sehr viel stärker – gleichzeitig durch die Krankheit aber auch sensibler geworden. „Auch was Freunde betrifft. Denn es stimmt, dass man erkennt, wer die wahren Freunde sind. Und oft wird man auch bitter enttäuscht. Manche sprechen hinterrücks über mich und wieder andere trauen sich nicht, mit mir zu sprechen.“ Dabei geht er offen mit seiner Krankheit um und freut sich immer über Interesse: „Und wenn mich jemand fragt, wie es mir geht, dann sage ich: Da du mich siehst, kann es mir nicht so schlecht gehen.“

» Das ist das Allerwichtigste: Das normale Leben darf nicht aufhören!

Dr. Negin Karimian, 32 Jahre, Fachärztin in der Klinik für Dermatologie, Venerologie & Allergologie Charité

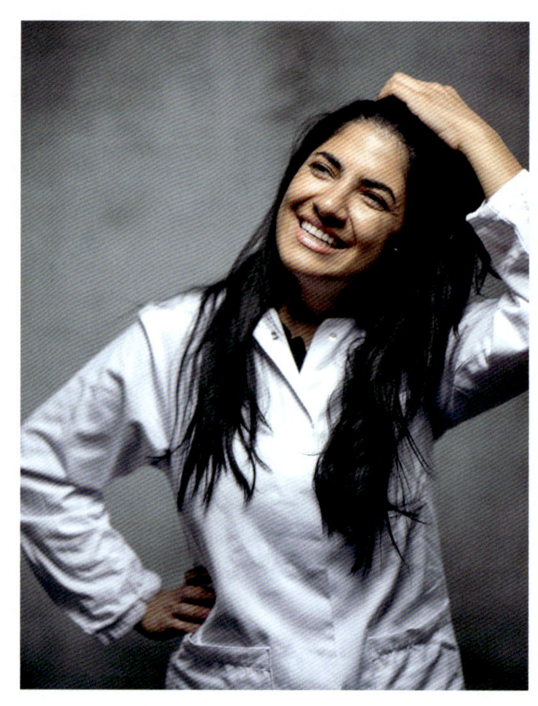

Dr. Negin Karimian wollte eigentlich immer Sängerin werden – und sie singt immer noch leidenschaftlich. Doch genauso leidenschaftlich ist die 32-Jährige heute Medizinerin. „Als meine Mutter an Brustkrebs erkrankte, als ich ein Kind war, habe ich mir vorgenommen, den Krebs zu besiegen. Denn kein Kind sollte so etwas durchmachen", sagt die Dermatologin. Als sie mitten im Studium war, erkrankte ihr Vater an einem Lymphom. Beiden geht es heute gut. „Meine Mutter sagt immer: Es gibt nur ein Problem, wenn es keine Lösung gibt." Und diese Lösungen sucht Negin Karimian mit Herzblut für ihre Patient*innen.

Doktor Karimian, was hat sich in den letzten Jahrzehnten verändert im Bereich der Dermatoonkologie?
In den letzten Jahren hat sich viel in der Dermatoonkologie verändert. Neben der verbesserten Früherkennung, zum Beispiel durch digitales Hautscreening, gibt es immense Fortschritte in der Verbesserung der Prognose durch die neuen Therapien. Früher gab es für Patient*innen mit Tumorerkrankungen, insbesondere wenn diese fortgeschritten waren, nur wenige Möglichkeiten. Und sie hatten, mit Glück, einige Monate. Heute stehen uns die Immuntherapien und die zielgerichteten Therapien zur Verfügung. Damit haben wir wirklich Patient*innen, die über Jahre hinweg überleben können.

Wie entsteht ein Melanom, also der schwarze Hautkrebs?
Die meisten Melanome entstehen de novo – das heißt auf zuvor gesunder Haut. Sie entstehen durch eine unkontrollierte Vermehrung von pigmentbildenden Zellen der Haut, den so genannten Melanozyten. Diese Zellen produzieren das Pigment Melanin, welches die Haut schützt, indem es verhindert, dass die Zell-DNA geschädigt oder sogar zerstört wird. Weiterhin verleiht das Melanin der Haut die Pigmentierung, so dass jede Bräune der Haut durch Sonnenexposition also eine Schädigung der Haut darstellt. Faktoren, die das Risiko für die Entstehung von Melanomen erhöhen, sind vor allem lang anhaltende und intensive Sonnenexposition, insbesondere auch die in der Kindheit, Jugend und im jungen Erwachsenenalter. Weiterhin sind Menschen mit helleren Hauttypen besonders gefährdet. In einigen Fällen spielt auch die genetische Veranlagung eine Rolle. Bedeutet im Umkehrschluss: Wir müssen an den beeinflussbaren Faktoren arbeiten, wie zum Beispiel regelmäßigen Sonnenschutz (mindestens 50+) und Hautscreenings. Ab 35 Jahren übernimmt die gesetzliche Krankenkasse alle zwei Jahre ein gründliches Hautkrebsscreening bei der Ärztin oder dem Arzt. Zudem sollte man sich auch selbst regelmäßig auf neue oder ungewöhnliche Muttermale untersuchen. Sobald man ein Muttermal sieht, das zum Beispiel plötzlich größer wird, sollte man sich sofort dermatologisch vor-

stellen, da die malignen Melanome schnell wachsen und damit auch ein großes Metastasierungsrisiko haben.

*Nicht immer gehen Geschichten gut aus. Wie schafft man es, mit den Emotionen umzugehen – den eigenen und denen der Patient*innen und Angehörigen?*
Früher dachte ich, ich bin durch meine vielen persönlichen Erfahrungen zu emotional, um onkologisch tätig zu sein, daher wollte ich jahrelang plastische Chirurgin werden, um Rekonstruktionen bei Patientinnen mit Brustkrebs durchzuführen. Ich habe mich dann für die Dermatologie entschieden, weil es die Chirurgie, Onkologie und Innere Medizin in sich vereint. Zu Beginn hätte ich nicht gedacht, dass ich so viele schwerkranke Fälle sehen und Teil davon sein werde, aber schon ab der ersten Woche meiner Facharztausbildung durfte ich onkologische Patient*innen betreuen. Im Verlauf durfte ich immer mehr onkologisch tätig sein und insbesondere auch palliativ Patienten*innen mitbetreuen. Heute sage ich immer, dass es eine Superpower ist, emotional zu sein und auch die andere Seite zu kennen. Denn deswegen bin ich den Patient*innen sehr nah. Es gibt auch Patient*innen, bei denen ich zur Beerdigung gegangen bin. Zu einigen Angehörigen habe ich noch heute Kontakt. Gerade gestern habe ich mit einem ärztlichen Kollegen gesprochen, der zu mir sagte: Man muss seine Emotionen abstellen. Und ich sage das Gegenteil: Man muss Emotionen zulassen! Und noch eins für die jungen Kollegen*innen unter uns: Egal, wie gestresst oder genervt du bist, was gerade bei dir persönlich los ist – du hast große Verantwortung für den Menschen und das könnte auch deine Mama, deine Schwester oder dein Onkel sein. Ich glaube, wenn wir so als Mediziner an die Patient*innen gehen, haben wir einen ganz anderen Bezug und behandeln diese auch anders. Ich werde auch immer wieder gefragt: Darf man emotional werden und auch beim Patienten weinen? Na klar! Wenn ich einer 17-Jährigen sage, dass sie Metastasen in jedem Organ hat und die ganze Familie anfängt zu weinen – warum darf ich dann nicht anfangen zu weinen? Was spricht dagegen? Das heißt ja nicht, dass ich schwach bin, sondern, dass ich das verstehe und mich das total berührt.

Und wie kann man sich dann von diesen Emotionen wieder befreien?
Ich sage mir immer: Das ist das Leben! Und das Leben ist nicht nur sehr schön und fair, sondern leider auch sehr ungerecht. Was ist meine Aufgabe als Ärztin? So ein bisschen Gerechtigkeit in die Sache reinzubringen. So sehe ich das. Du lernst eben, dass das alles zum Leben dazugehört. Auch Krankheiten und Tod. Es gibt viele Dinge, die wir nicht in der Hand haben, aber den Umgang damit, den können wir kontrollieren.

Warum muss eine Krebsdiagnose niemanden in ein schwarzes Loch stürzen?
Das kommt natürlich immer auf die Lebenssituation an, in der man sich befindet. Aber es ist unbegründet, weil es immer einen Weg nach vorne gibt. Das ist das Wichtigste. Und ich sage den Patient*innen immer: Lebt trotzdem weiter euer Leben – mit Lebensqualität. Die Gefahr ist, dass man die Diagnose bekommt und denkt, alles muss aufhören, alles muss auf Stopp sein. Ich bestärke die Patient*innen immer darin, ihr Leben nach Möglichkeit wie vor der Krebserkrankung weiterzuführen, wenn es in den Therapieplan passt, zum Beispiel trotzdem zu reisen oder mal ein Glas Wein zu trinken. Das ist das Allerwichtigste: Das Leben darf nicht aufhören! Und es gibt ja auch Patient*innen, die dann sagen: Ich möchte keine Therapie mehr. Und selbst das ist irgendwie ein Weg nach vorne, weil es eine Entscheidung ist. Aber ich bin immer für Hoffnung, nicht aufgeben und weitermachen.

Werden wir den Krebs besiegen?
Besiegen ist ein sehr großes Wort, aber diese Wörter liebe ich. Ich glaube, dass wir stärker sind als der Krebs. Es ist wahrscheinlich, dass Krebs in Zukunft immer besser behandelbar wird, insbesondere durch die personalisierte Medizin, aber auch die Früherkennung und Prävention. Ich denke, dass der Krebs immer mehr zu einer chronischen, gut kontrollierbaren Krankheit wird, an der man nicht unbedingt sterben muss. Ich sage den Patient*innen immer: Wissen Sie, Sie behandeln ja auch Ihren Bluthochdruck oder Ihren Zucker – auch diese Erkrankungen sind nicht immer einfach zu therapieren. Ziel müsste es eigentlich sein, dass eine Krebserkrankung denselben Ruf hat in der Gesellschaft. Denn Krebs hat ja immer so ein Stigma – sobald man Krebs hört, denken alle, man ist der laufende Tod. Natürlich gibt es Patient*innen, wo wir wissen, dass wir nicht mehr viele Chancen haben. Aber letztendlich muss der Umgang mit dem Krebs dahingehen, dass wir sagen: Das ist wie mein Bluthochdruck, da nehme ich jeden Tag eine Tablette oder bekomme eine Infusion – und mein Leben geht weiter. Und ich glaube daran, dass unsere Krebsreise in diese Richtung geht.

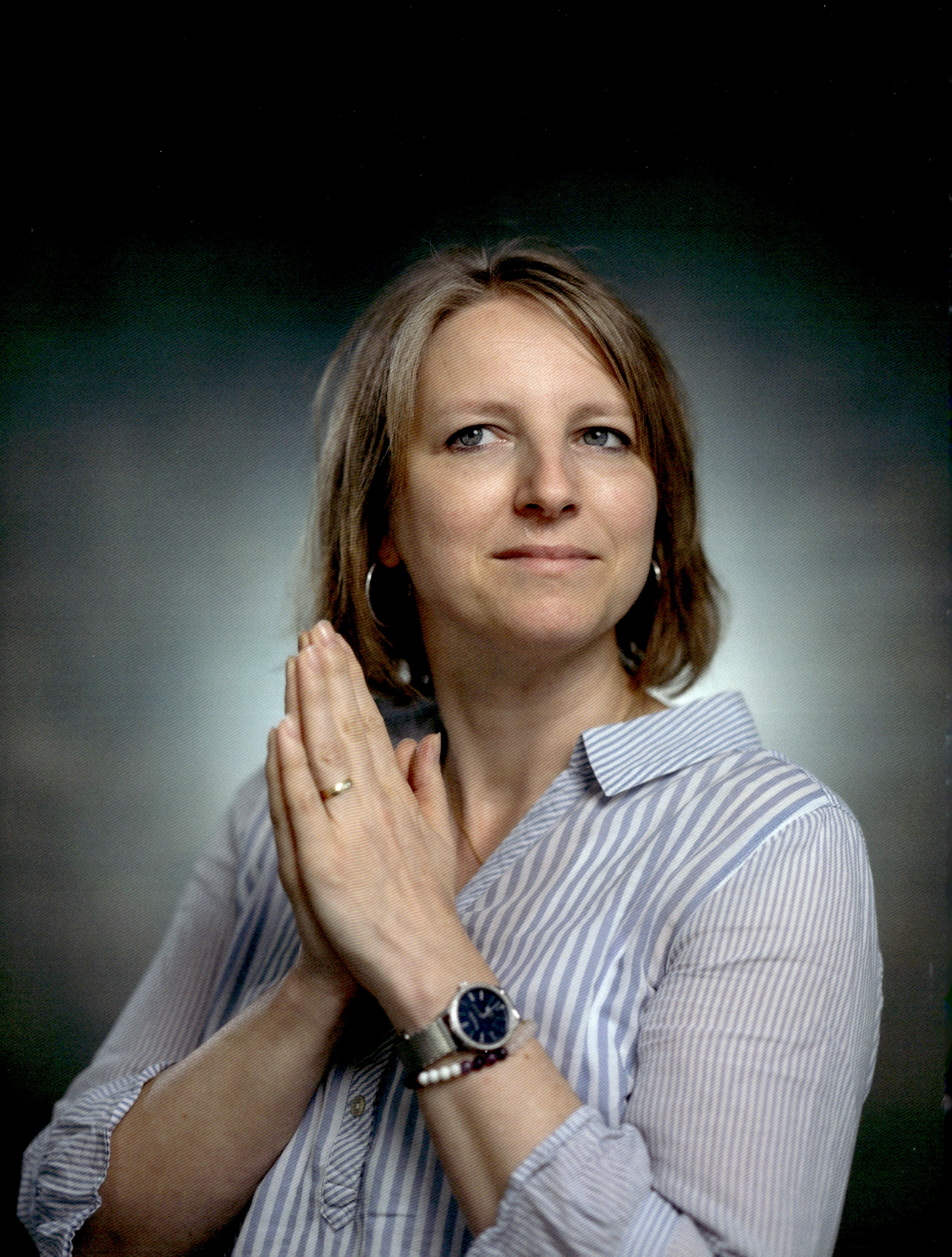

Für Susanne Thiem liegt der Anfang ihrer Krebsgeschichte in ihrer Kindheit. Und gar nicht, weil sie selbst erkrankt war, sondern weil ein befreundetes Nachbarsmädchen mit neun Jahren an Krebs verstarb. „Sie hatte einen Hirntumor, hat aber gesagt, den haben sie mir rausgenommen, jetzt ist alles wieder gut. Doch plötzlich konnte sie nicht mehr zum Spielen kommen, ihre Mutter sagte, es gehe ihr nicht gut. Sie starb. Dann entstand von allen Seiten so ein Schweigen und ich als betroffene Freundin, als Kind, war unsichtbar mit meinen Gedanken und Fragen. Seitdem bedeutete Krebs für mich: Er passiert hinter verschlossenen Türen und dann bist du einfach weg."

Mit 31 Jahren bekam die heute 44-jährige Mutter eines neunjährigen Sohnes aus dem Norden Hannovers die Diagnose Brustkrebs. „Ich habe damals in Zürich gelebt, in einer internationalen PR-Agentur gearbeitet und war mitten in den Hochzeitsvorbereitungen mit meinem jetzigen Mann. Ich hatte schon Monate vorher das Gefühl, ich laufe meinem Leben hinterher. Ich war mental und körperlich ausgepowert." Und sie hatte so ein Bauchgefühl, als die Schmerzen in der Brust kamen. „Einige meiner Freunde und Bekannten bekamen bereits in jungen Jahren eine Diagnose und irgendwie dachte ich: Ich bin die nächste." Ende November 2011 bestätigte sich ihr Bauchgefühl. „Eigentlich war das Wartezimmer bei meiner Frauenärztin immer total voll, aber ich war die einzige Patientin und im Radio lief ganz laut „We are the Champions" von Queen. Das sind irgendwie so Momente im Leben, wo du schon vorher alles weißt ..."

An ihre zwei ersten Gedanken erinnert sich Susanne Thiem noch genau: „Oh nein, meine Haare – ich wollte doch für meine Hochzeit eine schöne Hochsteckfrisur! Und der zweite Gedanke war: Sterbe ich vielleicht vor meinem Vater? Er war damals sehr krank, hatte Parkinson und Alzheimer und war vier Wochen vorher mit metastasiertem Darmkrebs ins Altenheim gekommen." Der Brustkrebs war triple negativ, also Hormon unabhängig. Es blieb nur Chemo als Behandlung, die vor der OP stattfand. Die OP verlief brusterhaltend und gut, danach kam die Bestrahlung. Seitdem ist Ruhe.

Geheiratet wurde natürlich trotzdem – oder erst recht! „Die Hochzeit war für mich eine ganz treibende Kraft, ich hatte zehn Jahre auf den Antrag gewartet und deswegen habe ich gesagt: Ich lasse mir diese Hochzeit vom Krebs nicht kaputt machen! Die große Feier haben wir verschoben, aber auf dem Leuchtturm in Westerhever haben wir standesamtlich im kleinen Kreis geheiratet. Und das war und ist im wahrsten Sinne mein Leuchtturm, der hat eine große emotionale Überlebensbedeutung. Wir fahren da jedes Jahr einmal hin."

Doch noch andere Momente aus dieser Zeit bleiben für Susanne Thiem ein Leben lang emotional. Einer davon ist die Entscheidung gegen eine Eizellentnahme und für einen schnelleren Start der Therapie. „Ich hätte vier Wochen Zeit verloren. Aber durch ein Gespräch mit einem befreundeten Radiologen wurde mir klar: Es geht jetzt nicht um ein potentielles Leben – sondern es geht um mein Leben. Ab da war klar: Ich fokussiere mich vollkommen auf mich! Das war eine ganz neue Sichtweise, die ich vorher nie gelebt hatte." Der andere emotionale Moment war der Tod ihres Vaters. Er starb während ihrer Bestrahlung – die sie aussetzen wollte, um sich von ihm zu verabschieden. Ihre Ärztin riet ihr ab. „Da stand meine Gesundheit gegen den Abschied – und die Entscheidung für die Bestrahlung war der allerschwerste Moment für mich." Doch dieser schwerste Moment ist geknüpft an den schönsten Moment für Susanne Thiem: Die Geburt ihres Sohnes. „Nachdem sie ihn mir in die Arme gelegt haben und ich ihm in die Augen geschaut habe, habe ich für eine Millisekunde das Gefühl gehabt, meinem Papa in die Augen zu schauen. Das hat so vieles geheilt." Den Job in der PR-Agentur hatte sie gekündigt, lange am Onkozentrum in Zürich in der Studienabteilung als Projektmanagerin gearbeitet und so großes Wissen über Medikation und Studienlagen erlangt. Als Trainerin für Gewaltfreie Kommunikation ist es heute ihr Anliegen, die empathische und patientenzentrierte Arzt-Patienten-Kommunikation zu stärken. Außerdem erscheint bald ihr Buch: „In dem Moment, in dem das Wort Krebs fällt, kannst du eine Stecknadel fallen hören – und das war der Antrieb für das Buch. Wir brauchen eine viel offenere Kommunikation! Denn auch mich hat der Krebs ein Leben lang zum Schweigen gebracht – bis ich ihn hatte."

» Der Krebs hat mich ein Leben lang zum Schweigen gebracht – bis ich ihn hatte.

Susanne Thiem, 44 Jahre, Diagnose: Brustkrebs

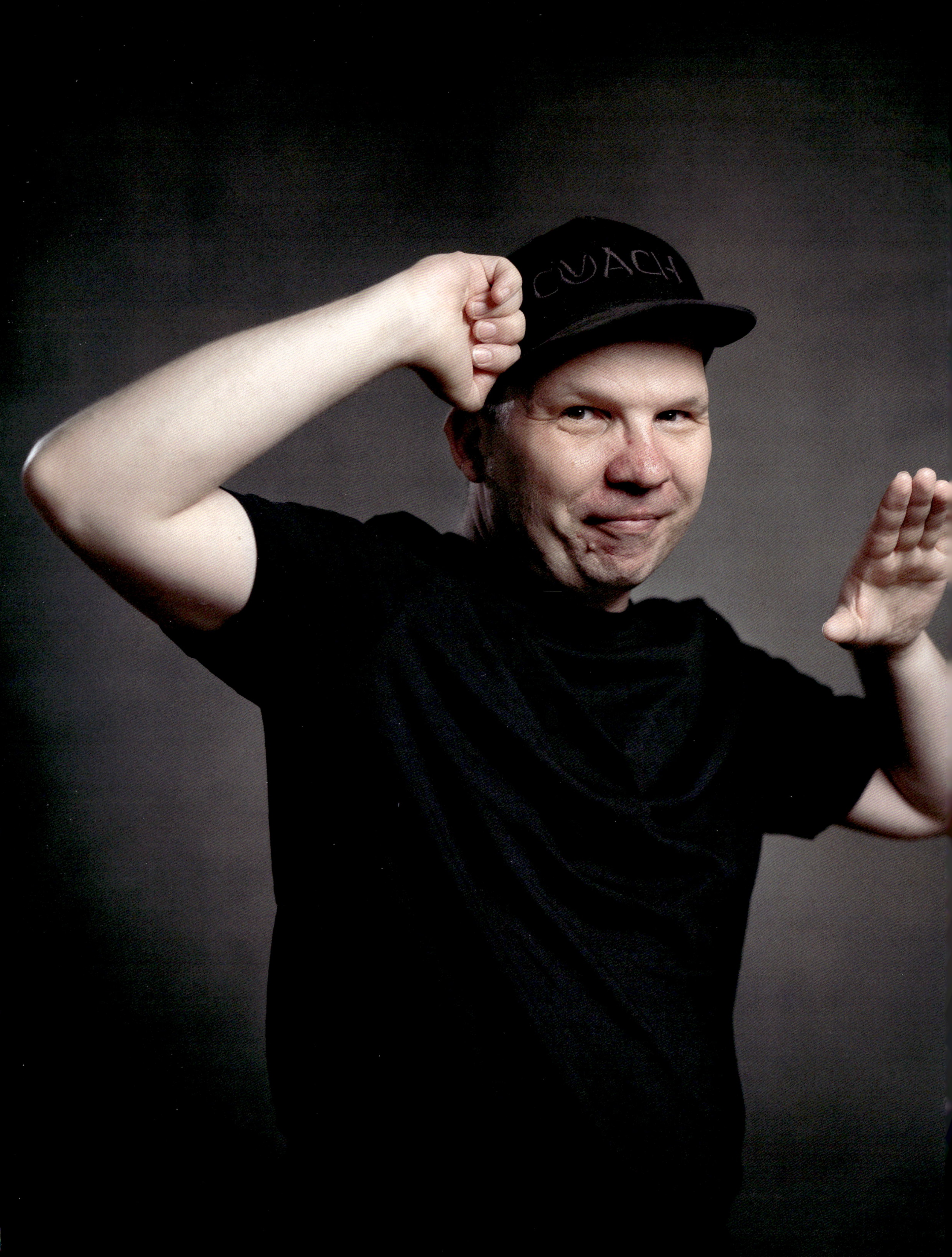

Ich weiß nicht, ob ich ohne meine Gruppe noch hier wäre", sagt Stephan Fischer. Der 43-jährige gelernte Erzieher hat im November 2009 den „Gesprächskreis Hirntumor Dresden" gegründet, eine Gruppe von Hirntumorbetroffenen – sowohl Erkrankte, als auch Angehörige –, die sich gegenseitig bei der Bewältigung von Schwierigkeiten und Ängsten unterstützen. Denn natürlich bringt eine so schwerwiegende Diagnose Furcht und Krisen mit sich – Stephan Fischer weiß das. Er bekam zweimal die Diagnose Hirntumor.

Nach seiner Ausbildung in Dresden fand der Erzieher eine Stelle bei einer Kinderkrippe in Mainz. Also zog er dorthin. Im Februar 2005, es war sein letzter Urlaubstag, bevor er am nächsten Tag eine neue Stelle in einem Kindergarten in Wiesbaden antreten wollte, bekam er einen epileptischen Anfall. „In meiner Freizeit ging ich gern und regelmäßig in die Sauna – den Anfall bekam ich beim Abkühlen und ich wurde dann in der Ruhelandschaft wieder wach. Als der Rettungswagen kam, sagten die: Du bist ja wach, dann ist ja alles wieder gut. Aber Gott sei Dank war ein Polizist in der Sauna, der darauf bestanden hat, dass ich mitgenommen werde." Am nächsten Morgen ging es für den jungen Mann mit dem Taxi zum MRT in eine andere Klinik. „Da war ein weißer Fleck zu sehen, da hätte man mir gar nicht mehr sagen müssen, dass da was ist, was da nicht hingehört." Es war eine „Raumforderung von vier mal fünf Zentimetern", im EEG schlugen die Hirnströme aus. Weitere Untersuchungen folgten, dann kam der Arzt – und weil er wusste, dass Stephan Fischer kirchlich ist, brachte er den Krankenhauspfarrer mit. „Ich hab geheult und gefragt: Wie soll ich das meinen Eltern beibringen? Der Arzt hat meine Eltern angerufen und der Pfarrer hat mich währenddessen beruhigt. Ich weiß nicht mehr, was er gesagt hat, aber es tat mir gut."

Am 15. März 2005 war die OP in der Mainzer Uniklinik, der Tumor saß rechts frontal. Die OP lief gut, Stephan Fischer bekam danach Chemo, Bestrahlung und eine ambulante Reha. Da er arbeitslos war, bewarb er sich dann auf eine neue Stelle in der alten Heimat Dresden. Alle folgenden Kontrollen, die Stephan Fischer weiter in Mainz machen ließ, waren in Ordnung. „Für mich war das Thema nach der Reha durch. Der Tumor ist raus, fertig."

Dann kam die Nachsorge im Jahr 2008. „Da hieß es: Wir sehen was auf dem Bild, wissen aber noch nicht, was es ist. Wir melden uns." Stephan Fischer fuhr wieder nach Dresden, ging arbeiten und als er gerade auf einem Schulausflug war, klingelte sein Handy: „Sie müssen sofort zurückkommen, wir haben wieder einen Hirntumor entdeckt."

„Das war dann also mein zweiter Dachschaden!", sagt Stephan Fischer und lacht. „Jetzt kann ich darüber so reden, damals nicht. Für mich ist alles zusammengebrochen, es war schlimmer als nach der ersten Diagnose. Und es bestand nun auch der Verdacht, dass ich nach der OP halbseitig gelähmt sein würde – und das war ich auch." Fast fünf Wochen war Stephan Fischer wieder im Krankenhaus in Mainz, musste neu gehen und schlucken lernen, bekam wieder Chemo und Bestrahlung. Bis heute ist sein „halber Körper", wie er sagt, nicht ganz wieder in Ordnung, noch immer geht er zur Nachsorge. Die Frage „Warum ich?" hat er sich schon gestellt. „Aber das bringt ja nichts – denn wenn nicht ich, dann eben jemand anderes." Sein Glaube gibt ihm noch immer Kraft. „Das ist ein sicheres Netz, in das man sich fallen lassen kann. Es nimmt mir keine Ängste, aber ich glaube, dass alles vorherbestimmt ist. Wenn sich eine Tür schließt, geht eine andere auf. Man muss annehmen, was man kriegt." Seine Tür war die Gruppe, die er selbst gegründet hat. 40 Mitglieder hat der Gesprächskreis heute, angefangen hat er mit vier. „Wir sind alle bunt gemischt, der Krebs betrifft jede Schicht – aber in der Krankheit sind alle gleich. Diese Gruppe ist mein Leben, mein Job. Ohne Bezahlung zwar, aber das kann man mit Geld sowieso nicht bezahlen. Und das letzte Hemd hat eh keine Taschen. Ich habe ein Ehrenamt und das macht mich stark." Stark genug, um 2019 auch eine dritte OP zu überstehen – zum Glück bestätigte sich der Tumor-Verdacht nicht, es war Narbengewebe. Stephan Fischer, der heute Erwerbsunfähigkeitsrentner ist, sagt, dass er glücklich ist. „Für andere klingt das nach einem schweren Schicksal. Aber wenn man das hat, dann lebt man damit. Ich werde 80 oder 90, davon bin ich überzeugt. Je größer der Dachschaden, desto besser ist der Blick auf die Sterne – und wenn ich den Kopf in den Sand stecke, kriege ich ja keine Luft mehr."

» Wenn ich den Kopf in den Sand stecke, bekomme ich ja keine Luft.

Stephan Fischer, 43 Jahre, Diagnose: zweimalig Hirntumor (Astrozytom, Grad 2 und 3)

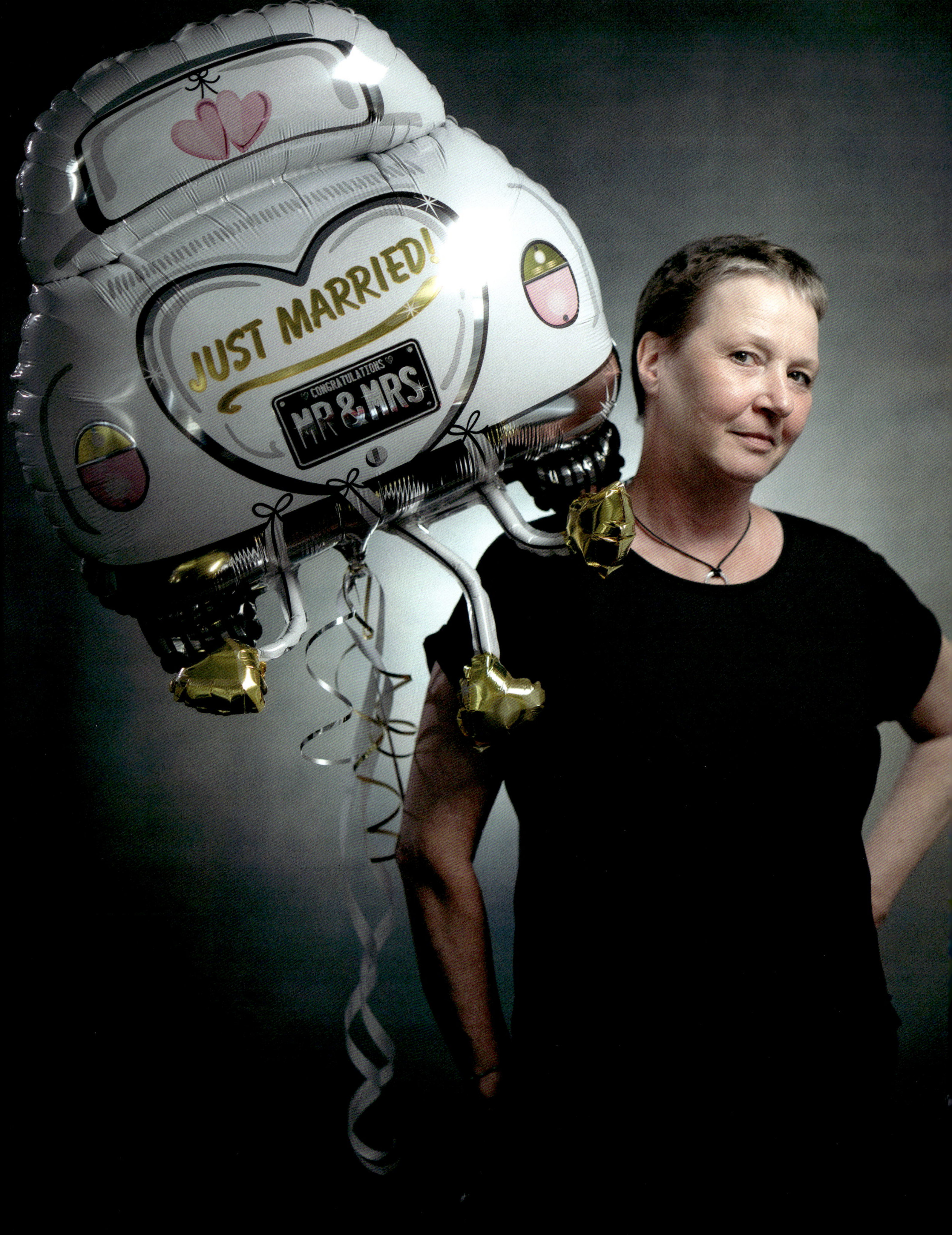
JUST MARRIED!
CONGRATULATIONS
MR & MRS

Bitte nicht stören! Private Veranstaltung!" stand auf einem Schild vor dem schmucklosen Aufenthaltsraum des Krankenhauses. In dem Raum standen Christiane Rademacher, ihr Lebensgefährte Ralf und ein Standesbeamter. Die 57-jährige Synchron-Autorin und Regisseurin sagte an diesem 30. Mai 2023 Ja zu ihrem Mann – und zum Leben. Ihre Diagnose: Eierstockkrebs, der sich bereits in der Bauchhöhle ausgebreitet hat. Die Prognosen schlecht und die Zukunft unklar. Umso wichtiger war dieses Ja zueinander. „Das hat mir so viel Kraft und Mut gegeben. Ich habe gedacht: Wir sind jetzt ein Team und ich bin es Ralf schuldig, zu fighten. Der Krebs kann sich warm anziehen." Ihren ersten Hochzeitstag haben die beiden in Frankreich verbracht. Der Weg bis zu diesen Flitterwochen aber war schwer.

„Im Februar und März 2023 nahmen wir uns eine Auszeit, waren auf Bali und den Nachbarinseln zum Tauchen. Und schon dort ging es mir gar nicht gut. Mein Bauch wurde immer größer." Christiane Rademacher ging auf Bali ins Krankenhaus. Ein Ultraschall ergab Wasser in der Bauchhöhle. Die Ärzte waren alarmiert und wollten weitere Untersuchungen machen. „Sie gaben mir was zum Entwässern, sagten mir aber, dass ich sofort zum Arzt müsste." Noch vor Ort machte sie einen Termin mit ihrer Hausärztin aus. Sonntagabends landete das Paar in ihrer Heimat Hamburg, Dienstagfrüh war der Termin. „Da hatte ich dann schon Wasser in der Lunge. Ich wurde sofort ins UKE geschickt."

Ultraschall, MRT, CT – in der Uniklinik wurde nichts gefunden. Wegen ihres Aufenthalts in Indonesien kam Christiane Rademacher kurzzeitig auf die Station für Tropenmedizin. Da sie schlecht Luft bekam, wurde ihre Lunge punktiert. „Und in diesem Lungenwasser haben sie dann Tumorzellen gynäkologischen Ursprungs gefunden. Eierstockkrebs ist ein echter Arschlochkrebs! Die Urspungskarzinome sind oft sehr klein, aber mega aggressiv." Dennoch blieben sechs furchtbare Wochen Wartezeit bis zum angesetzten OP-Termin. Bis dahin passierte viel: Notarzt, Klinik, Magensonde. Der Termin aber blieb. „Das war so krass, ich habe da emotional heute keinen Zugriff mehr drauf. Da hat die Seele Stopp gesagt."

» Nach der Hochzeit waren wir ein Team und der Krebs konnte sich warm anziehen.

Christiane Rademacher, 57 Jahre, Diagnose: Eierstockkrebs

Dann, am 9. Mai 2023, endlich der Tag der OP. „Ich war so zuversichtlich und dann ging die eigentliche Hölle los!" Als Christiane Rademacher aus der Narkose erwachte, hatte sie einen künstlichen Darmausgang. „Und die Ärztin stand vor mir und sagte: Operativ konnten wir nichts für Sie tun! Es ist alles so verwachsen und ausgebreitet. Das Stoma haben wir gelegt, um den Darm zu entlasten. Wir müssen jetzt erst mal Chemo machen und darauf setzen, dass die was bringt ... Bäääähm!!! Ich dachte: Warum habt ihr mich nicht sterben lassen?"

Zwei Wochen blieb sie in der Klinik, das Stoma funktionierte nicht gut, sie nahm rasend schnell ab und wurde trotzdem entlassen. Zwei Tage später war sie zurück: Nierenversagen. Das Stoma hatte zu viel Flüssigkeit und Elektrolyte ausgeschieden. „Ich hab immer gesagt, der Darmausgang bringt mich eher um als der Krebs." Christiane Rademacher wurde nun künstlich ernährt. Und war unendlich schwach. Dabei sollte doch in ein paar Tagen geheiratet werden. Ihr heutiger Mann hatte ihr den Antrag kurz nach der Diagnose gemacht. „Eigentlich wollte er nie wieder heiraten. Ich habe immer gesagt, ich möchte wenigstens einmal gefragt werden – ich würde auch nein sagen, das war unser running gag. Aber er sagte: Wenn nicht jetzt, wann dann?" Doch der Termin war nicht zu halten – Christiane Rademacher ging es zu schlecht. „Ralf rief im Standesamt an und sagte, wir müssen verschieben, die Braut ist zu schwach. Und dann sagten die: Wenn die Braut nicht zu uns kommen kann, dann kommen wir zur Braut!" Krankenschwestern besorgten ihr einen Brautstrauß, einige weinten. So etwas erlebt auch eine Krebsstation nicht alle Tage.

Dann begann die Chemo. Nach neun Chemos war die nächste OP angesetzt, dann sollten neun weitere Chemos folgen. Die zweite OP war für alle eine Wundertüte: Hatte die Chemo etwas bewirkt? Und wieder stand die Ärztin an ihrem Bett – diesmal mit einem Strahlen im Gesicht: „Wir konnten alles entfernen!" Auch das Stoma. Christiane Rademacher genießt seitdem eine neue Form von Gelassenheit. Ja, die Rezidivrate bei ihrem Krebs ist hoch, die Prognosen oft nicht gut. Aber wie gesagt: Christiane Rademacher ist gelassen: „Ich fühle mich wie Siegfried, der in Drachenblut gebadet hat. Beinahe unverwundbar."

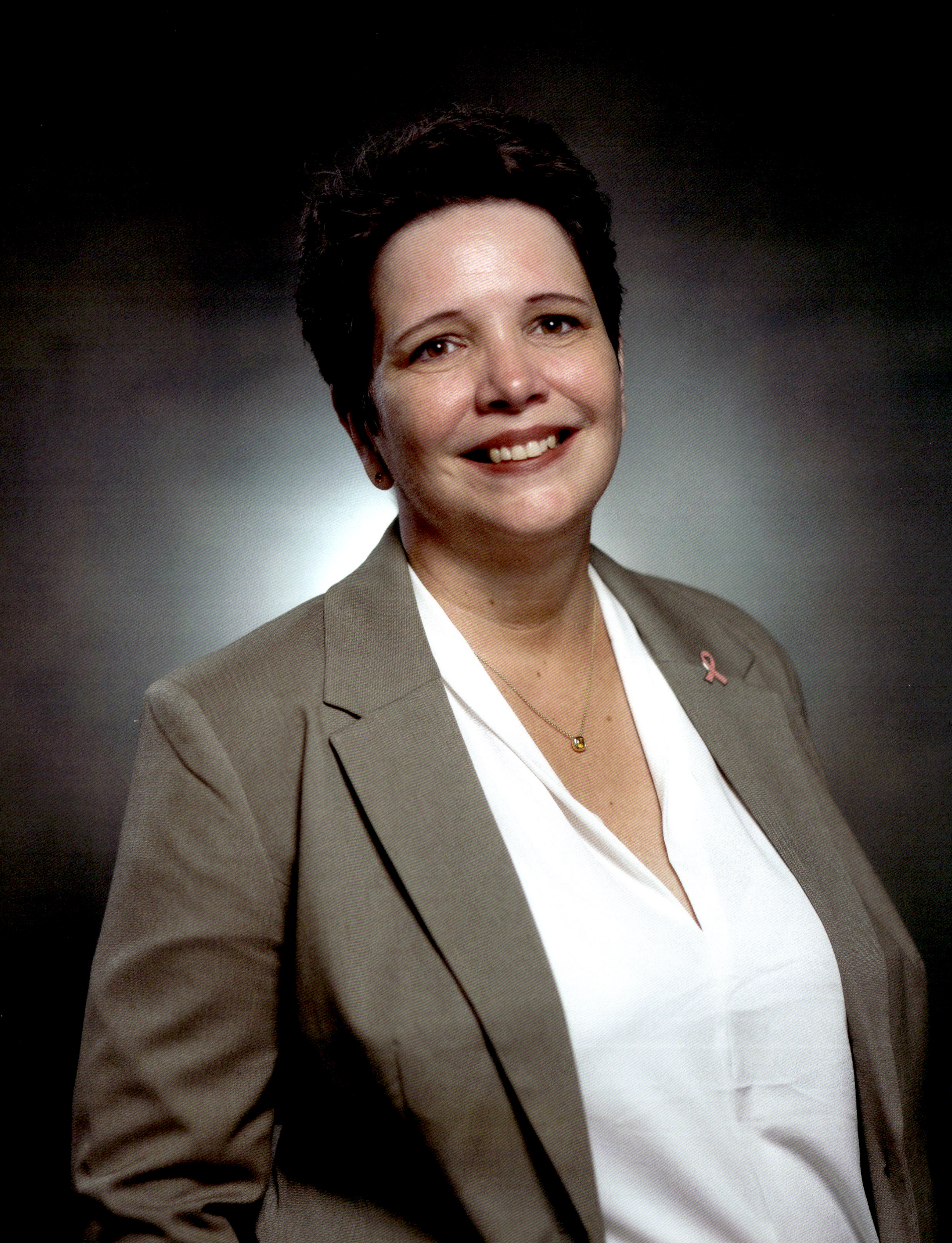

Ich bin tatsächlich ganz gut im Krisenmodus", sagt Heidrun Edel. Und wer ihre Geschichte kennt, der zweifelt keine Sekunde daran. 1972 in Hamburg geboren, studierte die heute 51-Jährige in Münster Deutsch, Mathematik und evangelische Theologie auf Grundschullehramt. „Ich habe meine Berufskarriere dann aber erst mal mit sechs Jahren Kinderbetreuung gestartet, bekam eine Tochter und dann einen schwerst mehrfach behinderten Sohn." Dieser lebt heute in einer Einrichtung für Erwachsene. Wie die Familie ebenfalls in Essen.

Vor etwa dreizehn Jahren bekam Heidrun Edel die Diagnose Multiple Sklerose (MS). Und seit dem Frühjahr 2023 muss sie mit einer weiteren Krankheit leben. „Ich bin planmäßig zur gynäkologischen Vorsorge gegangen und habe einen Ultraschall der Brust dazu gekauft. Dabei wurde tatsächlich der Tumor entdeckt, der nicht tastbar war und ich hatte auch keinerlei Probleme." Zeit für den Krisenmodus: „Ich bin nicht zusammengebrochen, aber die Welt bleibt natürlich trotzdem kurz stehen. Es meinem Mann und meiner Familie zu sagen, war wirklich das Schwerste für mich." Doch der Tumor sprach sehr schnell und sehr gut auf die Chemotherapie an, war nach wenigen Zyklen schon nicht mehr darstellbar und dann, am 28. Oktober 2023, drei Tage nach der OP, kam die erlösende Nachricht: Keine Krebszellen mehr nachweisbar. „Dieser Tag ist seitdem mein zweiter Geburtstag", sagt Heidrun Edel. Nach Chemo und OP folgte noch eine Bestrahlung, kurz vor Weihnachten 2023 war es geschafft: Heidrun Edel konnte den Krebs hinter sich lassen – aber nicht das Thema.

» Ich möchte für Andere die menschgewordene Zuversicht sein.

Heidrun Edel, 51 Jahre
Diagnose: Brustkrebs und Multiple Sklerose (MS)

„Bereits im Sommer 2023 erreichte mich die Anfrage, ob ich Interesse hätte, mich als Mentorin für Brustkrebserkrankte ausbilden zu lassen", erzählt Heidrun Edel. Voraussetzung dafür war allerdings die abgeschlossene Behandlung. „Im Februar 2024 begann ich den Zertifikations-Kurs als Mentorin für frisch an Brustkrebs erkrankte Frauen – und bin da nun eine von elf Frauen, die im Moment ausgebildet werden." Heidrun Edel strahlt, während sie von dem Mentorinnenprogramm erzählt, das es erst seit November 2023 gibt. Die Zertifizierung dauert 80 Stunden und mündet danach in eine ehrenamtliche Tätigkeit an der Klinik in Essen. „Das ist eine sagenhaft tolle Aktion, denn das Ziel ist, dass Frauen, die die Behandlung und die Erkrankung auch durchlebt haben, Patientinnen an die Seite gestellt werden, die das möchten und diesen ein wenig durch den Dschungel der Therapie helfen. Wir Mentorinnen begleiten so ein Stück des Weges als menschgewordene Zuversicht und als Zeichen, dass die Heilungschancen gut sind. Allein durch unsere Anwesenheit zeigen wir: So wie ich hier an deiner Seite stehe, stehst du hier hoffentlich auch bald wieder!"

Das tiefe Verständnis, das Frauen so untereinander erleben können, hält Heidrun Edel für den größten Gewinn bei diesem Programm. Und auch sie und die anderen Mentorinnen profitieren davon. „Dieser Austausch ist qualitativ hochwertige Zeit – und die hilft auch mir bei der Verarbeitung meiner eigenen Diagnose, meiner eigenen Geschichte. Die Energie, die von dieser Gruppe ausgeht, die ist enorm." Energie, die jeder brauchen kann, der den Krebs besiegt hat oder besiegen möchte. Aber Heidrun Edel zieht auch Energie aus der Arbeit mit den Kindern im Schulalltag. „Ich weiß, dass die Krankheit ein Teil von mir bleiben wird, aber ich steige gerade wieder ein in meinen Beruf. Und wenn ich einem Kind die Welt erklären kann, dann ist der Krebs ganz weit weg." Und auch ihr Glaube schenkt ihr Trost und positive Energie. „Ich hatte schon den Gedanken: Ich habe MS und mein Kind ist behindert – aber ich bin nicht bereit, dem Hadern Energie zu schenken und deswegen lasse ich das einfach. Ich fühle mich einfach sehr getragen von meinem Glauben und auch nie allein gelassen von Gott. Natürlich würde ich manche Dinge gerne verstehen. Aber da ich es nicht kann, nehme ich das so hin. Vor meiner OP hat eine Freundin mir die Nachricht geschrieben: Du kannst nicht tiefer fallen als in Gottes Hand. Und mit diesem Gedanken bin ich in die Narkose entschwunden." Es entsteht eine wunderschöne kurze Pause und dann ergänzt Heidrun Edel: „Als kleines Mädchen hatte ich eine „aber trotzdem"-Phase und so ist es jetzt auch: Ja, ich habe MS, ein behindertes Kind und Brustkrebs. Aber trotzdem möchte ich mein Leben so gestalten, wie ich das haben will. Und auf andere Menschen zugehen und der Silberstreif am Horizont und die lebende Zuversicht sein gehört dazu."

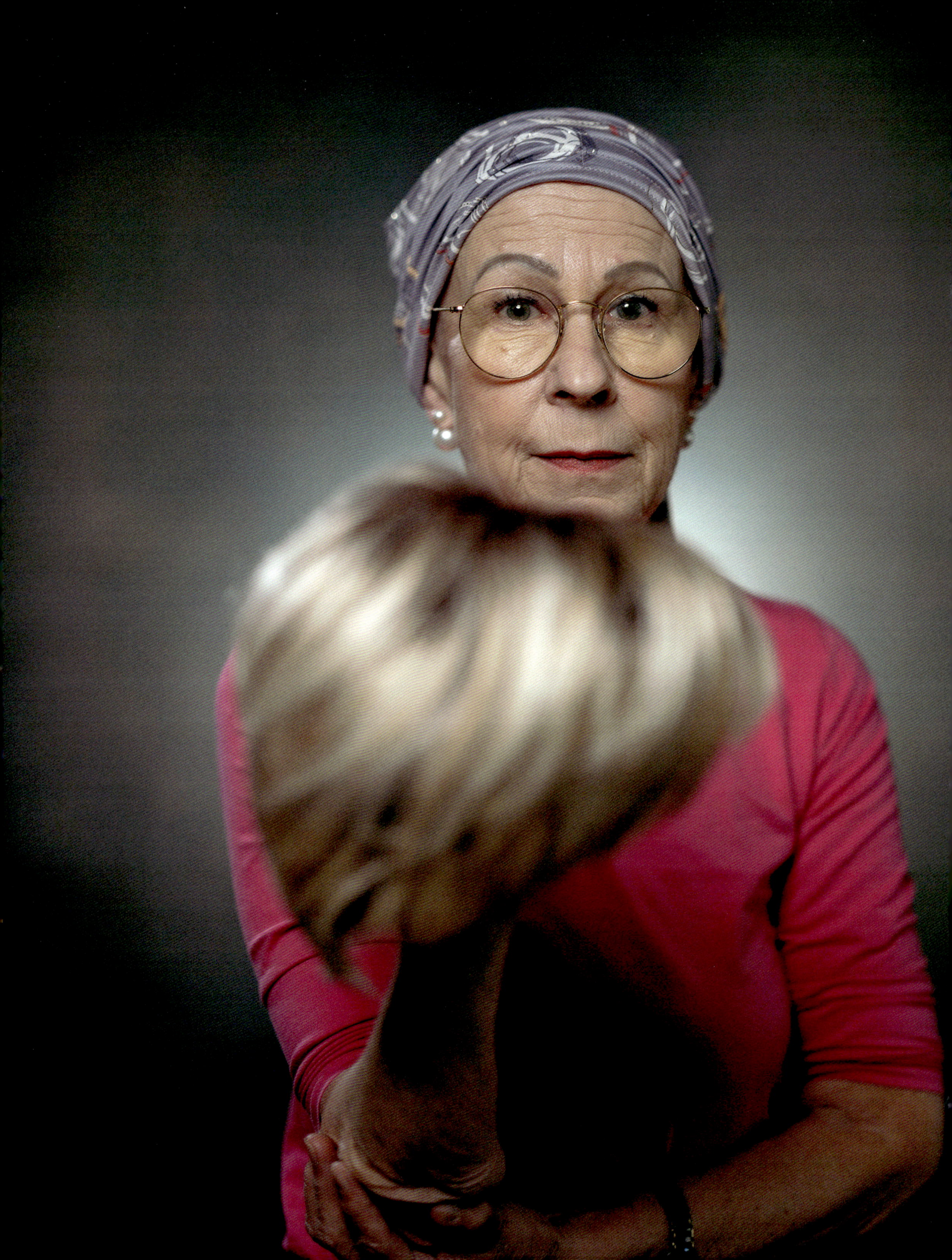

Viele Erkrankte geben ihrem Krebs einen Namen. Bei Annette Polan-Efker heißt er Otto. Aber bei der 61-jährigen selbständigen Podologin gibt es auch noch Lissy – ihre Perücke. Beide sind heute Teil ihres Lebens. Die Diagnose Bauchspeicheldrüsenkrebs bekam sie im Jahr 2022. „Ich hatte meinen sektoralen Heilpraktiker gemacht und musste zu meiner Ärztin, um bescheinigen zu lassen, dass ich psychisch und physisch gesund bin. Sie nahm dafür Blut ab und dann rief sie mich montags morgens an und sagte, du gehst sofort ins Krankenhaus, du hast exorbitant hohe Leberwerte." Im Bochumer Krankenhaus wurde dann festgestellt, dass die Galle sich zugesetzt hatte. In der Galle wurde ein Stent gesetzt und eine Magenspiegelung gemacht. „Da ist noch etwas Anderes, haben sie gesagt und eine Biopsie von der Bauchspeicheldrüse gemacht." Dann wurde Otto gefunden. „Ich war am Boden zerstört! Denn Bauchspeicheldrüsenkrebs ist der Teufel!" Ein Teufel, der sich leise eingeschlichen hatte. Annette Polan-Efker hatte keine eindeutigen Symptome. Zwar immer Rückenschmerzen, aber die schob sie auf die Arbeit. Auch die schnellere Erschöpfung. „Ich brauchte das Wochenende zum Erholen, aber wenn du selbstständig bist, dann machst du immer weiter." Es folgten zwölf Chemos und im Februar 2023 wurde ihr der Bauchspeicheldrüsenkopf entfernt. „Aufgrund dessen bin ich Diabetikerin geworden. Das ging dann ein halbes Jahr gut und dann haben sich Rezidive gebildet. An der Bauchspeicheldrüse und in der Lunge. Im Dezember 2023 wurde ich dann an der Lunge operiert, aber die Metastasen waren im Februar eigentlich wieder da und jetzt bekomme ich regelmäßig jede Woche eine Chemo." Otto ist nicht mehr heilbar, nicht operabel. „Es war von Anfang an klar: Otto zahlt keine Miete, Otto muss raus! Aber dass er Geschwister hatte, die sich vorher schon abgesetzt hatten, das konnte ich doch nicht ahnen! Am Anfang habe ich alles weggeschoben. Denn manchmal sind es ja auch die Gedanken, die dich krank machen – und die lasse ich einfach nicht zu", sagt Annette Polan-Efker mit Nachdruck. „Außerdem gibt es einen Satz, der mich schon mein ganzes Leben lang begleitet und an den halte ich mich: Immer wenn du denkst, es geht nicht mehr, kommt von irgendwo ein Lichtlein her." Sie zeigt Otto, wer die Chefin ist. Und deswegen arbeitet sie auch weiter. „Ich vertrage die Chemo ganz gut, bin weiter selbständig und habe meinen Laden mit einer Angestellten weiterhin geöffnet. Ich liebe mein Geschäft, ich liebe meinen Job – das ist neben meiner Familie das Größte! Und durch die Arbeit habe ich auch nicht so viel Zeit, in meinen Körper hineinzuhören."

» Immer wenn du denkst, es geht nicht mehr, kommt von irgendwo ein Lichtlein her.

Annette Polan-Efker, 61 Jahre
Diagnose: Bauchspeicheldrüsenkrebs, unheilbar, inoperabel

Ansonsten genießt Annette Polan-Efker das Leben von Tag zu Tag – und sie erfüllt sich Wünsche und macht Pläne. Eine Alpakawanderung hat sie gemacht, einen Pool haben sie gebaut und im Winter will sie wieder auf ihre Lieblingsinsel Norderney. Doch selbst ihre Krankenhausaufenthalte konnte sie positiv umdenken. „Immer wenn ich meine Tasche fürs Krankenhaus gepackt habe, habe ich gesagt: Ich fahre ins Wellnesshotel! Dort kann ich Fernsehen gucken, bekomme Essen, keiner nervt mich und alle springen, wenn ich etwas brauche. Und auch die anderen kranken Menschen können einem ja etwas geben, die da schon seit Jahren mit Bauchspeicheldrüsenkrebs zur Chemo kommen."

Und auch Annette Polan-Efker möchte anderen kranken Menschen etwas geben. „Ich stelle mich und meinen Körper der Forschung zur Verfügung. Weil ich möchte, dass sie vorankommen in der Forschung beim Bauchspeicheldrüsenkrebs. Und selbst wenn es mir nicht mehr hilft, dafür aber Anderen, dann ist das für mich vollkommen in Ordnung." Doch selbst, wer so sehr in sich ruht wie sie, hat manchmal Momente des Zweifelns – aber natürlich verwandelt Annette Polan-Efker auch diese negativen Gedanken sofort wieder in eine schöne Vision: „Eigentlich bin ich gläubig, aber manchmal hadere ich auch damit: Weil ich denke, warum erkranken junge Menschen, warum bin ich krank geworden? Und gleichzeitig gibt es alte Menschen, die schon lange nicht mehr wollen oder können und die dennoch bleiben dürfen. Ich suche auch das Gespräch mit Gott und manchmal schimpfe ich auch auf ihn. Ich weiß nicht, ob nach dem Leben was kommt – aber da bisher keiner zurückgekommen ist, gehe ich davon aus, dass es da oben ganz nett ist."

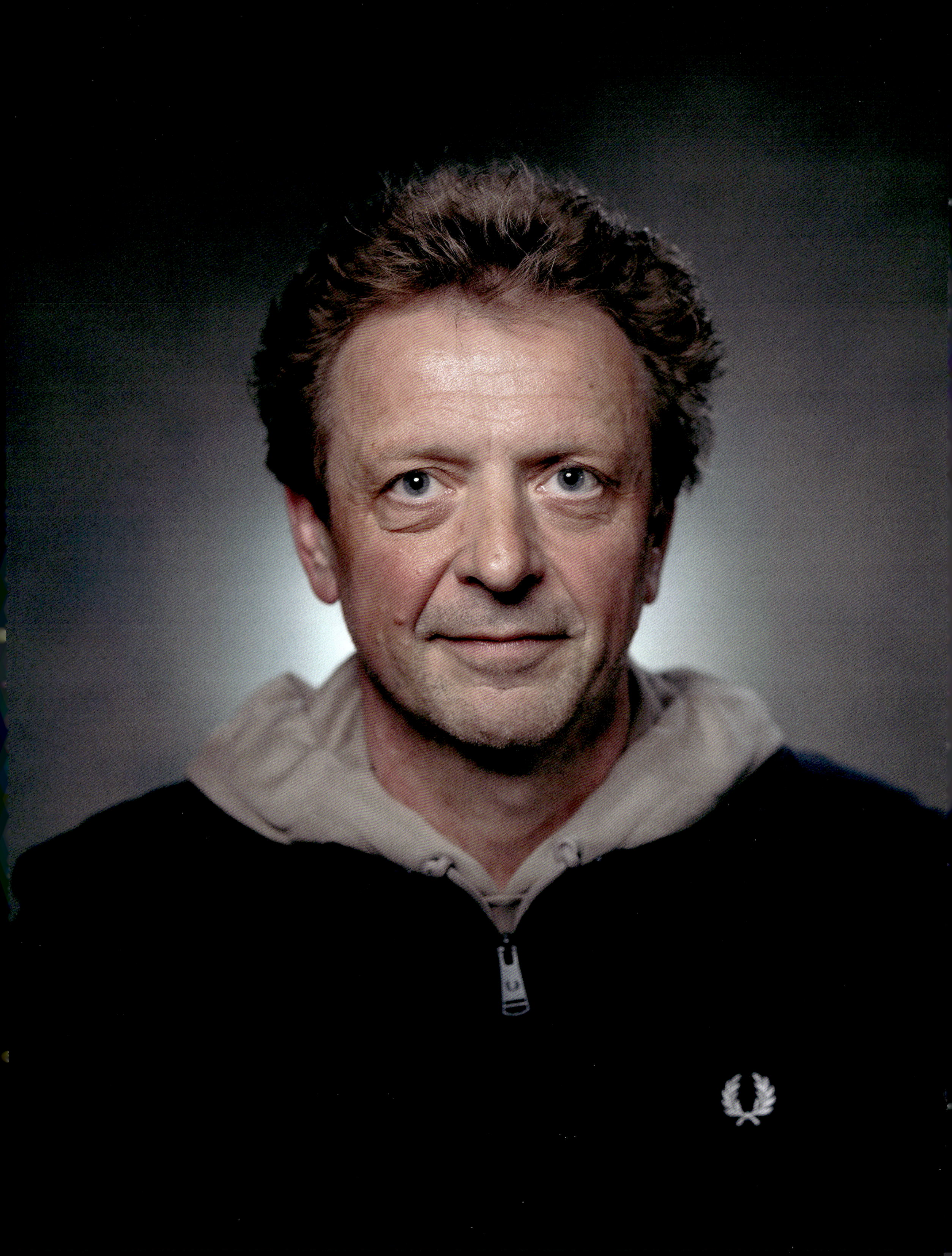

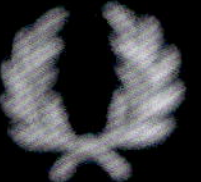

Der Anfangsverdacht war eine Blinddarmentzündung. Schmerzhaft und ärgerlich, aber ein Routineeingriff und dann wäre Ruhe gewesen. Doch die Diagnose, die Thomas Zimmerer im Dezember 2019 bekam, gab leider keine Ruhe. Bis heute nicht. Sie ist chronisch und die Chance auf Heilung ungewiss. „Es wurde ein Blinddarmtumor festgestellt mit Streuung aufs Bauchfell“, sagt der 56-Jährige aus Aschheim bei München. „Wie Fettaugen auf einer guten Soße, so hat es auf meinem Bauchfell ausgeschaut.“ Die Diagnose war „niederschmetternd“ für den Angestellten eines Autoherstellers. Auch, wenn die behandelnden Ärzte ihm Mut machten und versprachen: „Das ist nicht schlimm, in drei Monaten sind Sie wieder auf der Arbeit.“

» Der Weg ist das Ziel. Beim Radeln und beim Krebs.

Thomas Zimmerer, 56 Jahre
Diagnose: Muzinöses Adenokarzinom des Appendix (Blinddarm)

Doch so schnell ging es leider nicht. Die Behandlung von Thomas Zimmerer endete erst im Frühjahr 2024. Heute kann der begeisterte Radfahrer wieder arbeiten, aber der Weg dahin war lang und nicht immer war klar, wie es weitergeht. „Nach der Diagnose habe ich erst mal vier Wochen da gesessen und nicht gewusst, was als Nächstes passiert“, sagt er. Denn einen Termin bei einem Professor mit Spezialisierung auf seine Tumorart bekam er erst im Januar. Da stellte sich heraus: Der Tumor ist momentan nicht operabel, er muss aber eine Chemotherapie machen. Zehn Minuten hat das Gespräch gedauert, auf das der Bayer und seine Frau vier bange Wochen gewartet hatten. „Meine Frau hat dann nach der Prognose gefragt und da hat der Professor gesagt: 50/50. Das war alles. Tja, auf Wiedersehen, danke schön.“ Das Paar fühlte sich allein gelassen, auch weil es selbst einen Onkologen suchen sollte. „Ich bin dann zu meinem Hausarzt gegangen, der mir einen ausgezeichneten Onkologen empfohlen hat. Dafür bin ich ihm heute noch sehr dankbar“, sagt Thomas Zimmerer. Im Januar 2020 begann die Chemo, sechs Zyklen. Sie schlug gut an und Thomas Zimmerer vertrug sie gut. Das anschließende CT zeigte: Nun konnte operiert werden. Allerdings musste es schnell gehen, bevor der nächste Chemo-Zyklus startete. „Ich war einverstanden, wollte aber nicht zu dem besagten Professor.“ Im Mai folgte die OP, in der größten Corona-Zeit überhaupt, bei einem ebenfalls sehr guten Arzt in München. Neun Stunden dauerte die OP, sechs Wochen musste Thomas Zimmerer im Krankenhaus bleiben. Und beinahe nebenbei erzählt er dann gemeinsam mit seiner Frau, dass nach der Operation noch eine Not-OP folgte. „Eine Woche nach der OP war eine Naht im Darm wieder aufgegangen – hätte ich nicht darauf bestanden, dass da etwas nicht stimmt, hätte ich die Nacht nicht überlebt.“

Dann schien Ruhe einzukehren. Die Chemo lief weiter gut, ebenso die Routine-Untersuchung alle zwei Monate. Bis 2022. Eine verkapselte Metastase auf der Leber brachte neue Sorgen. Eine weitere OP, wieder alles gut. „Im Juni 2023 wurde dann wieder etwas auf der Leber gefunden. Es ist aber nicht klar, ob es eine Verwachsung von den Operationen oder ob es ein Tumor ist. Es ist auch zu nah an einem Gefäß für eine OP, hat sich aber unter einer neuen Chemo nicht verändert und es ist auch nichts dazu gekommen.“

Aufatmen? Ja! „Meine schlimmste Zeit war damals nach der ersten OP während der Reha, da war ich emotional am Boden“, sagt Thomas Zimmerer und allein die Erinnerung an die Zeit, nimmt ihn wieder mit. Einmal durchatmen, dann weiter. „Aber ich hab mich da rausgekämpft, habe immer Sport gemacht. Ich hatte sogar Muskelkater in den Zehen! Und heute fühle ich mich fitter als früher, obwohl ich ja älter geworden bin.“ Der Sport ist es, der ihm Halt gibt. Und seine Frau. „Das ist ja auch das Positive an der ganzen Sache: Wir sind noch inniger. Und ich habe quasi einen Freund in mir, der zwar mein Schicksal bestimmt, aber mir auch Energie gibt. Dadurch leben meine Frau und ich viel mehr im Hier und Jetzt und schieben nichts auf.“ Sobald es ging, ist Thomas Zimmerer den Drei-Länder-Giro gefahren: 120 Kilometer, 3.300 Höhenmeter durch Italien, die Schweiz und Österreich. „Das war so toll! Denn beim Radeln sage ich mir immer: Der Weg ist das Ziel. Und so sehe ich das auch bei der Krankheit. Ich schaue, dass ich den Weg so gut wie möglich meistere, um ans Ziel zu kommen – und vielleicht ja sogar noch geheilt zu werden.“

» Menschsein bedeutet, dass jeden Tag Zehntausende von Fehlern entstehen.

Prof. Dr. Dr. Jalid Sehouli, 56 Jahre, Direktor der Klinik für Gynäkologie mit Zentrum für Onkologische Chirurgie der Charité und Leiter des Gynäkologischen Tumorzentrums und Europäischen Kompetenzzentrums für Eierstockkrebs (EKZE)

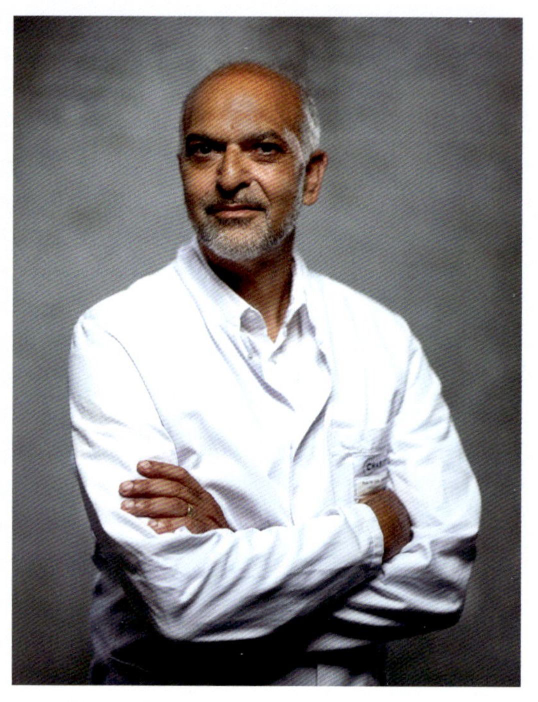

Professor Jalid Sehouli hat seine medizinische Karriere als Krankenpflegeschüler an der Charité begonnen. Heute gehört der gynäkologische Onkologe zu den weltweit renommiertesten Krebsspezialisten und gründete 2007 das erste Eierstockkrebs-Zentrum der Welt. Als Kind schon interessierte er sich für das Leben, jedoch erst mal für die Tiermedizin. „Im Fernsehen lief damals ‚Der Doktor und das liebe Vieh' und ich stellte dann fest, dass ich als Berliner Stadtjunge wenig Bezug zu Kühen und Pferden habe. Da lag mir der Mensch doch mehr. Und Medizin wollte ich studieren, weil mich das Leben so fasziniert." Sein Ansatz, dann in die Richtung Onkologie zu gehen, war „der ständige Versuch, das Gesunde zu retten". Und er habe viele Frauen erlebt, bei denen es hieß, es würde nichts mehr helfen, die aber weiterleben und aktiv sein wollten – und heute geht es ihnen gut.

Professor Sehouli, was bedeutet Forschung im Behandlungsalltag für Sie und ist sie dort überhaupt möglich?

Wenn wir ehrlich sind, forschen wir jeden Tag. Jeder Mensch ist einzigartig, jede Situation ist anders. Und das, was wir glauben, den Patient*innen zu empfehlen, beruht ja auf den Geschichten anderer Patient*innen. Und das bedeutet, wir sollten auch jeden Menschen noch intensiver studieren. Leider wird viel zu wenig geforscht. Aber auch, wenn ich nicht im Rahmen einer Forschung eine neuartige oder experimentelle Behandlung einsetze, ist das letztendlich auch Forschung. Man nennt das heute Real World Data, also wahrheits- oder realitätsnahe Daten und man kann teilweise von ihnen sogar mehr lernen als von einer sogenannten Phase I-, II- oder III-Studie, die viele Ein- und Ausschlusskriterien hat und viele Gruppen, wie ältere Patient*innen, unterrepräsentieren. Forschung bedeutet für mich, wachsam zu sein, zu beobachten und meine medizinischen Maßnahmen zu reflektieren. Das passiert viel zu wenig. In Deutschland, in Europa und weltweit.

Wie steht Deutschland im internationalen Vergleich da in der Krebsforschung?

Noch ist Deutschland der modernste Markt der Welt. In Deutschland kriegen die Patient*innen grundsätzlich die innovativsten Medikamente in der Welt. Und das hat auch etwas mit dem Sozialgesetzbuch zu tun und mit dem sehr großen Bereich der sogenannten Off-Label-Therapie. Das bedeutet, dass auch Medikamente, die noch nicht zugelassen sind, in Deutschland grundsätzlich verfügbar sein können. Manchmal muss man das einklagen und beim Medizinischen Dienst der Krankenkassen begründen. Aber ich kann sagen, da ich ja auch sehr viel international unterwegs bin, dass Deutschland da im Vergleich zu anderen Ländern führend ist. Der europäische Markt war eigentlich immer schneller als der amerikanische Markt, das ändert sich aber in den letzten Jahren. Was in Deutschland tatsächlich sehr kompliziert ist, ist der Prozess der Gestaltung von Studien. Hier sind die Wege, neue Medikamente auf den Weg zu bringen, viel zu kompliziert, sehr teuer und zu zäh. Ich habe gerade die erste Studie weltweit geplant, wo wir die Chemotherapie um drei Monate verkürzen wollen und warte schon seit 80 oder 90 Tagen auf die Genehmigung der Behörden, obwohl das Ethikvotum und alles, was benötigt wird, schon da ist.

Es heißt immer, Gesundheit sei das höchste Gut. Was ist das eigentlich: Gesundheit – aus medizinischer Sicht?

Die Definition der WHO aus den 1940er Jahren von Gesundheit lautet: „Gesundheit ist ein körperliches, seelisches und soziales Wohlbefinden." Das bedeutet also auch, dass man gesund sein kann, obwohl man zum Beispiel Krebs hat. Das bedeutet aber auch, dass die anderen Säulen gestärkt werden müssen, also das soziale und das seelische Wohlbefinden. Und was ganz wichtig ist, das ist zunächst die Akzeptanz der Erkrankung. Die Akzeptanz, dass wir nicht hundertprozentig funktionieren. Weil wir Menschen sind. Und Menschsein bedeutet, dass jeden Tag Zehntausende von Fehlern entstehen. Und manchmal werden diese Fehler eben nicht vom eigenen System repariert. Und das würde ich nicht einmal als Versagen definieren. Sondern das ist eben Teil des menschlichen Wesens. Wir sind endlich. Und das Altern und das Entstehen von Krebs hat viele Gemeinsamkeiten in der Fehlerhaftigkeit der Reparaturkraft – die manchmal angeboren ist und manchmal erworben ist durch Umwelteinflüsse zum Beispiel. Jeder Zweite wird Krebs erfahren in seinem Leben, jeder Vierte in Deutschland ist an Krebs gestorben. Und Krebserkrankungen werden die Herz-Kreislauf-Erkrankungen, die noch die Todeszahlen anführen, ablösen.

Warum ist die Krebsdiagnose in unserer Gesellschaft mit Angst und Tod assoziiert statt mit Hoffnung und Leben?

Die Diagnose Krebs ist noch sehr mystifiziert. Über Jahrhunderte und über Kulturen hinweg wird Krebs assoziiert mit Tod, Schmerz, Einsamkeit und fehlenden Behandlungsmöglichkeiten. Und medial und literarisch werden eigentlich immer nur die schlechten Geschichten festgehalten und nicht die guten. Und auch viele Ärzt*innen haben Schwierigkeiten, sich diesem Thema zu nähern. Wenige können die Krebsmedizin lange aushalten. Weil die Konfrontation, auch mit seinem eigenen Tod, selbst wenn es gar nicht nach Tod riecht oder aussieht, eine Situation darstellt, die Ängste und Unsicherheiten verursacht. Auch bei Ärzt*innen und Pfleger*innen gibt es Burnouts, weil sie fehlende Supervision und fehlendes Training haben, um sich abzugrenzen. Um nicht mitzusterben und mitzuleiden. Und darum ist dieses Thema einfach häufig negativ besetzt. Und erzeugt häufig mehr Mitleid als zum Beispiel für Menschen, die herzkrank sind. Das ist einfach über viele Jahre gebrandet. Viele Menschen haben sich ja gar nicht getraut, sich als krebskrank zu outen. Ähnlich war es damals mit der HIV-Erkrankung. Und das alles sind Puzzleteile, die es so schwer machen, Hoffnung und Optimismus zu verbreiten. Deswegen ist es so wichtig, Menschen zu zeigen, die in der tiefsten Krise der Erkrankung waren, aber denen es heute gut geht. Und die muss man ja auch nicht lange suchen, die sind da. Überall in unserer Gesellschaft.

Sie beschäftigen sich sehr mit dem Thema Cancer Survivor und haben die Survivorship Clinic ins Leben gerufen, die eine verbesserte Versorgung von Langzeitüberlebenden mit gynäkologischer Tumorerkrankung gewährleisten soll. Wen genau bezeichnet man als Cancer Survivor?

Auf deutsch sagen wir Langzeitüberlebende, das ist ein seltsames Wort, aber wir finden bisher kein besseres. Der amerikanische Begriff Cancer Survivor kommt aus der Brustkrebsinitiative und meint eigentlich Menschen, die mindestens fünf Jahre krebsfrei überlebt haben. Und man hat gemerkt, dass viele der Cancer Survivors trotzdem noch Schwierigkeiten haben – mit der Wiedereingliederung in Berufe, mit der Sexualität, mit den Nebenwirkungen ihrer Krebsbehandlung. Und jetzt gibt es immer mehr Anstrengungen, dieses Wort etwas aufzuweichen und diesen Menschen anders und neu zu helfen. Und zum Beispiel auch Menschen als Cancer Survivor zu sehen, die noch nicht krebsfrei sind, aber trotzdem fünf Jahre leben. Ich bin sehr stolz, dass wir die erste Cancer Survivorship Clinic an der Charité für Frauen mit gynäkologischen Tumoren gegründet haben. Wir sehen jeden Tag unzählige Langzeitüberlebende – jetzt sind sie endlich sichtbar und ihnen wird geholfen, ihre Lebensqualität und ihre Prognose zu verbessern. Ich habe Krebspatientinnen, die haben 155 Krebstherapien in den letzten 15 oder 16 Jahren gehabt. Aber sie leben. Und sie leben auch zum großen Teil gut und können Dinge erleben, die sie erleben wollen.

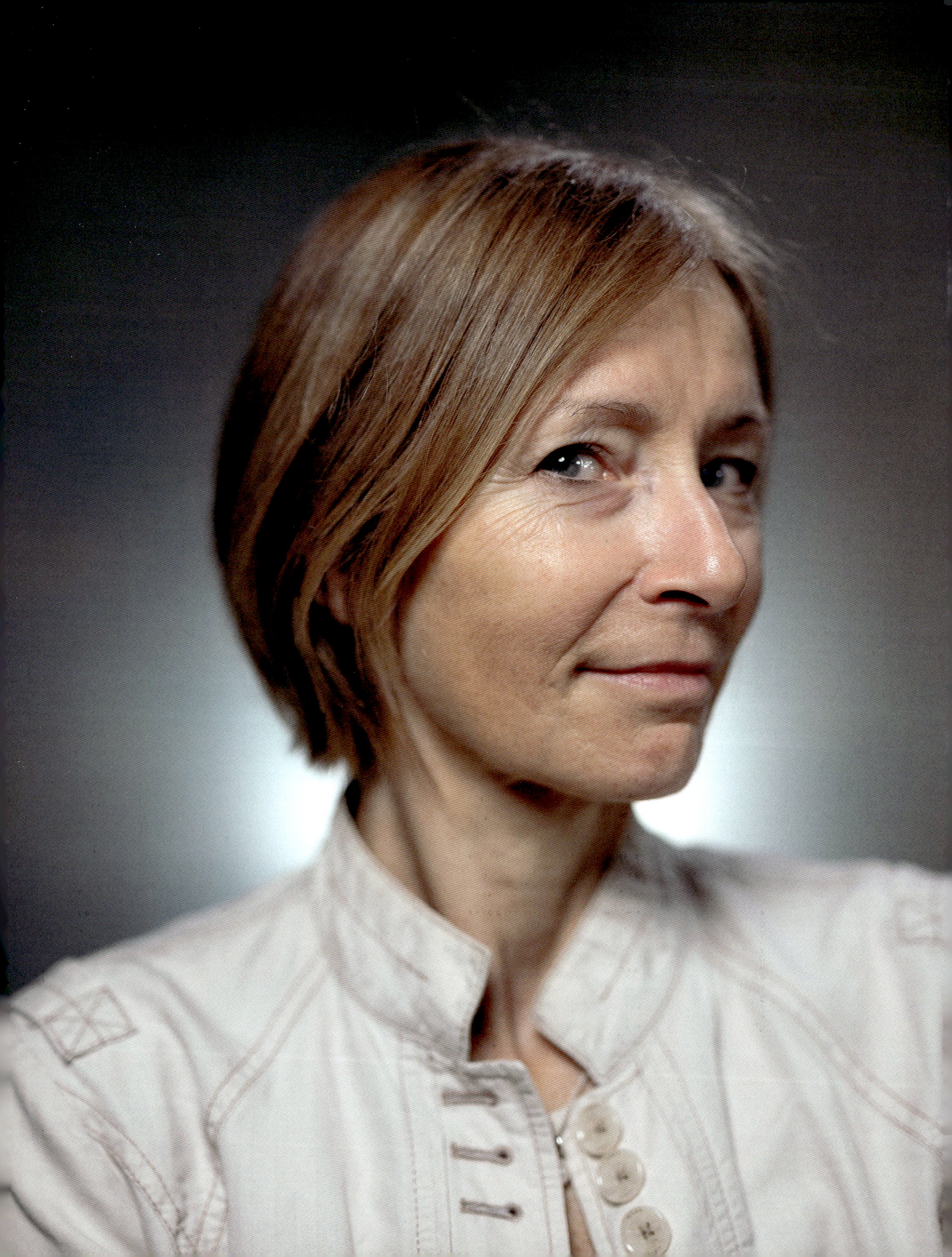

Marion Miehe ging nach dem Termin bei ihrer Gynäkologin noch kurz einmal ins Büro, obwohl sie sich doch eigentlich in einem Krankenhaus melden sollte. Denn zuvor hatte ihre Ärztin ihr, etwas lapidar, wie sie fand, mitgeteilt, dass da etwas „nicht gut aussah", dass da ein Tumor sein könnte. „Aber ein Tumor hätte ja vieles sein können, ich fand das in dem Moment nicht so bedrohlich", sagt die selbstständige Berufsbetreuerin aus Berlin.

Warum auch? Sie sagt von sich selbst: „Ich bin ein Scheckheft gepflegter Typ, bin immer zu all meinen Vorsorgeuntersuchungen gegangen. Ich komme aus einer gesunden Familie, habe mich super fit gefühlt, hatte Kraft und Appetit." Die 60-jährige Mutter zweier erwachsener Kinder hatte also wenig Sorgen, dass etwas Schlimmes sein könnte. Und der aufgeblähte Bauch der letzten Zeit hatte sicher eine ganz einfache Erklärung. Kuhmilchprodukte hatte sie schon weggelassen, da ihre Hausärztin auf eine Unverträglichkeit getippt und positiv getestet hatte.

» Ich bin ein Scheckheft gepflegter Typ.

Marion Miehe, 60 Jahre
Diagnose: Eierstockkrebs

Nachdem die schnell eingeschobenen Dinge im Büro erledigt waren, rief Marion Miehe immer noch entspannt im Krankenhaus an. Und schlagartig änderte sich die Situation. „Die Frau am Telefon bat mich, genau vorzulesen, was auf der Überweisung stand und da waren schon so Zentimeterangaben dabei und dann sagte sie zu mir: Und Sie kommen jetzt sofort über die Rettungsstelle hierher! Und das war der Moment, in dem ich einen großen Schreck bekommen habe. Ich bin nach Hause gefahren, hab meine Tasche gepackt und bin ins Krankenhaus gefahren." Das war im September 2021.

Es folgten stundenlange Untersuchungen und Marion Miehe erinnert sich genau an den Moment, als die Ärztin auf den großen Bildschirm schaute und die Patienten wenig empathisch auf eine „ganz große Operation von sieben, acht oder neun Stunden" vorbereitete. Es sei unklar, ob der Tumor am Eierstock mit der Darmwand verwachsen sei. Und so unangenehm eine Operation ist – bei diesen Worten hätte man sie natürlich am liebsten sofort hinter sich. Aber Marion Miehe wurde wieder entlassen. Ihr OP-Termin war erst zweieinhalb Wochen später. „Diese Wochen habe ich als sehr angstbesetzt erlebt. Ich wusste, ich habe Zysten im Bauch, die fast so groß wie Fußbälle waren und darin waren die Krebszellen – ich hatte natürlich panische Sorge, dass da was platzen könnte. Normalerweise google ich alles – in den zwei Wochen habe ich nichts gegoogelt. Ich habe versucht, ganz viel zu regeln: Habe eine Patientenverfügung gemacht, meinen Kindern eine Vollmacht auf mein Konto gegeben und habe versucht, ganz viel Gutes für mich zu machen – eine Mischung aus Organisieren und mich um mich kümmern war das."

Dann ging es ins Krankenhaus. „Mit ganz viel Angst", wie Marion Miehe sagt. Die sich glücklicherweise schnell zerschlug: Die OP ging viel schneller als gedacht, Verwachsungen gab es nicht – keine der Befürchtungen hatte sich bewahrheitet. „Das einzige Problem, was auch heute noch meine Beeinträchtigung ist, war das umfangreiche Entfernen meiner Lymphknoten. Ich muss Kompressionsstrümpfe tragen. Und es klingt blöd, aber ich würde so gern mal wieder ein schönes, luftiges Sommerkleid tragen mit Sandalen, aber ich kann das nicht mehr anziehen …"

Nach der OP hat Marion Miehe sich schnell erholt. Am 21. September war der Eingriff, am 29. September hatte ihre Tochter Geburtstag, die extra aus dem Ausland nach Berlin gekommen war. „Da wollte ich zuhause sein – und ich habe es geschafft! Ich bin ganz viel im Wald spazieren gegangen und meine Kinder und mein Partner waren mit ganz viel Liebe und Fürsorge für mich da."

Heute geht es ihr gut, auch wenn die Angst vor einem Rückfall nie ganz verschwindet. „Dennoch finde ich, dass ich wieder ganz schön in meinem Leben zurück bin, mit ganz vielen positiven Dingen, über die ich mich freue, die ich mache und woran ich Spaß habe. Ich gönne mir mehr Ruhe, lasse alles ein wenig langsamer angehen", sagt Marion Miehe. Und sieht da auch den positiven Effekt ihrer Erkrankung: „Heute möchte ich mehr Freizeit haben, mir mehr Raum nehmen. Und das ohne schlechtes Gewissen. Das hatte ich früher dann nämlich immer – jetzt nicht mehr."

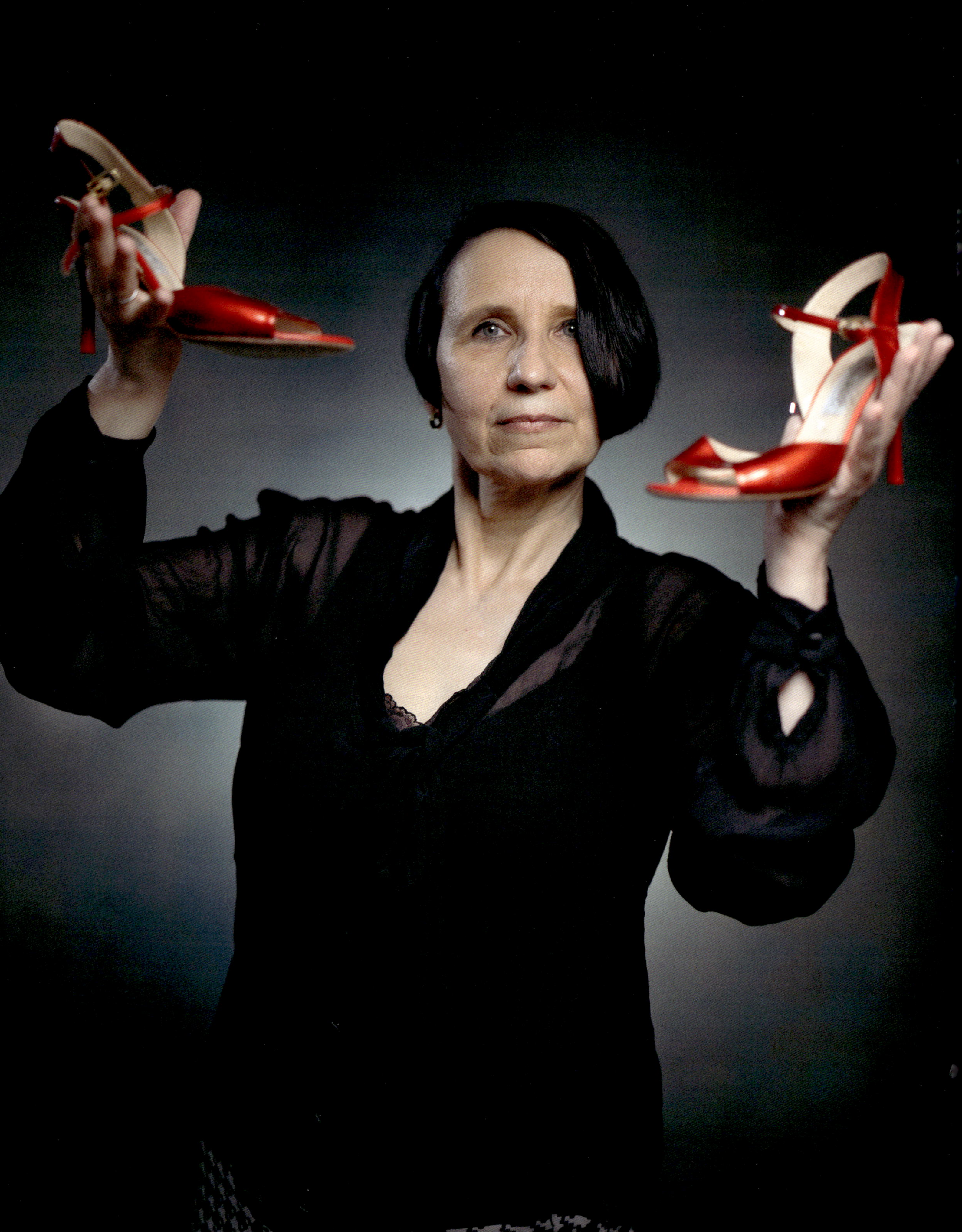

Wie schnell sich das Leben ändern kann, musste auch Katja Srodka erfahren. Im Mai 2011 bemerkte die heute 55-jährige Deutschlehrerin beim Bundessprachenamt kleine Beulen unter den Achseln, die nicht weg gingen. Dazu hatte sie ein Schwindelgefühl und kam ins Krankenhaus zur Untersuchung. „Die Ärztin dort sagte: Ich kann Ihre Milz fühlen! Und als ich daraufhin sagte, dass das doch super sei, sagte sie nur: Nein!“ Katja Srodka wurde sofort in die Uniklinik weitergeschickt. Dort entnahm man ihr eine Probe aus dem Beckenkamm und eine halbe Stunde später stand die Ärztin mit der 24-Stunden-Chemo in der Tür: „Sie sagte, es tue ihr leid, aber ich hätte Leukämie und zwar ziemlich aggressiv und wir müssten jetzt sofort loslegen. Ich bin also quasi morgens aufgewacht und war gefühlt gesund und mittags hatte ich Leukämie, das war alles völlig surreal“, erinnert sie sich. Katja Srodka bekam 20 Zyklen Hochdosis-Chemo. „Die haben gut angeschlagen. Bis mein Herz ein bisschen gekaspert hat, dann habe ich eine Histamintherapie bekommen und danach war erst mal alles wieder gut.“

Erst mal. Bis zum März 2020. „Nach neun Jahren wurde ich nach einem normalen Nachsorgetermin angerufen: Es ist wieder da und diesmal transplantieren wir Knochenmark.“ Die leidenschaftliche Tango-Tänzerin gibt zu, dass sie kurz darüber nachgedacht hat, ob sie das alles noch mal möchte. „Bei der zweiten Diagnose ist mir sofort wieder schlecht geworden. Beim ersten Mal wusste ich ja auch nicht, was auf mich zukommt, beim zweiten Mal dachte ich: Ich will das nicht … Denn die Übelkeit ist wirklich mein Übel: Man muss mir von weitem nur eine Chemo zeigen und mein Körper reagiert darauf. Bevor ich auf die Station gekommen bin, hatte ich extra ganz viel mitgenommen und mir gedacht: Dann machst du Yoga und ich hatte auch meine Tanzschuhe dabei“, Katja Srodka lacht: „Tja, wurde dann wohl eher nichts …“ Sechs Wochen blieb sie im Krankenhaus, ihre Transplantation wurde auf ihren Geburtstag gelegt. „Das war sehr schön!“ Danach zog Katja Srodka für drei Monate zu ihren Eltern: Sie und ihr Mann, beide große Katzenliebhaber, hatten zu der Zeit sechs Katzen. Es war aber wichtig, dass sie in eine möglichst aseptische Umgebung kam und sich auf keinen Fall bei den Katzen mit Toxoplasmose ansteckte.

Als sie dann wieder nach Hause konnte – ihr Mann hatte alles „renoviert, geputzt und gemacht“ – begrüßte sie ein Flipchart, auf dem stand: „She jumped from the devils shovel“ – sie ist dem Teufel von der Schaufel gesprungen. „Als ich las, was mein Mann da geschrieben hatte, war ich gleichzeitig so glücklich, zuhause zu sein und so traurig, dass mein Leben zu so einem großen Stopp gekommen ist.“ Doch seitdem ist es zum Glück nur bergauf gegangen und die meisten Tage denkt Katja Srodka nicht mehr an Krebs. „Ich habe sogar die Namen aller meiner Medikamente vergessen.“

» Was mir am meisten geholfen hat, ist Liebe.

Katja Srodka, 55 Jahre
Diagnose: Leukämie

Am meisten geholfen auf ihrem Weg hat ihr die Liebe, sagt sie. Von ihrer Familie, ihrem Mann, der immer wieder gesagt hat: „Sterben ist keine Option!“ Die Liebe ihrer Tiere und ihre Liebe zum Tanzen. „Einmal ist sogar einer meiner Tanzpartner aus Italien gekommen und hat mit mir im Krankenhaus getanzt. Die Schwester hat mich zehn Minuten von den Infusionen abgemacht.“ All das hat ihr die Kraft gegeben, durchzuhalten und nicht aufzugeben. Auch wenn es immer mal die Gedanken gab, die sie direkt nach der zweiten Diagnose hatte: Will ich das wirklich noch mal? „Deswegen geht es mir auch extrem auf den Keks, wenn Menschen Bücher schreiben über den Krebs und dann sagen, du musst kämpfen, kämpfen, kämpfen und dann klappt das schon alles – das finde ich respektlos gegenüber den Menschen, denen es so schlecht geht, dass sie das einfach nicht können“, sagt Katja Srodka. „Ich weiß, es gibt Menschen, denen gibt das Auftrieb, aber es gibt eben auch welche, die können das nicht – aufstehen, sich schminken, gut aussehen und am besten noch eine Story bei Instagram posten. Für mich ist das das Zeichen, wenn man sich zusammenreißt, dann wird das schon. Dabei ist Schwäche vollkommen in Ordnung, wenn man Krebs hat! Und es ist auch okay zu sagen, ich kann nicht mehr kämpfen. Manchmal hat man schon fast das Gefühl, man ist ein Loser, wenn man nach seiner Krebserkrankung nicht noch mal etwas ganz Tolles schafft – den Kilimandscharo besteigen oder so …“

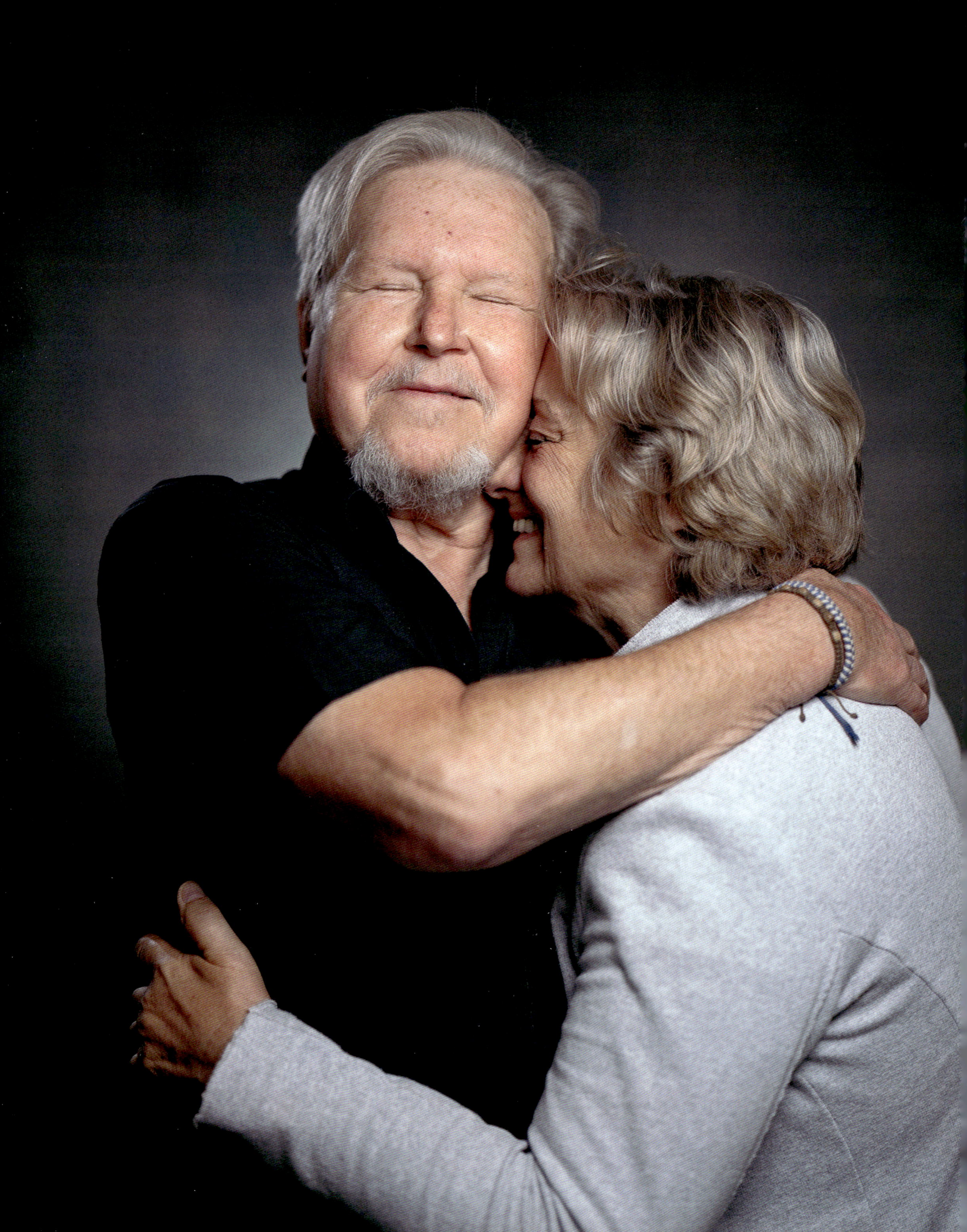

Was Liebe alles schaffen kann, zeigt die Geschichte von Hubert Harbacher und seiner Frau Doris. Der Techniker und die Hebamme sind seit 42 Jahren verheiratet. Als der gebürtige Oberbayer, der heute in Hamburg lebt, an seinem 65. Geburtstag im März 2018 die Diagnose metastasierter Prostatakrebs bekam, brach für ihn eine Welt zusammen. Er war sich sicher, dass er diese Diagnose nicht lange überlebt. „Alle Fixpunkte in meinem Leben waren nur noch Träume, nicht mal mehr eine Hoffnung. Eine Hoffnung hat immer eine Verankerung im Boden, ist etwas, an dem man sich festhalten kann. Für mindestens zwei Jahre hatte ich diesen Halt verloren. Meinen Lebensmut habe ich nur durch die Stärke meiner Frau wiedergefunden. Sie ist immer die Ruhe selbst geblieben, mit der absoluten Überzeugung, dass wir das schaffen."

Nach einem vierwöchigen Asienurlaub Anfang 2018 fühlte sich Hubert Harbacher nicht gut – ohne genau benennen zu können, was ihm fehlte. Er wurde krankgeschrieben, ging dann wieder zur Arbeit. „Mitte Februar habe ich dann plötzlich einen vernichtenden Schmerz im Rücken gespürt. Ich war unfähig, zu arbeiten und bin wieder zum Hausarzt. Der hat Puls und Blutdruck gemessen, mich nicht weiter untersucht und einfach wieder krankgeschrieben." Wochen vergingen, Hubert Harbacher hat Hilfe gesucht, sie nicht so recht gefunden und möglichst normal weitergemacht. Eine andere Ärztin renkte ihn ein, der Hausarzt wusste auch nicht weiter. „Eine Freundin von uns arbeitet beim Neurologen und besorgte mir letztendlich über ihre Ärztin eine Überweisung für ein MRT. Am Donnerstag in der Woche vor meinem Geburtstag klingelte dann das Telefon. Unsere Freundin rief an, mit Tränen in der Stimme und sagte: Hubert, bitte komm vorbei!" Die gesamte Wirbelsäule, der gesamte Rumpf, das knöcherne Skelett von Hubert Harbacher war voller Metastasen. „Da war klar, woher die Rückenschmerzen kamen. Unklar war, wo der Primärkrebs saß. Entweder in der Lunge oder in der Prostata, weil das dafür die typischen Metastasen waren." Der PSA-Wert brachte Klarheit. Ein Wert bis 4 ist normal, Hubert Harbacher hatte 184.

„Den ersten Satz, den mein Urologe sagte, der auch mein Onkologe ist, als er die Ergebnisse sah, den werde ich nie vergessen: Herr Harbacher, Sie haben ihre Lebenserwartung drastisch reduziert. Ich war nie zur Vorsorge, aber da meine Prostata sehr klein geblieben ist, hätte man sie manuell gar nicht als auffällig erkannt."

Alle drei Monate bekommt Hubert Harbacher Trenantone gespritzt und nimmt täglich ein Medikament gegen das Metastasenwachstum. Die Aktivität des Krebses ging innerhalb kürzester Zeit auf Null und so ist es bis heute geblieben. Weil das Testosteron unterdrückt wird, das Hormon, von dem der Krebs sich ernährt. „Heute geht es mir psychisch und körperlich gut. Ich bin aber bei einem Psychiater in Betreuung und nehme einen Stimmungsaufheller, weil es mir sehr lange sehr schlecht ging. An Krebs stirbt man – dieser Gedanke hat mich gequält und ich habe viel an meinen eigenen Tod gedacht. Das ging wirklich tief, ich hatte Depressionen und habe an Selbstmord gedacht. Ich habe einfach nicht zu hoffen gewagt, dass ich damit leben kann."

» Meine Frau ist für mich der Anker und das Leben.

Hubert Harbacher, 71 Jahre, Diagnose: metastasierter Prostatakrebs, unheilbar

Heute ist das anders. Und wie! „Heute fühle ich mich wie ein anderer – und ich fühle mich besser denn je! Ich bin glücklicher, unsere Beziehung ist noch intensiver. Ich erlebe eine andere Art meines Lebens: Das Männlichsein, das Mannsein hat sich geändert, die Libido geht durch die Therapie zurück. Aber das Gefühl der Liebe zu meiner Frau hat sich so verfestigt. Meine Frau ist für mich der Anker und das Leben. Natürlich bedauere ich es manchmal, sexuell nicht aktiv sein zu können. Aber das hat mir die Möglichkeit gegeben, eine ganz neue Gefühlswelt zu erleben, weg vom Körperlichen. Das habe ich früher nicht für möglich gehalten." Auch seine Frau Doris bestätigt: „Der Sex ist nicht mehr da, aber das ist nicht wichtig. Das einzig Wichtige ist, dass er da ist! Außerdem sind wir uns körperlich trotzdem sehr nahe – manchmal muss ich ihn im Bett ein bisschen wegschubsen, dass ich mal Platz habe!" Die zwei lachen – das tun sie die ganze Zeit, zwischen dem Paar ist die Liebe förmlich zu greifen. „Wir erleben so viele Glücksmomente! Dass ich die alle erleben darf!", sagt Hubert Harbacher. „Ach, dieses Glücksgefühl, mit Doris durch die Gegend zu radeln. Manchmal kann ich mich dann vor lauter Glück gar nicht ausdrücken."

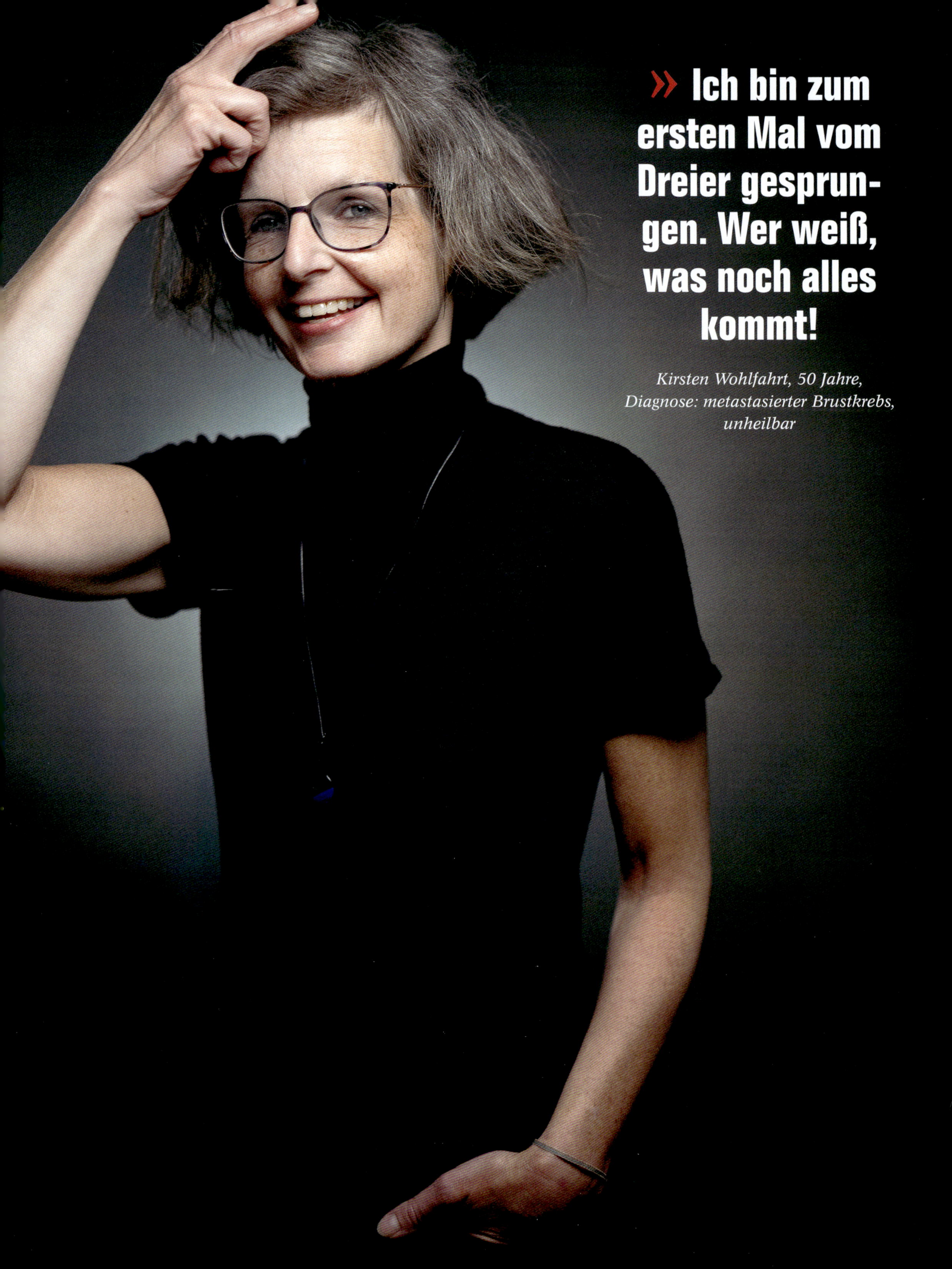

» Ich bin zum ersten Mal vom Dreier gesprungen. Wer weiß, was noch alles kommt!

Kirsten Wohlfahrt, 50 Jahre, Diagnose: metastasierter Brustkrebs, unheilbar

Kirsten Wohlfahrt ging es wie vielen Menschen: Sie hatte immer Angst vor der Diagnose Krebs. „Nicht panisch, aber ich habe immer mal wieder daran gedacht. Ich bin auch schon mal von einem Auto angefahren worden und da denkt oder hofft man ja auch immer, es trifft die anderen." Aber es traf die 50-jährige Hamburgerin, die in der Presse- und Öffentlichkeitsarbeit bei einem IT-Dienstleister für die Stadt und die Verwaltung arbeitet.

Im August 2022 wurde bei der studierten Historikerin ein hormonrezeptor-positiver Tumor in der rechten Brust entdeckt. „Ich war zur Vorsorge bei meiner neuen Frauenärztin und plötzlich sagte sie beim Abtasten ‚Was ist das?'. Dann hat sie mich tasten lassen und dann habe ich den Tumor auch gemerkt, vorher überhaupt nicht. Das Ding ist irgendwie aus mir rausgerutscht, gefühlt über Nacht. Ich bin dann gleich von Krebs ausgegangen, denn ich bin eine Zweckpessimistin und freue mich lieber, als dass ich enttäuscht bin." Es folgte ein Ultraschall bei der Ärztin, die auch gleich weitere Termine vereinbarte und „so wie sie damit umgegangen ist und es kommuniziert hat, war mir klar, dass das nicht pillepalle ist."

Eine Biopsie ergab, dass auch schon ein Lymphknoten in der Achsel befallen war und nach weiteren Untersuchungen war klar, dass der Tumor metastasiert hatte – Kirsten Wohlfahrt hatte kleine Metastasen in der Leber. „Das alles war zu einem Zeitpunkt, als unsere Tochter in die Schule kam und mein damaliger Partner mitten in einem Jobwechsel steckte – also ein echt toller Zeitpunkt." Alles war vage, neu und fordernd.

Eine Humangenetikerin sollte klären, warum Kirsten Wohlfahrt diesen überproportional schnell wachsenden Tumor bekommen hatte. „Denn meine Krebsart ist genauso ein Turbo wie ich. Die Humangenetikerin war toll, hat mir alles ganz genau erklärt und mir auch klar gemacht, dass Krebs ein blöder Programmierfehler ist. Denn natürlich habe ich mich gefragt, warum ich Krebs bekommen habe, ob ich schuld bin. Ich rauche seit 17 Jahren nicht, esse gesund, bewege mich, lebe im Grünen. Sie hat mir gesagt, dass ich mir keine Vorwürfe machen darf und soll. Das hat mich beruhigt."

Da Kirsten Wohlfahrts Tumor gefüttert wurde durch Östrogen, bekam sie eine Antihormontherapie: Einmal im Monat eine Spritze und zwei Sorten Tabletten haben sie „mit Gewalt in die Wechseljahre gebeamt", wie sie sagt. „Das war ein Prozess, der bei mir sicher zu dem Zeitpunkt auch schon angefangen hatte, aber für gewöhnlich ist das ja schleichend. So war das wie eine Bombe, die auf den Körper losgelassen wird. Maximal brutal." Extrem dünnhäutig und fremdgesteuert habe sie sich in der ersten Zeit gefühlt. Ihre Beziehung zerbrach – nicht wegen oder an der Krankheit. Die habe eher als Katalysator gewirkt.

Heute ist Kirsten Wohlfahrt an einem Neustart in ihrem Leben angekommen: Getrennt, umgezogen, kürzlich ist sie 50 geworden – und sie ist viel gelassener. Natürlich auch, weil sie merkt, dass ihre Therapie wirkt. „Mein Krebs ist sehr gut erforscht und behandelbar und im Moment bekommt er durch die Therapie kein Futter. Ich bin nicht krebsfrei, aber Tumor und Metastasen sind weg – und wenn doch mal etwas wiederkommt, dann entwickelt sich ja in der Medizin immer Neues. Das heißt, ich habe gute Chancen, immer länger zu überleben. Und solange integriere ich den Krebs einfach, er gehört zu mir." Auch ihrer Tochter hat sie erklärt, was sie hat. „Ich wollte nicht, dass sie das Thema Krebs irgendwo aufschnappt. Für sie ist das jetzt nicht so ein großes Thema, wahrscheinlich auch, weil es bei mir nicht so sichtbar ist. Aber für mich als Mutter ist es natürlich ein Thema – ich möchte mein Kind ja aufwachsen sehen, will sie in der Pubertät erleben, in ihren Zwanzigern. Das ist schon schwer. Gleichzeitig bin ich dankbar, dass ich krank bin und nicht sie. Vieles relativiere ich mit diesem Gedanken." Ansonsten macht sie viel Yoga und geht Reiten, um runterzukommen. Reiten ist ihr „absolutes Glück", es macht sie frei. Auch von der Angst, die sie manchmal hat. „Ich möchte so gern angstfrei sein, aber das ist schwer mit der Krankheit, weil ich viel in den Händen anderer bin. Und ich bin doch so ein Kontrolletti! Aber ich kriege das hin, denn auch, wenn der Krebs fies und bescheuert ist, hat er es doch geschafft, dass ich ein Gefühl dafür bekomme, mich mehr um mich selbst zu kümmern und netter zu mir selbst zu sein. Gerade habe ich mir mein allererstes Auto gekauft und neulich bin ich zum ersten Mal im Schwimmbad vom Dreier gesprungen! Wer weiß, was noch alles so kommt!"

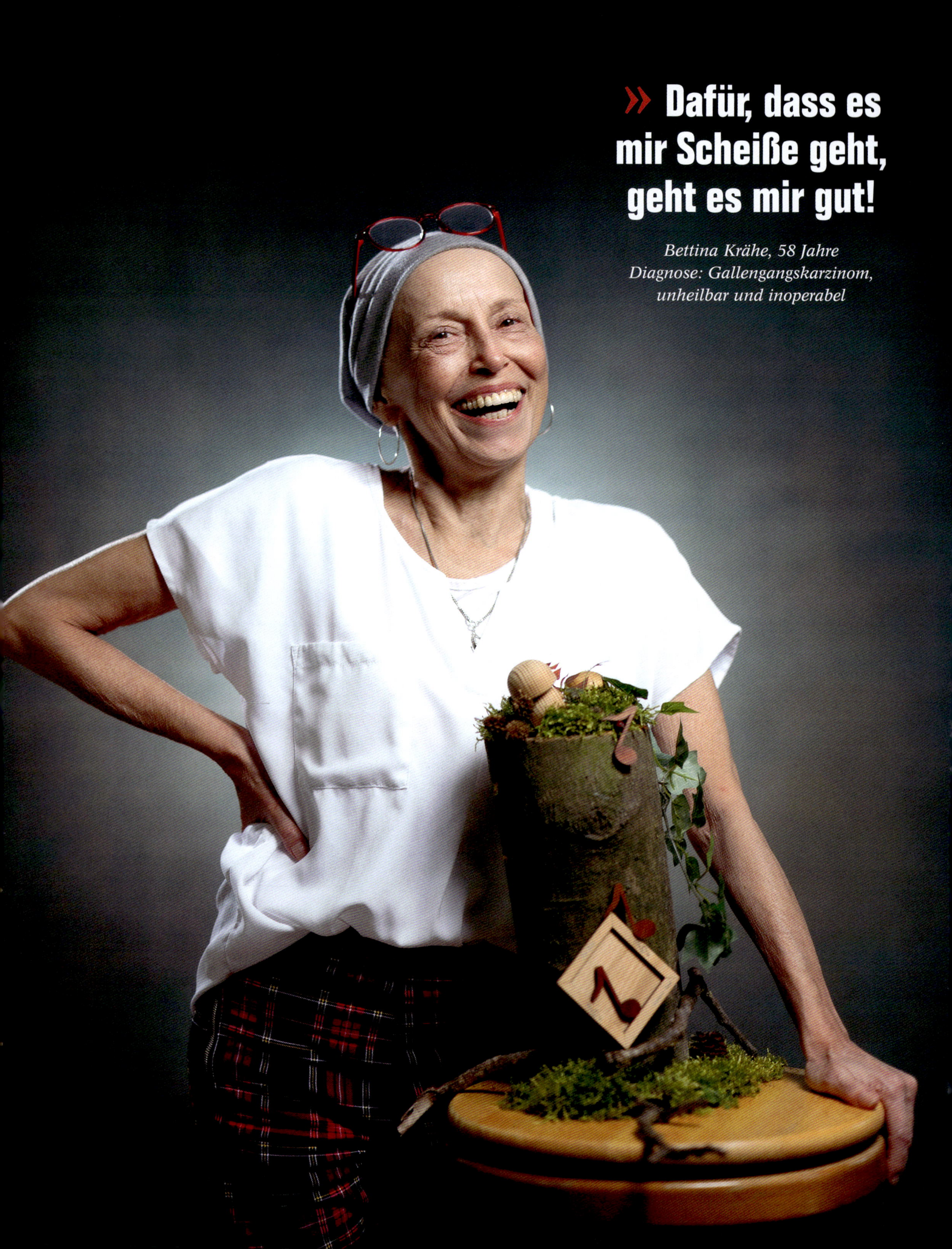

» Dafür, dass es mir Scheiße geht, geht es mir gut!

Bettina Krähe, 58 Jahre
Diagnose: Gallengangskarzinom, unheilbar und inoperabel

Ursula trug einen türkisfarbenen Rock mit einer rosa Bommelborte und dazu braune Pumps. Sie fiel in einen großen Schlund und strampelte mit den Beinen. Ursula erschien Bettina Krähe beim Reiki. „Wie Ursula in meinen Kopf gekommen war, weiß ich nicht." Ursula, das ist der Krebs, der seit der Diagnose im August 2022 ein Teil von Bettina Krähes Leben ist. „Wir beide haben eine WG aufgemacht", sagt „Betti", wie Freunde und Familie die 58-jährige Jüterbogerin nennen. „Ich hab dann zu Ursula gesagt: Gut, wenn es so schön bei mir ist, dann darfst du bleiben, aber bitte geh mir nicht auf den Keks."

Ursula hat sich eingeschlichen in das Leben von Bettina Krähe, mit kleinen Hinweisen hat sie sich angekündigt und dennoch traf die Diagnose sie wie aus heiterem Himmel. Ende 2021, Anfang 2022 haben sie familiäre, sorgenvolle Monate gehabt, die sind der Mutter einer erwachsenen Tochter auf den Magen geschlagen. „Ich habe viel abgenommen, im März 2022 hatte ich Magengeschwüre, die dann behandelt wurden, soweit war dann alles okay." Doch sie verlor weiter an Gewicht und das Luftholen fiel ihr schwerer. So richtig klar war nicht, was ihr fehlte, vielleicht Corona?

Nach einigen genaueren Untersuchungen war dann klar: Kein Corona. Ursula. Genauer: Ein Gallengangskarzinom. „Ich saß auf dem Kudamm beim Arzt, schaute auf das CT und sah selbst als Laie: Nee, das ist nicht schön", sagt Bettina Krähe. Der Arzt sprach nicht aus, dass es Krebs sei, was sie gefunden hatten. Aber er hob seine Hand, ballte sie zu einer Faust, boxte gegen die ebenfalls erhobene Faust der Patientin und sagte: „Ich wünsche Ihnen alles Glück dieser Welt." Da wusste Bettina Krähe: „Jetzt wird es böse!" Von dort aus ging es direkt mit dem Taxi in die Charité, am nächsten Tag starteten die Untersuchungen: Magenspiegelung, Biopsie. Sechs Tage Krankenhaus. Dann ging es wieder nach Hause nach Jüterbog, wo Bettina Krähe mit ihrem Mann die kleine Pension „Damm 119" betreibt. Und dann kam der Freitag – „der Freitag des Jahrhunderts", sagt Bettina Krähe mit ihren leuchtenden Augen. Sie wirkt quirlig, fröhlich. Und auch, wenn sie immer wieder mit den Tränen kämpft, während sie erzählt und die Erinnerung an jene Momente nicht leicht ist, schwingt immer etwas Positives in ihrer Stimme mit. Der „Freitag des Jahrhunderts" bringt den Anruf aus der Charité: „Der Arzt bat mich zum Patientengespräch am nächsten Dienstag. Er wollte nichts sagen, es sei nicht so schön", sagt Bettina Krähe. „Na, kommen Sie, habe ich ihm gesagt, ich bin auf das Schlimmste vorbereitet." Aber kann man das sein? Auf Sätze wie „Inoperabel und unheilbar", „Anderthalb Jahre noch, vier Jahre sind utopisch"? Bettina Krähe hatte ihre Schwester bei sich und ihren Mann. Sie haben gemeinsam geweint. Am nächsten Tag hat auch die Tochter es erfahren, zusammen fuhren sie am nächsten Dienstag nach Berlin. „Das war gut so, denn eigentlich hat man nur Watte im Kopf. Man fragt nichts, man sagt nichts, man nickt einfach nur ab, was einem da erzählt wird", sagt Bettina Krähe. „Aber die Familie ist wach und die stellt dann die Fragen." Die Antworten haben sich leider nicht geändert.

Seitdem ist viel passiert: 32 Chemos hat Bettina Krähe hinter sich, im Dezember 2023 die letzte. Für ihren Tod hat die Jüterbogerin genaue Vorstellungen, sogar ihre Urne ist fast fertig: Sie entsteht aus einem Baumstamm aus dem Wald an ihrem Grundstück. „Darüber, wie meine Urne aussehen soll, habe ich mit meiner Tochter geredet, nicht mit meinem Mann. Er kann das einfach nicht", sagt Bettina Krähe. Sie erzählt, wie sie beide manchmal – „obwohl wir beide keinen großen Kuschler sind" – Sonntagmorgens zusammen im Bett liegen, sich aneinander festhalten, nach draußen ins Grüne schauen und weinen. „Aber Weinen ist gut", sagt sie, atmet einmal laut aus und lacht schon wieder. Zum Sterben würde sie wohl in ein Hospiz gehen, sagt sie. „Dort kann mein Mann dann neben mir liegen und mir die Hand halten – wenn er das schafft. Er meinte, ich kann auch zu Hause bleiben, aber dann wäre für ihn vielleicht das Wohnzimmer irgendwann nur noch das Zimmer, in dem Betti gestorben ist. Ich weiß nicht, ob Du das aushältst, habe ich zu ihm gesagt."

Bettina Krähe hat keine Angst vorm Sterben. Nachzuholen braucht sie nichts, sagt sie – nur, bei ein paar Dingen, die noch kommen, da wäre sie gern dabei: „Ich will meine Enkelkinder kennenlernen und erleben, wie meine Tochter heiratet. Aber ich habe eben ein neues Mindesthaltbarkeitsdatum bekommen", sagt sie und lacht wieder. Jammern bringe doch niemandem etwas. Und selbst über die Momente, in denen es ihr schlecht ging, sagt sie: „Es war Scheiße, aber ich war da!"

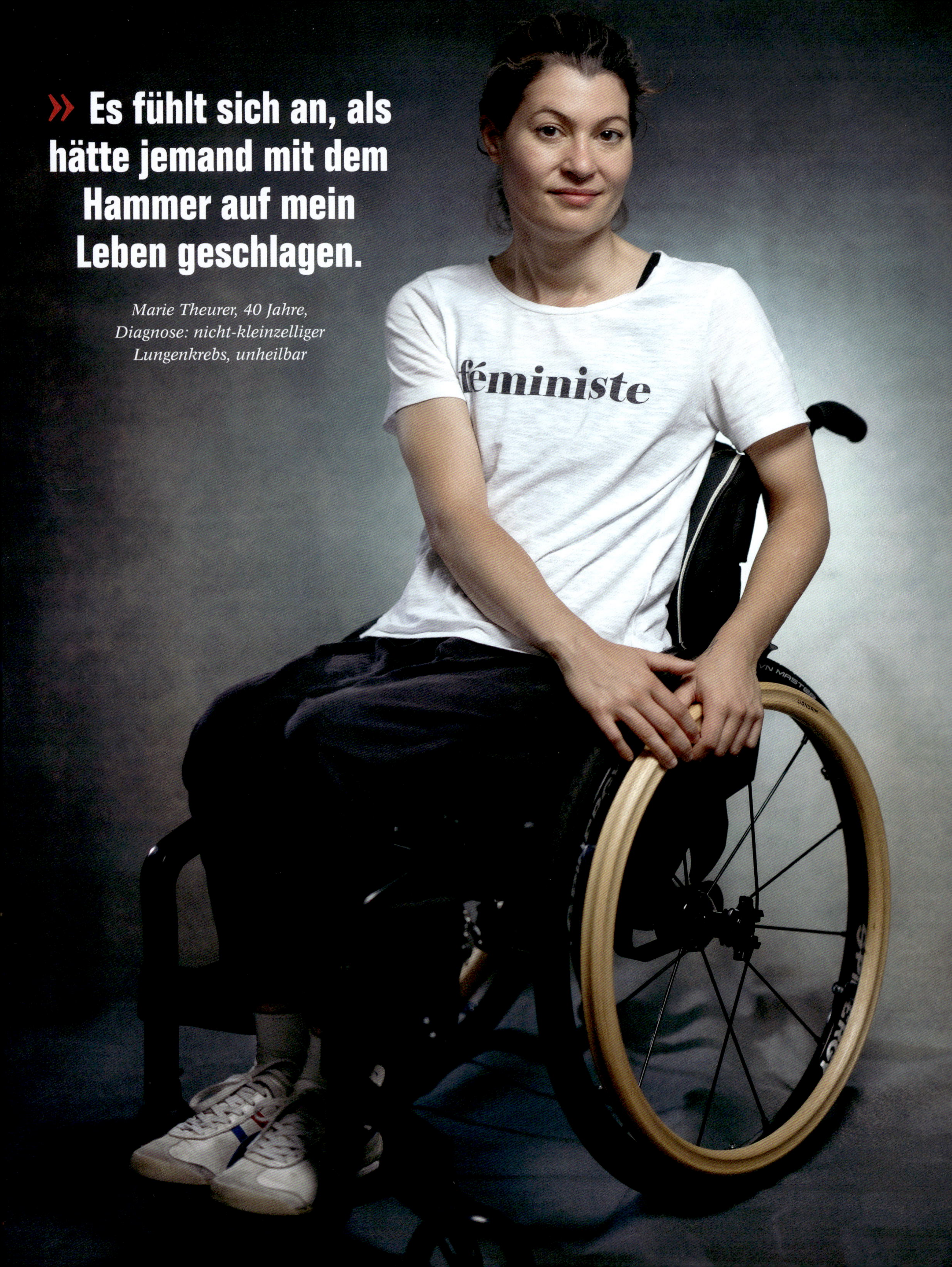

» Es fühlt sich an, als hätte jemand mit dem Hammer auf mein Leben geschlagen.

Marie Theurer, 40 Jahre, Diagnose: nicht-kleinzelliger Lungenkrebs, unheilbar

Das, was Marie Theurer widerfahren ist, nennt sie selbst den „Sechser im Pech-Lotto." Die studierte Literaturwissenschaftlerin und Yoga-Lehrerin aus Berlin hat Lungenkrebs. Doch bis zu dieser Diagnose ist vieles schief gegangen, bis hin zu einem Fehlbefund im MRT. Heute sitzt Marie Theurer querschnittgelähmt im Rollstuhl. Und kämpft hart darum und mit sich, in diesem Leben bestehen zu können. Und es auch zu wollen. „Das wo ich hinkommen kann, das ist nur noch ein Kompromiss aus diesen Scherben, die da sind. Es fühlt sich an, als hätte jemand mit dem Hammer auf mein Leben geschlagen."

Im Sommer 2022 hatte die sportliche junge Frau starke Rückenschmerzen. Es war Corona, Marie Theurer hatte eine schmerzhafte Trennung hinter sich und früher schon mit Depressionen zu kämpfen. Schnell wurden psychosomatische Diagnosen gestellt. Bewegung und Geduld – das wird wieder. „Ich bekam Physio, ging zu vielen Orthopäden und bekam letztlich ein MRT – das sehr schicksalhaft war, denn dabei wurde eine Veränderung in der Lunge übersehen. Ich bekam also einen unauffälligen Befund. „Diesen Befund hatte ich ab da natürlich bei allen Arztbesuchen dabei, und so wurde nicht mehr nach der Ursache der Schmerzen gesucht, so sehr ich auch rüttelte. Denn da stand ja bereits schwarz auf weiß, dass organisch alles in Ordnung sei."

Zehn Monate und etliche vergebliche Arztbesuche später, im Juni 2023, humpelte Marie Theurer in die Notaufnahme. Die Diagnose: Rückenmarkstumor, Not-OP. Zu dem Schock die Erleichterung über eine Erklärung für die Schmerzen. Die OP war lang und kompliziert, die Risiken weitreichend. Schon damals stellte Marie Theurer sich die Frage: „Würde ich aufwachen wollen, wenn ich querschnittgelähmt wäre?" Die OP verlief gut. Aber dann war klar: Der Rückenmarkstumor war eine Metastase, der Primarius saß in der Lunge. „Aber ich hatte nie so Angst vor dem Krebs. Ich war einfach unglaublich froh, dass ich laufen konnte. Ich hatte nur leichte Lähmungserscheinungen, brauchte einen Rollator, war aber einfach happy, als ich nach Hause kam." Erst einmal durchatmen und die Entscheidungen der Tumor-Konferenz für die weitere Krebs-Therapie abwarten. Nach einem schönen Wochenende, das Marie Theurer mit Familie und Freunden genoss, bekam sie in der Nacht zu Montag Schmerzen. Und auch die Lähmungserscheinungen verstärkten sich. Es ging also wieder in die Notaufnahme – wieder eine Not-OP. Der Tumor war stark gewachsen, lag nun um und im Rückenmark. Als Marie Theurer aus der Narkose erwachte, war sie ab oberhalb der Brust gelähmt. „Von da an ist der Krebs für mich total in den Hintergrund getreten, dazu ist eine Lähmung viel zu dominant. Von dem Krebs hatte ich schnell ein Bild: Ein eingerolltes Gürteltier, das da in meiner Lunge liegt und ich dachte, ich schaffe das schon, mich mit dem anzufreunden. Ich hatte keine Angst vor dem Krebs, ich war lebensmutig." Und tatsächlich: Es stellte sich heraus, dass Marie Theurer eine seltene Krebsmutation hat, die gut auf zielgerichtete Therapie anspricht und den Betroffenen einige Jahre an Lebensprognose schenkt. Doch die Lähmung raubte ihr schnell jede Zuversicht, Freude und Hoffnung. „Den eigenen Körper zu sehen, aber nicht zu spüren, ist erschütternd. Für mich ist das ein fieser, ironischer Plot, den das Universum sich ausgedacht hat: Wenn wir ihr das wegnehmen, woran sie sich immer am meisten festgehalten hat – lass mal gucken, was dann passiert." Yoga war ihr Lebensinhalt, das Einfühlen und Arbeiten mit dem eigenen Körper gab ihr Stabilität. „Die Lähmung hat mir den Boden weggerissen und das ist auch immer noch so. Ich weiß, es gibt Menschen, die können damit ein glückliches Leben führen. Und ich weiß, viele Krebserkrankte wären dankbar über meine Form von Medikation und Aussichten. Aber ich bin nicht okay damit, dass ich die Jahre, die ich dadurch geschenkt bekommen habe, so verbringen muss. Für mich ist das der Worst-Case-Albtraum." Jeder Tag ein Spagat zwischen der Stimme in ihrem Kopf, die aufhören will und der Stimme, die weitermachen möchte. „Was auch mit meiner Familie abgesprochen ist, ist zu schauen, was ich noch aufbauen kann, um möglichst viele schöne Momente zu haben. Aber wie lange das dann alles geht, das ist meine eigene Entscheidung."

» Die KI wird es uns ermöglichen, digitale Zwillinge von Patient*innen zu erschaffen.

Prof. Dr. Martin Glas,
49 Jahre, Leiter der Abteilung Klinische Neuroonkologie an der Universitätsklinik Essen und Hirntumorexperte

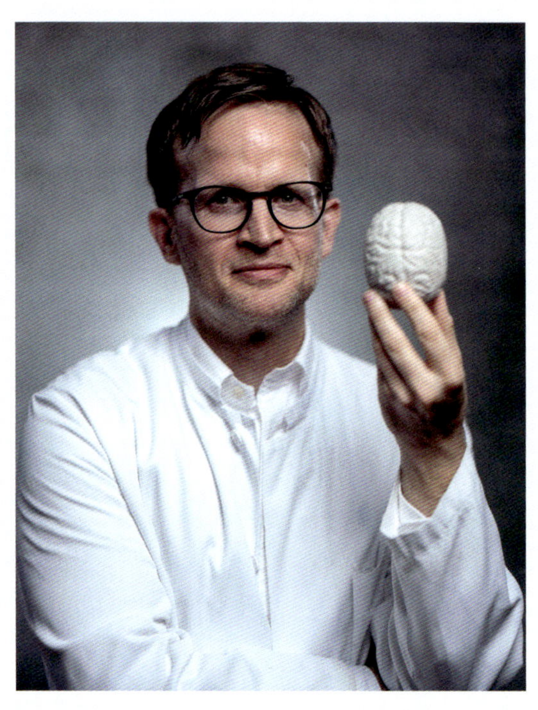

Nach seinem Abitur hat Professor Martin Glas zunächst eine Wirtschafts-Ausbildung in seiner Heimat, der Pfalz, bei der BASF AG in Ludwigshafen am Rhein gemacht. Schon ziemlich früh merkte er aber, dass die reine Wirtschaftswelt nicht seine Bestimmung war. Sein Buchpreis, den die besten Absolventen am Ende der Ausbildung überreicht bekamen, war dann quasi schon wegweisend: „Physik für Mediziner". Er studierte in Mainz Medizin und entschied sich für die Neurologie mit Spezialisierung auf Hirntumore. Denn: „Das Gehirn als zentrale Schaltstelle ist unglaublich spannend, ein faszinierendes Organ", sagt Professor Martin Glas. Nach Stationen in München, Regensburg und Bonn ist er seit 2017 an der Universitätsklinik in Essen, wo unter seiner Führung das Angebot für Hirntumorpatienten deutlich ausgebaut wurde. 2025 wird er sich als Chefarzt der Klinik für Neurologie und Neuroonkologie im St. Marienhospital Lünen einer neuen Aufgabe stellen.

Professor Glas, wie hat sich Ihre Arbeit zum Beispiel durch das Tumorboard, also die Tumorkonferenz, die zur Behandlungsplanung von Patienten mit einer Krebserkrankung einberufen wird, verändert?

Dass wir interdisziplinär auf Augenhöhe einen Patienten besprechen und nicht einer alles allein macht, das ist meiner Meinung nach eine positive Entwicklung. Allerdings ist das auch noch nicht in allen Kliniken auf ein und demselben Stand. Diese Tumorboards sind in meinem Feld unglaublich viel komplizierter geworden – und ich sage: Gott sei Dank! Denn wir haben über die Jahre hinweg eine immer komplizierter werdende Diagnostik mit neuer und komplexer Hirntumor-Klassifikation und vielen hoch modernen Analysemöglichkeiten. Während wir früher, noch vor meiner Zeit, nur eine Computertomographie vom Kopf hatten, gibt es heute verschiedene MRT-Techniken und andere bildgebende Optionen, wie die Positronen-Emissions-Tomographie (PET), bis hin zu Digitalisierungsmöglichkeiten und dem Einsatz von KI. Oder alles zusammen. Dies erfordert viel mehr Spezialwissen. Das macht die Arbeit auf der einen Seite komplizierter und komplexer, eröffnet auf der anderen Seite aber auch Möglichkeiten. Gerade auch in der Hirntumortherapie sehen wir daher tolle Fortschritte in den einzelnen Fachbereichen: immer modernere und sicherere Operations- und Bestrahlungstechniken, präzise und personalisierte Medikamententherapie sowie innovative Ansätze wie den Einsatz von elektrischen Wechselfeldern. Wir stellen diese Diagnosen ja auch nicht mehr wie früher, wo lediglich mikroskopiert wurde und der Pathologe oder die Pathologin dann gesagt hat, der Tumor heißt jetzt xy, sondern wir machen Genanalysen, die dann auch immens relevant für die Planung der Therapie sind. Das heißt, das Wissen, das man braucht, um im Tumorboard Entscheidungen zu treffen, ist unglaublich viel größer geworden.

Hat sich durch dieses neue Wissen die Überlebenschance bei einem Hirntumor verbessert?
Nehmen wir mal den bösartigsten Hirntumor, das Glioblastom. Das ist eine der bösartigsten Krebserkrankungen, die wir bei Erwachsenen kennen. Die Zwei-Jahres-Überlebensrate hat sich hier in den letzten knapp 20 Jahren versiebenfacht – unter Berücksichtigung modernerer Therapieformen und unter Berücksichtigung genetischer Marker, die man in der Zeit davor nicht kannte oder nicht berücksichtigt hatte. Das ist natürlich ein Sprung, wenn man diese Entwicklung sieht, die Zahlen zeigen aber auch, dass wir noch lange nicht gut sind – weil diese Erkrankung letztendlich nicht heilbar ist.

Warum bedeutet dieselbe Diagnose nicht auch zwangsläufig dieselbe Prognose?
Wir müssen verstehen, was jeden Tumor und jede*n Patient*in so individuell macht. Diese Unterschiedlichkeit, diese Heterogenität, von Tumor zu Tumor, auch wenn dieser gleich heißt, ist in meinem Feld ein großes Thema. Wenn man sich einen Tumor genauer anschaut, dann hat man diese Heterogenität ja auch auf mikroskopischer und genetischer Ebene. Und um das noch komplizierter zu machen, kann sich dieser Tumor während der Therapie und über die Zeit ändern. Und das macht es unglaublich schwer, eine einheitliche Lösung zu finden. Und deswegen sehen wir auch so unterschiedliche Verläufe bei ein und derselben Diagnose: Da schafft der eine vielleicht acht Jahre und der andere nur acht Monate. Dieses Problem zu knacken, wird ein großes Thema sein.

Wie gut kennt die Medizin das Gehirn heute?
Beim Gehirn ist man ganz weit davon entfernt, es in seiner Komplexität zu verstehen. Es hat durch seine Milliarden von Nervenzellen und ein Vielfaches von Kontakt- und Kommunikationspunkten Fähigkeiten und eine Komplexität, die wir mittels Computer so nicht nachahmen können. Man weiß natürlich, welche Region im Gehirn für welche Bereiche im Körper zuständig ist und welche Folgen Schädigungen der verschiedenen Hirnstrukturen für den Patienten haben – aber wir machen ständig neue Entdeckungen. Bei den Hirntumoren haben wir zum Beispiel erst vor wenigen Jahren festgestellt, dass die Tumorzellen Netzwerke mit Nervenzellen eingehen und kommunizieren und es dadurch dann auch schaffen, sich zu verbreiten und zu überleben. Jetzt ist einer der neueren experimentellen Ansätze in klinischen Studien deswegen auch, dieses Netzwerk zu zerstören und in den nächsten Jahren so neue Therapien zu entwickeln.

Wie könnte sich die Künstliche Intelligenz (KI) in Zukunft auf die Fortschritte in Behandlung und Forschung auswirken?
Die KI spielt ja bereits heute eine Rolle, beziehungsweise sie wird zeitnah eine Rolle spielen: Bei der Diagnostik hilft KI zum Beispiel, denn die Millionen von Informationen, die sich in einer MRT verbergen, können mit bloßem Auge gar nicht mehr erkannt werden. Und gerade die molekulare und zielgerichtete Therapie ist mittlerweile so komplex, wenn tausende von Genen oder mehr analysiert werden. Früher dachte man naiv: Da ist eine Genveränderung und an dieser Veränderung hängt eine ganze Kaskade von assoziierten Faktoren und Stoffwechselwegen – und jetzt blockieren wir den Weg und dann haben wir den Krebs hoffentlich bekämpft. Leider hat man dann aber ganz schnell erkennen müssen, dass das so einfach häufig nicht funktionierte, weil zum Beispiel eine Kaskade mit einer Nachbarkaskade interagiert und so vielleicht die Blockade umgehen kann. Diese Wechselwirkungen sind schwer umfassend vorauszusagen und können möglicherweise nur mit Unterstützung von künstlicher Intelligenz und Rechnerkraft erfasst werden. Wir nutzen das im Moment experimentell, um diagnostische Therapieverläufe vorauszusagen und zu erkennen, welcher Patient eher auf eine Substanz anspricht als ein anderer. Künftig wird KI nicht nur genomische und bildgebende Daten verarbeiten, sondern auch Informationen aus Bereichen wie Umweltfaktoren, Lebensstil und sogar sozioökonomischen Einflüssen miteinander verknüpfen. Dies könnte uns helfen, die Entstehung und den Verlauf von Krankheiten in einem viel breiteren Kontext zu verstehen. Ein weiteres Potenzial liegt in der virtuellen oder „in silico"-Forschung. KI wird es ermöglichen, digitale Zwillinge von Patient*innen zu erschaffen – virtuelle Modelle, die auf individuellen biologischen Daten basieren. Diese digitalen Zwillinge könnten dann genutzt werden, um in Simulationen verschiedene Therapieoptionen zu testen, bevor sie am Patienten selbst angewendet werden. So ließen sich Risiken minimieren und die Effektivität der Therapieansätze maximieren, ohne den Patienten realen Gefahren auszusetzen. KI wird die Art und Weise, wie wir Forschung betreiben und Patient*innen behandeln, tiefgreifend verändern – über das hinaus, was wir heute als machbar ansehen.

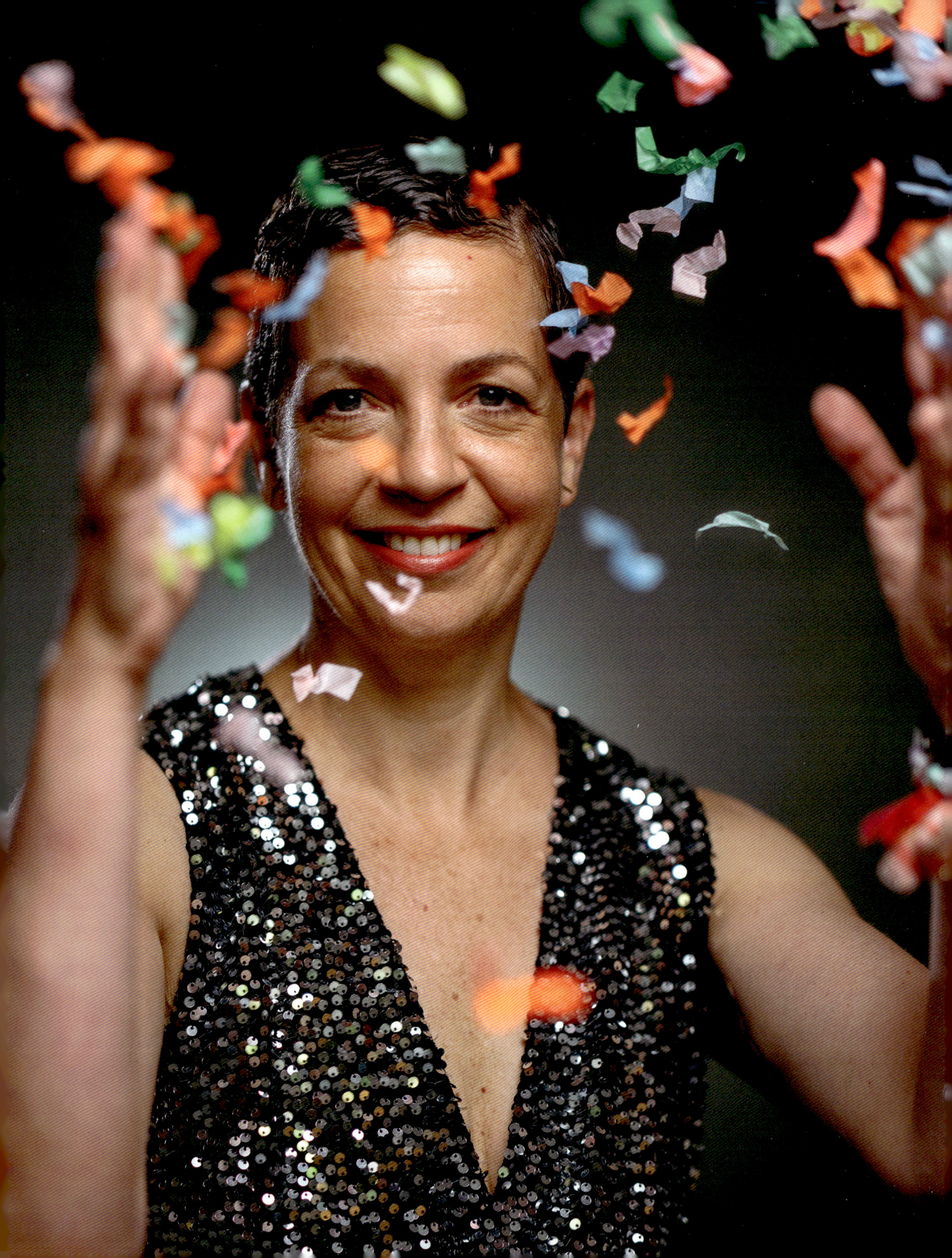

Es war ein Samstag im August 2017. Unter der Dusche spürte Alexandra von Korff, die für dieses Wochenende in London war, den Knoten in ihrer Brust. Sicher hatte der was damit zu tun, dass sie gerade ihr zweites Kind abgestillt hatte. Oder vielleicht eine Zyste. Zurück in Köln saß die studierte Tourismusmanagerin am Montag mit Freunden beim Frühstück. „Da fiel mir der Knoten wieder ein und ich rief bei meiner Frauenärztin an. Dort wurde mir gesagt, ich solle gleich vorbeikommen. Ich sagte, ich komme am Donnerstag." Als die Zweifachmama, deren Kinder damals ein und zwei Jahre alt waren, aufgelegt hatte, entschied sie sich aber um und ging doch noch am selben Tag zu ihrer Ärztin. Zum Glück. Die Diagnose: triple-negatives Mammakarzinom, schnell wachsend und sehr aggressiv. „Zwischen Verdacht und Diagnose war für mich die schlimmste Zeit. Oft habe ich geweint, wenn ich den Kindern abends vorgelesen habe. Aber mit der Diagnose kam der Fahrplan – die Ärztin hat mich super aufgeklärt, mir meinen Weg aufgezeigt und dadurch bin ich wie bei der Arbeit in einen Projektmodus gefallen. Darauf und auf die guten Heilungschancen habe ich mich voll konzentriert."

» Für viele ist man nur noch Patientin. Aber es findet ja auch ganz viel Leben statt, ganz viel Alltag – und ich bin immer noch Alexandra!

Alexandra von Korff, 50 Jahre, Diagnose: Brustkrebs

Ihr Partner – der Vater ihrer Kinder – und Alexandra von Korff trennten sich fast direkt nach der Diagnose, vier Jahre blieben sie aber als Elternpaar noch zusammen wohnen. Eine Woche nach der Diagnose folgte die OP, am Tag davor wurde noch ein zweiter Tumor gefunden. Eine weitere Woche später startete die erste von 16 Chemos. „Nach den Chemos und vor der anstehenden zweiten OP bin ich für zwei Wochen nach Bali geflogen. Ich wollte Yoga machen, meditieren, meinen Körper reinigen und Wellenreiten." Alexandra von Korff lacht. „Das war absurd. Ich mit meinem Cortinsongesicht, keine Haare auf dem Kopf und dick Sunblocker überall – ich bin zwei Mal rauf auf das Brett, dann konnte ich nicht mehr und musste aufhören. Dafür habe ich die ganze Zeit geheult, beim Yoga und Meditieren kam alles raus, das war wunderschön."

Leider waren auch nach der zweiten OP noch immer aktive Krebszellen nachweisbar, es folgten Bestrahlung, Tabletten-Chemo und Reha. Zur Vermeidung von Metastasen und zur Stärkung der Knochen – sie hatte eine Osteopenie bekommen – nahm sie Antikörper. Zwei Jahre lang, dann noch ein Jahr Bisphosphonate, ebenfalls gegen die Vorstufe der Osteoporose, und im Mai 2023 war dann endlich alles geschafft. Ein paar neue Lebensbegleiter sind ihr allerdings geblieben: Vor allem Fatigue gehört für sie nun zum Alltag dazu. „Ich bin einfach immer müde und erschöpft. Auch gedanklich erschöpft."

Richtig schonen konnte sich Alexandra von Korff direkt nach der Therapie auch nicht. „Direkt nach der Reha habe ich eine stufenweise Wiedereingliederung gemacht, weil ich die maximale Anzahl an Krankheitstagen erreicht hatte. Leider wollte die ARGE das Übergangsgeld, das mir bis zum Ende der Wiedereingliederung zustand, nicht zahlen. Also habe ich meiner Firma gesagt, dass ich wieder fit bin – was nicht stimmte." Damals arbeitete sie als strategische Beraterin bei einem britischen Geschäftsreiseanbieter mit Sitz in Köln. „Dann konnte ich irgendwann nicht mehr. Ich ging in unbezahlte Elternzeit, arbeitete ein bisschen freiberuflich im Krebsthema, auch bei yeswecan!cer. Ich wollte ein Jahr schauen, ob das finanziell so reicht, denn in dieser Arbeit sah ich einen Sinn." Als sie einen Vertrag bei yeswecan!cer bekam und dort Teil der Geschäftsführung wurde, kündigte sie ihren alten Job. Eine Überlastung und ungeklärte innere Blutungen zwangen sie aber auch dort, erneut kürzer zu treten. „Die inneren Blutungen haben mir Angst gemacht. Das Vertrauen in meinen Körper danach wiederzubekommen, war für mich fast schwieriger als nach der Krebsdiagnose, weil es einfach keine Erklärung gab." Heute arbeitet Alexandra von Korff bei art tempi, einer Agentur für Gesundheitskommunikation, im Bereich patients today. „Wir vermitteln neueste klinische Studienergebnisse in leicht verständlichen Videos." Alexandra von Korff hat die Diagnose viel Neues gebracht: Eine neue Partnerschaft, einen neuen Job und eine neue Achtsamkeit für ihren Körper. „Viele haben Angst vor der Nachsorge, ich freue mich immer darauf, denn es beruhigt mich, wenn jemand nachschaut und nichts gefunden wird. Trotzdem bist du ab dem Zeitpunkt einer Krebsdiagnose für viele nur noch Patientin. Aber es findet ja auch ganz viel Leben statt, ganz viel Alltag – und ich bin immer noch Alexandra."

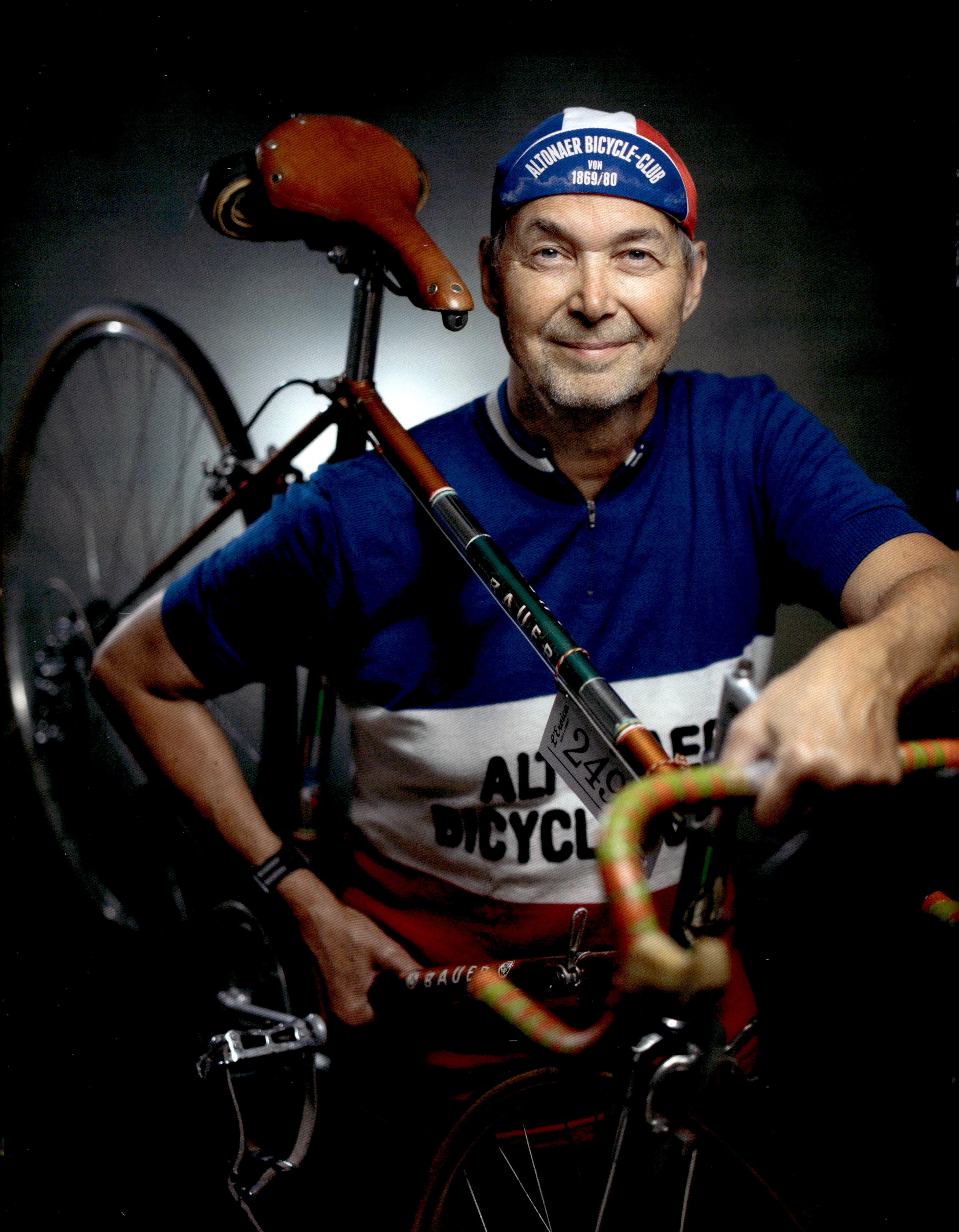
ALTONAER BICYCLE-CLUB
VON
1869/80
BAUER

Genauso, wie er sein Fahrrad lässig über die Schulter schmeißt, packt er sein Leben an. Und strotzt dabei aus jeder Pore vor Optimismus. Rainer Janz bekam Ende November 2014 – da war er Anfang 50 – die Diagnose Prostatakrebs. Eine sehr aggressive Form, Kategorie 9 und 10. Schlimmer geht es eigentlich nicht. Am 23. Dezember wurde er operiert, „ich habe quasi zu Weihnachten ein neues Leben bekommen“, sagt der heute 64-jährige Detmolder, der seit 50 Jahren in Hamburg lebt.

Es folgten 36 Bestrahlungen, gegen eine Chemo entschied er sich gemeinsam mit seinem Urologen. „Wir haben stattdessen damals eine eher ungewöhnliche Therapie gemacht, mit einem Rezeptorenblocker, der die Krebszellen blind macht gegen Testosteron, wovon der Prostatakrebs sich ja ernährt.“ Bis zum Mai 2017 ging alles gut – dann fing der PSA-Wert, das prostataspezifische Antigen, wieder an zu steigen. „Ich bin nach Berlin für ein PET/CT, um Testosteronansammlungen im Körper zu messen. Da stellte sich heraus, dass ich Metastasen habe – drei Knochen- und drei Lymphknotenmetastasen. Der Krebs war also leider systemisch geworden, seitdem gelte ich als Palliativpatient. Werde nur noch lebensverlängernd behandelt, nicht mehr lebenserhaltend“, sagt Rainer Janz. Er begann eine neue Medikamententherapie, deren durchschnittliche Wirkdauer zwei bis vier Jahre beträgt. „Ich bin jetzt im siebten Jahr. Mein Urologe sagt, ich bin ein kleines Wunder.“

Ein Wunder, das für Rainer Janz auch an einer Kombination aus klassischer Schulmedizin, anthroposophischer Medizin und homöopathischer Unterstützung liegt. „Ich nutze einige nicht-schulmedizinische Unterstützungsmaßnahmen, spritze mir Mistelextrakt, und habe eine wirklich sehr gute Alternativärztin, die eigentlich Schulmedizinerin ist. Dazu bin ich seit über 30 Jahren bei einer Heilpraktikerin. Sie hatte Anfang November 2014 eine Irisdiagnose gemacht und danach gesagt: Geh bitte dringend zum Urologen, da sieht etwas nicht gut aus.“ Zusätzlich nimmt der Groß- und Außenhandelskaufmann, der seit 40 Jahren mit seiner Frau Anke verheiratet ist, jeden Morgen „eine Hand voll Nahrungsergänzungsmittel. Dann habe ich eigentlich schon gefrühstückt“, sagt Rainer Janz und lacht. Natürlich tut er das. Es geht ihm ja auch gut. „Das alles führt dazu, dass ich eine recht gute Grundkonstitution habe, mich sehr wohl fühle und fast alles machen kann, was ich früher auch gemacht habe. Ja, ich habe leichten Muskelabbau, meine Konstitution ist schlechter und ich habe eine rasante Menopause mit allen Höhen und Tiefen durchgemacht. Aber die damals ausgesprochene Prognose von etwa fünf Jahren habe ich schon deutlich überschritten und es gibt noch keine Signale, dass es schlechter werden würde. Alle drei Monate gehe ich zum Check und mein PSA-Wert ist unterhalb der Wahrnehmungsgrenze.“

» Optimisten und Pessimisten haben beide die gleichen Probleme – aber der Optimist hat mehr Spaß dabei!

Rainer Janz, 64 Jahre,
Diagnose: metastasierter Prostatakrebs,
unheilbar

Nach der Operation hat Rainer Janz noch sieben Jahre weitergearbeitet. Erst im Oktober 2021 ist er in Rente gegangen. „Ich bin von meinem Chef und dem gesamten Team super aufgefangen worden. Ich habe aber auch für mich etwas verändert und das meinem Chef auch ganz deutlich gesagt: Insgesamt habe ich mich entstresst und mich seitdem privat nicht mehr mit Sachen oder Menschen abgegeben, auf die ich keinen Bock hatte.“ Das hat er hinbekommen. Der begeisterte Radsportler, eine Leidenschaft, zu der ihn sein Sohn brachte, legte sich 2019 ein Wohnmobil zu. „Seitdem reisen meine Frau und ich ohne Ende.“ Und auch das Fahrradfahren kommt nicht zu kurz: Im Keller hat Rainer Janz so einige Schätze stehen, schraubt und restauriert Räder. Und fährt natürlich. „Zehnmal bin ich die Cyclassics in Hamburg, dreimal den Velothon in Berlin gefahren – das schaffe ich heute in der Form leider nicht mehr. Aber in der Toskana bin ich 2021 und 2022 die Strade Bianche, das Eintagesrennen auf den weißen Schotterwegen durch die Weinberge gefahren. Jeweils die 50-Kilometer-Runde mit 700 Höhenmetern.“ Nicht nur der Optimismus, auch die Begeisterung sprudelt bei Rainer Janz bei diesen Erinnerungen aus jeder Pore. Er plant schon jetzt die nächsten Teilnahmen an Radrennen. „Ich bin eben ein Optimist. Denn Optimisten und Pessimisten haben doch beide die gleichen Probleme – aber der Optimist hat einfach mehr Spaß dabei!“

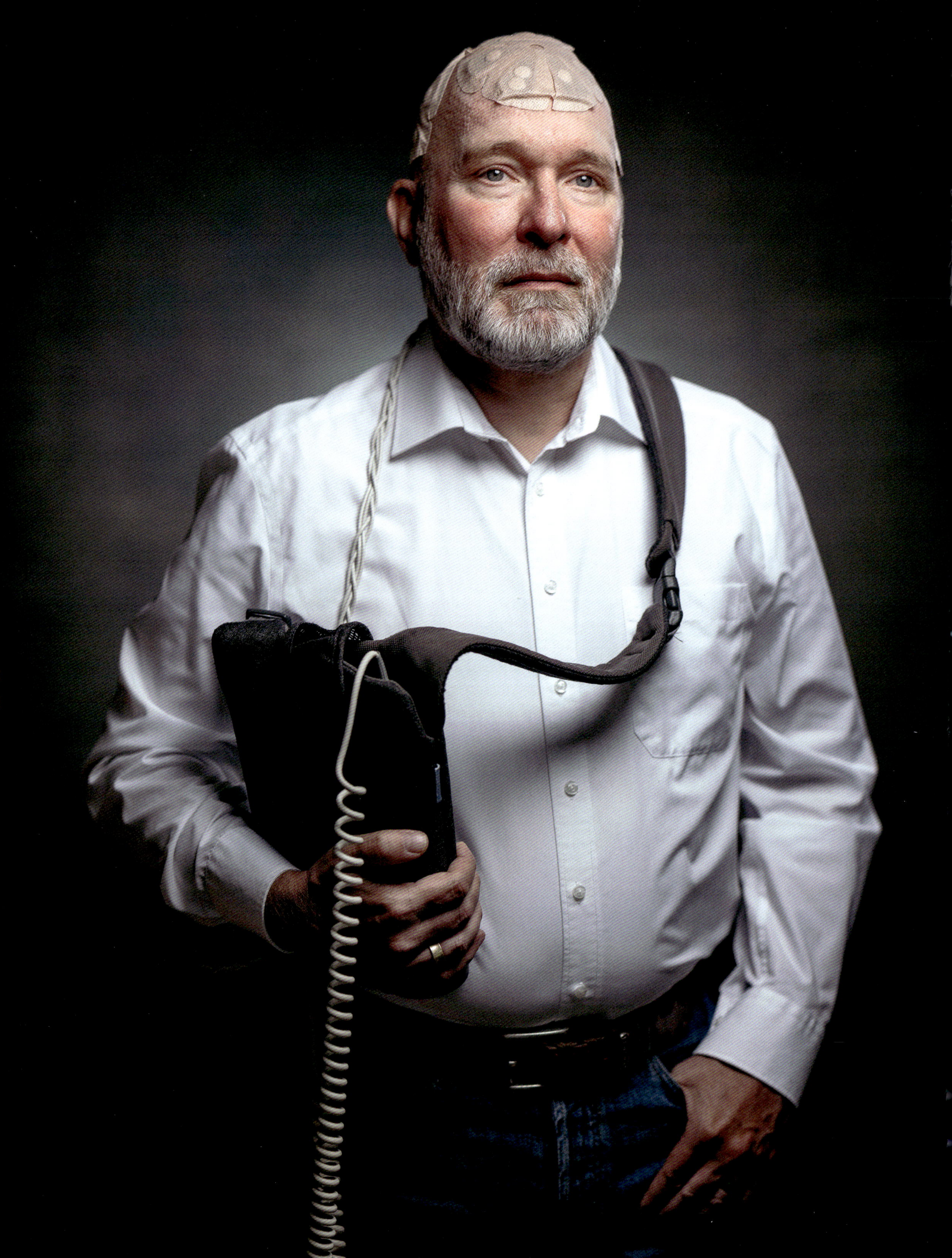

Sie haben da etwas im Kopf, was da nicht hingehört!" So erfuhr Alexander Ewen am 31. Mai 2016, dass er ein Glioblastom, einen bösartigen Hirntumor hat. „Gibt es eine beknacktere Aussage?", sagt Alexander Ewen. „Was gehört da denn nicht hin? Ein Alien?!"

Alexander Ewen ist heute 54 Jahre alt, inzwischen ist er „seit acht Jahren mit diagnostizierten Glioblastom unterwegs". Maximal zwei bis drei Jahre Überlebenschance gab man ihm damals. „Ich bin also inzwischen lange über meinem Ablaufdatum", sagt der gebürtige Norddeutsche, der wegen seiner Ehefrau ins Rheinland nach Köln gezogen ist.

Schon in der Zeit vor der Diagnose ging es dem Senior Manager der RTL-Mediengruppe gar nicht gut. Alles begann im Februar oder März mit einem Schwindelgefühl und Gleichgewichtsstörungen, die vom HNO-Arzt einer verschleppten Grippe zugeordnet wurden, die ihm auf das Mittelohr geschlagen war. Doch dann kamen Geschmacks- und Geruchswahrnehmungen hinzu, irgendwann Kopfschmerzen bis hin zum Erbrechen und Seheinschränkungen. „Auf eigenen Wunsch wurde dann ein MRT gemacht, das war an einem Freitag. Und am Samstag hat meine Frau mich ins Auto gepackt und ist mit mir zur Uniklinik gefahren, weil es mir so schlecht ging." In der Klinik lagen auch seine MRT-Aufnahmen. „Dann kam dieser beknackte Spruch, mit der Sache in meinem Kopf, die da nicht hingehört. Tja, und anderthalb Wochen später wurde das Köpfchen dann aufgemacht. Mir wurde ein bierdeckelgroßes Stück Schädeldecke rausgefräst, das ist schon krass – aber die OP war dennoch easy, am Tag danach saß ich in der Klinik-Cafeteria."

» Ich bin lange über meinem Ablaufdatum.

Alexander Ewen, 54 Jahre, Diagnose: Glioblastom, unheilbar

Der Tumor hatte die Größe eines Tennisballs, die längste Kantenlänge maß 7,5 Zentimeter. Die Biopsie ergab ein Glioblastom, die bösartigste Form eines Hirntumors. „Ich hatte gerade meine Nina frisch geheiratet, ein dreiviertel Jahr vor der OP, und ich war Mitte 40. Deswegen hatte ich von Anfang an den Kampfgeist, dem Tumor keine Chance zu gegeben. Den Tod habe ich vom ersten Tag an aktiv verdrängt: Sterben ist nicht!" Nach der OP bekam Alexander Ewen noch eine Tablettenchemo und Bestrahlung. „Bei der Chemo war schon eine körperliche Belastung da, aber das war okay. Die 30 Runden Bestrahlung waren härter, die haben mich ganz schön ausgeknockt." Mit der Arbeit hat er dennoch wieder angefangen: „Viel zu schnell, im Nachhinein betrachtet, aber ich wollte nicht langsam machen. Sturkopf eben!" Er hat allen offen erklärt, was er hat und „ich hatte dann ja auch diese markante Verkabelung auf den Kopf." Die „markante Verkabelung" nennt sich Tumor Treating Fields, kurz TTF, eine zum Zeitpunkt seiner Diagnose neue Therapieform: Elektrische Felder mit ganz bestimmten Frequenzen stören die Krebszellteilung, hemmen das Tumorwachstum oder lassen im besten Fall die Krebszellen – und nur die – absterben. „Ich mache die Therapie seit dem 22. August 2016 und trage das durchgängig: Beim Schlafen, beim Duschen, beim Arbeiten." Alexander Ewen hat sich längst daran gewöhnt – und ist von der Wirkung überzeugt. „Ich halte wirklich viel mehr von wissenschaftlichen Studien als von alternativen Therapieformen, aber ich muss ganz ehrlich sagen: Hätte man mir in der Situation der Diagnose gesagt, dass es hilft, wenn du um zwölf Uhr nackt mit einer schwarzen Katze über dem Kopf wirbelnd auf dem Dorfplatz stehst – ich hätte es gemacht."

Mittlerweile hat Alexander Ewen Ehrenämter für sich entdeckt, wie er selbst sagt. Er macht unter anderem die Schwerbehindertenvertretung bei RTL, sitzt im Betriebsrat und ist zudem seit etwa sechs Jahren Mentor für Neupatienten mit Glioblastom. „Wenn du dich ehrenamtlich in dem Feld betätigst, bleibt es leider nicht aus, dass Menschen gehen. Aber es gibt auch viele, die länger bleiben, als ihnen vorausgesagt wurde – und es werden immer mehr Langzeitüberlebende. Ich bin da häufig derjenige, der als Beispiel herumgezeigt wird. Dafür gibt es aber leider keine Anstecknadel, ich hab gefragt. Ich stelle mich aber auch gern überall hin, denn ich finde es wichtig, dass es bessere Informationen gibt. Und ich finde es cool, wenn andere Patienten zu mir sagen: Ich möchte auch da hin, wo du bist." Ein Weg, für den natürlich auch Alexander Ewen lange gebraucht hat: „Die Akzeptanz, dass man nicht mehr so leistungsfähig ist wie vorher, ist katastrophal. Und sich das einzugestehen tut auch weh. Aber wir feiern jedes Jahr am 31. Mai meinen zweiten Geburtstag – und das noch immer tun zu können, ist jedes Mal ein unglaublich gutes Gefühl."

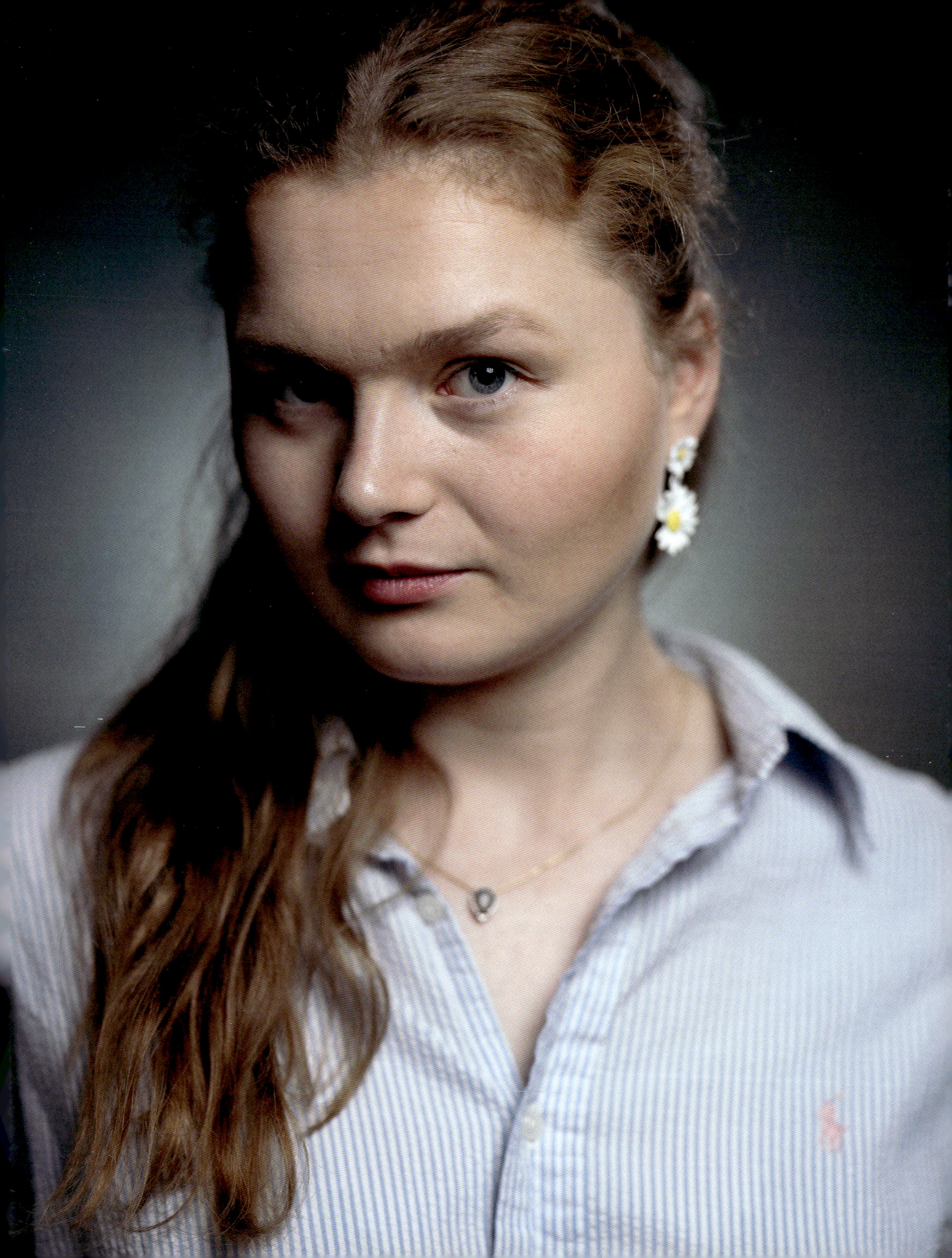

Franziska Peitzmeier ist im besten Sinne des Wortes eine Aktivistin. Eine junge Frau, die sich mit Engagement, Charme und Überzeugung einsetzt, um die Sarkomforschung voranzutreiben. Denn 2019 bekam Franzi, wie sie eigentlich alle nennen, diese Diagnose: Sarkom. Ein äußerst seltener, bösartiger Tumor, bei dem mittlerweile 150 Subtypen bekannt sind – die aber alle aufgrund ihrer Seltenheit recht wenig erforscht sind. Ihre Form nennt sich alveoläres Weichteilsarkom. Zu dem Zeitpunkt war die gebürtige Ostwestfälin 19 Jahre alt. Franzi, die inzwischen seit drei Jahren in Berlin lebt, hat bis zu ihrer Diagnose voltigiert, ist zweifache Vize-Weltmeisterin und Vize-Europameisterin. Dann, ganz plötzlich, spürte sie einen „Knubbel" in ihrem rechten Oberschenkel. „Der tat nicht weh und ich dachte, ich habe mich gestoßen. Dann war ich wegen einer ganz anderen Sache bei meinem Hausarzt und habe ihn auf den Knubbel hingewiesen. Er hat einen Ultraschall gemacht und sofort gesagt, dass das nicht gut aussehen würde. Er schickte mich gleich weiter zur Onkologie. Das war ein großer Schlag in die Magengrube!" Noch schwerer war es, diese Nachricht ihren Eltern mitzuteilen. „Ich hatte so einen fetten Kloß im Hals, das bei meinen Eltern anzusprechen und dann auch noch darum zu bitten, mich in die Onkologie zu fahren."

» Bei mir ging es gut aus und jetzt kann ich Awareness schaffen.

Franziska Peitzmeier, 25 Jahre, Diagnose: alveoläres Weichteilsarkom

Was dann folgte, war ein Auf und Ab der Gefühle: Zunächst war es schwer, einen MRT-Termin zu bekommen, dann meinten die Radiologen, es sei ein gutartiger Tumor, der nicht entfernt werden müsse. Der Onkologe wiederum riet dazu, den Tumor „aus psychologischen Gründen" doch lieber zu entfernen. „Und als ich dann das OP-Gespräch beim Chirurgen hatte, wurde er sofort ernst und sagte, dass das Ding sofort raus muss. Nach der OP hieß es: Ich habe leider keine guten Nachrichten für Sie. Das hat mir den Boden unter den Füßen weggerissen." Sarkome machen nur ein Prozent aller Krebserkrankungen aus und haben ihren Ursprung im weichen Gewebe, bei Franzi im Muskel. „Ira, eine Freundin aus dem Nachbardorf, hatte die gleiche Diagnose 2016 bekommen – dadurch konnten wir mit der Diagnose Sarkom tatsächlich etwas anfangen." Dieser seltene Zufall brachte allerdings auch eine traurige Dramatik mit sich: „Bei Ira war der Krebs viel später entdeckt worden als bei mir, ihre Prognose war schlecht, denn der Krebs hatte gestreut – und das hat meinen Eltern und mir natürlich erst mal unfassbare Angst gemacht." Doch bei Franzi gab es so viel Glück im Unglück wie nur selten bei dieser schweren Diagnose. Im Sarkomzentrum in Essen wurde sie beruhigt: „Der Professor Bauer sagte uns, das sei das kleinste alveoläre Weichteilsarkom, was er in seiner gesamten Karriere je gesehen hätte. Und bei mir lag es auch so weit an der Oberfläche, dass es früh erkannt wurde." Und das bedeutete: Keine weiteren Therapien, keine Chemo, keine Bestrahlung. „Im Moment gehe ich alle sechs Monate zur Nachsorge. Und ich bin jetzt im fünften Jahr, das heißt, ich gelte eigentlich als krebsfrei."

Anderthalb Jahre nach der Diagnose fiel sie in ein Loch. „Ich dachte: Krass, so eine schwere Diagnose und so viel Glück! Das fand ich fast ein bisschen gruselig. Man hat mir von der Krankheit nie etwas angesehen, aber mein Leben war trotzdem nicht mehr wie vorher." Heute hat sie ihre Kraft zurück. Und wie. Mit viel Energie und Engagement gestaltet sie nun ihre Zukunft – und auch die anderer Menschen. Vor allem auch mit diesem besonderen Ort, den sie gemeinsam mit ihrer Tante geschaffen hat: den „Laden am Kirchplatz", ein Concept Store in Berlin, in dem es nicht nur wunderschöne Dinge zu kaufen gibt, sondern der auch offizieller Unterstützer von yeswecan!cer ist. Regelmäßig finden dort Lesungen und Events zum Thema Krebs statt. Gleichzeitig organisiert Franzi jedes Jahr eine Spendenradtour auf dem Hof ihrer Eltern. „Vor 19 Jahren hat Professor Bauer zugunsten der Sarkom-Forschung die Sarkom-Tour ins Leben gerufen", erzählt Franzi. „2020 wurde wegen Corona dazu aufgerufen, eigene Touren zu organisieren. Seitdem machen wir das und konnten so schon mehr als 100.000 Euro sammeln." Die Motivation für ihre Eltern und sie: Dankbarkeit. Es war hart, mit anzusehen, wie schwer vieles für Ira und ihre Familie war. Vor einem Jahr starb Ira. „Durch mein Engagement möchte ich ein bisschen was von meinem Glück zurückgeben. Und oft denke ich auch, dass das meine Lebensaufgabe ist: Ich bekam diesen kleinen Knubbel, es ging gut aus und jetzt kann ich andere wachrütteln und Awareness schaffen."

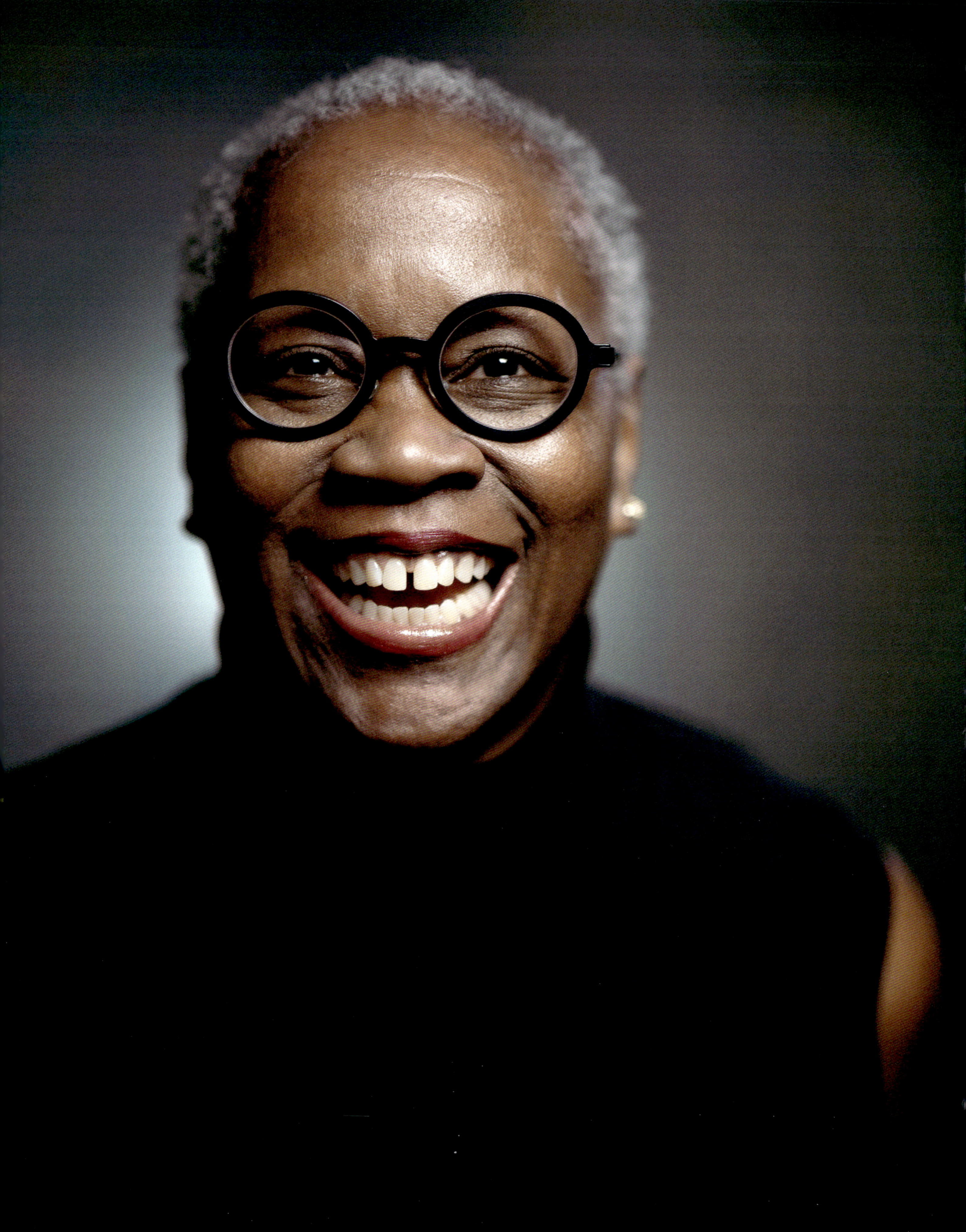

Robin Lyn Gooch hatte diesen Traum. Sie trug einen grünen Hosenanzug und saß in einer Art Bar. Es gab einen Fahrstuhl dort, der war hell erleuchtet und im Jugendstil gebaut. Die Kunstepoche, die sie so sehr liebt. Als alle anderen um sie herum fort waren, dachte sie sich: So, nun bin ich dran. Sie nahm entspannt ihre Taschen, ging auf den Portier des Fahrstuhls zu. Der aber schaute sie an und sagte nur: „Nein, Du kannst nicht mitkommen. Du hast noch Taschen." Bei diesen Worten wachte die heute 63-jährige Berliner Sängerin und Schauspielerin auf. Das war im Sommer 2015. Sie lag zu dem Zeitpunkt im Krankenhaus, war gerade operiert worden und hatte die Diagnose Eierstockkrebs bekommen. Doch an den Traum von damals denkt sie bis heute – und auch an die Taschen: „Für mich bedeutet das, dass ich noch etwas zu erledigen habe."

Geboren in Nashville/Tennessee, erwarb sie 1984 den Bachelor of Music und kam im Sommer desselben Jahres mit einem Gesangsstipendium nach Deutschland. Bereits an ihrem zweiten Tag lernte sie ihren heutigen Mann Martin kennen. Sie begann ein Studium an der Hochschule der Künste (heute UdK) und machte dort ihr Gesangs-Diplom. Ein weiteres Diplom in Musiktherapie schloss sich an. „Und dann kamen Schauspiel-Angebote aus dem Off-Theater-Bereich und eine Tür Richtung Film und Fernsehen öffnete sich auch." Zudem ist Robin Lyn Gooch Gesangspädagogin und seit 2002 Lehrbeauftragte für Stimm-Improvisation an der UdK. Die Frau mit der großen Stimme und der charmanten Zahnlücke hat also viel zu tun. Und so schiebt sie es auch auf den Stress, als sie im Juli 2015 Schwierigkeiten mit dem Essen bekam und wenig Appetit und Hunger hatte. „Ich hatte viel Unterricht gegeben, viele Projekte gleichzeitig und mein Mann war aus beruflichen Gründen nicht in Berlin. Ich dachte: Ich brauche Urlaub! Aber als mein Mann wieder kam, schaute er mich an und sagte: Irgendwas stimmt nicht! Wir sind dann zu seiner Hausärztin gegangen und sie hat einen Ultraschall gemacht – in dem sie etwas sah und mich zu einem Notdienst für gynäkologische Erkrankungen schickte." Im Krankenhaus kam dann die Diagnose. „Ich dachte: Das passiert nicht! Das passt gar nicht zu mir, keiner in der Familie hatte Eierstockkrebs. Eher Myome, da hatte auch ich schon einmal eine OP. Aber ich wollte Opernsängerin werden und auf die große Bühne. Mit Krebs wollte ich nichts zu tun haben und ich fühlte mich einfach nicht als diese Person, die Eierstockkrebs bekommt."

Und so ging es auch lange weiter: OP, Port, Chemo – immer hatte Robin Lyn Gooch das Gefühl, dass das alles nicht für sie bestimmt ist. Doch die Krankheit wollte ihr offenbar auf die harte Tour das Gegenteil beweisen: Im Februar 2017 bekam sie ein Rezidiv. Ebenso im September 2017. Und auch im Jahr 2020. „In dieser ganzen Zeit habe ich dann gelernt, dass diese Krankheit wohl doch zu mir gehört. Und es ist ganz merkwürdig: Manchmal habe ich eine Beziehung zu dieser Krankheit, als ob sie meine Kreativität ausdrückt. So, als hätte ich sie nicht nur nach außen getragen, sondern auch nach drinnen. Wenn ich diese Krebszellen zu beschreiben versuche, dann ist das so, als hätten sie andere Zellen überredet, mitzumachen: Hey, willst du nicht mit mir etwas Anderes tun? Etwas Neues bauen? Zum Glück hat meine äußere Kreativität nicht gelitten – vielleicht war sie sogar zu viel und sie hat sich deshalb mehrere Wege gesucht, eben auch nach innen."

» Die Chemo ist ein Gift. Aber auf englisch heißt gift ja Geschenk.

Robin Lyn Gooch, 63 Jahre, Diagnose: Eierstockkrebs

Während all der Zeit, all den Chemos und all den Operationen, hat Musik ihr immer die nötige Kraft gegeben. Und ihre Freunde. „Meine Freunde haben mich immer aufgebaut, auch, wenn mein Mann beruflich unterwegs war. Sie haben mir Halt gegeben und gesagt: Wir schaffen das zusammen! Klar, ich hatte oft auch Zweifel, aber ich hatte auch meine Freunde! Und natürlich war die Chemo anstrengend, sie ist ja ein Gift. Aber auf englisch heißt gift Geschenk – es ist also irgendwie beides." Und deswegen versucht Robin Lyn mit der Krankheit zu kämpfen und nicht gegen sie. Und im Moment geht das gut. „Ich freue mich gerade sehr, dass ich fünf Jahre nichts hatte. Vielleicht haben die Krebszellen und ich jetzt einen Weg gefunden, besser miteinander zu kommunizieren." Nur eine Frage bekommt sie bei dieser Kommunikation nicht beantwortet, die eine Frage, die sie immer noch umtreibt: „Habe ich noch Taschen bei mir?" Denn solange sie Gepäck bei sich hat, weiß sie, dass der Fahrstuhl ohne sie fahren wird.

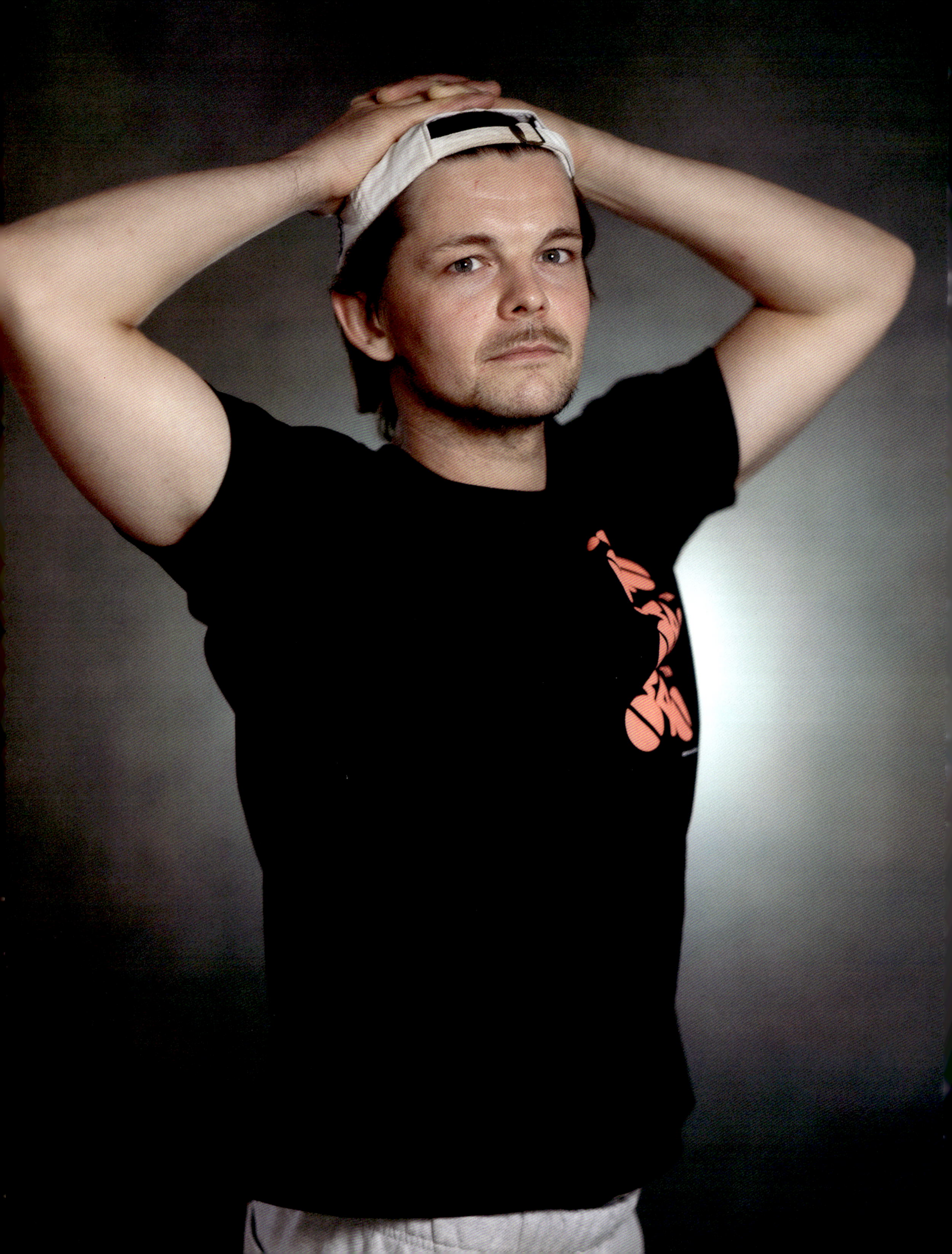

Das Gespräch mit Christian André Murzin hat so eine große Bandbreite an Emotionen und Themen wie das Leben selbst. Der 33-Jährige sagt auf die Frage, was der schönste Moment seit seiner Krebsdiagnose gewesen sei, Dinge wie: „Als ich morgens mit einer Erektion wach geworden bin!“ Er lacht dann, ist einfach ein junger Mann, der sich freut, dass er in den normalsten Dingen der Welt eben auch wieder genau das ist: so normal wie alle anderen jungen Männer um ihn herum. Aber der gebürtige Mecklenburger sagt eben auch Sätze wie: „Ich war lost und ich bin es auch heute noch. Deswegen bin ich sicher, der Krebs kommt wieder. Denn mir fehlt wieder oder immer noch der Bock auf diese Welt.“

Christian André Murzin kämpft gegen mehr als gegen den Krebs. Er kämpft gegen sich, gegen die Dunkelheit, gegen Depressionen. Und das nicht erst seit seiner Diagnose. „Es war Ende 2021, Corona lag in den letzten Zügen, ich hatte gerade meine dritte Impfung hinter mir und es ging mir zunehmend schlechter. Den ganzen Dezember habe ich schwitzend und ohne Energie im Bett verbracht“, erzählt der junge Mann, der zwei Bachelor-Abschlüsse hat und zuletzt als Personalmanager arbeitete. Besuche beim Hausarzt, Ratlosigkeit, dann die Diagnose Epstein-Barr-Virus. „Mein Arzt meinte, legen Sie sich für drei oder vier Wochen ins Bett, der Körper regelt das.“ Doch nach drei Wochen war nichts besser, ein Lymphknoten am Hals „groß und gummiartig“. Eine Biopsie im Krankenhaus folgte. „Eine Woche später hat mich mein noch heute betreuender Arzt angerufen. Ein richtig guter Mann, der sich Zeit genommen hat und zuversichtlich war: Das ist ein klassisches Hodgkin-Lymphom, das machen wir aber weg, machen Sie sich keine Sorgen! Doch ich bin ja jetzt nicht allein depressiv wegen der Krebsdiagnose, ich bin auch schon mit einer Disposition da rein gegangen. Und deswegen habe ich zu ihm gesagt: Ich weiß nicht, ob ich das machen will, geben Sie mir ein paar Tage Bedenkzeit. Da hat er geschluckt, denn ich wusste von ihm schon, dass ich noch etwas mehr als ein Jahr hätte, wenn ich das nicht behandeln lasse.“

Christian André Murzin hat sich für eine Chemotherapie entschieden. Und begann gleichzeitig mit einer Langzeit-Psychotherapie. „Im November 2022 merkte ich dann, dass es körperlich langsam bergauf geht. Im Dezember habe ich angefangen, als Personalmanager zu arbeiten. Aber bei einer Verlaufskontrolle sagte die HNO-Ärztin zu mir, dass die Lymphknoten schon wieder verdächtig gewachsen seien. Ich bin aber im Februar trotzdem für vier Wochen nach Thailand geflogen.“ Die Kontrolle nach der Reise ergab, dass die Lymphknoten innerhalb der wenigen Wochen bereits wieder gewachsen waren. Ein PET-Scan Ende März 2023 bestätigte das Rezidiv – nicht einmal ein Jahr später war der Krebs wieder da. Das Standardverfahren in dieser Situation: Hochdosis-Chemo. Am besten sofort. „Ich wollte das aber einfach nicht zulassen, ich wollte Radfahren, auf Festivals gehen – leben! Zwei Festivals habe ich dann mitgemacht und wollte eigentlich noch ein drittes machen. Aber ich habe gemerkt, wie müde ich bin. Mir fehlte jede Energie. Als würde ich die ganze Zeit mit einem Platten fahren, so war mein Gefühl.“

» Als würde ich die ganze Zeit mit einem Platten fahren. So war mein Gefühl.

Christian André Murzin, 33 Jahre, Diagnose: Hodgkin-Lymphom

Anfang August feierte er noch in seinen Geburtstag hinein, zwei Tage später saß er in der Charité Campus Benjamin Franklin auf Station und startete zwei Zyklen mit Cisplatin, begleitet von einer Stammzellentnahme als Vorbereitung auf die Hochdosis-Therapie. „Am meisten Probleme hatte ich während all der Zeit mit der hoch dosierten Begleitmedikation Cortison und den Nebenwirkungen.“ Doch seitdem ist der Krebs ruhig. Sein Körper und seine Seele aber nicht. Kurz nach der Entlassung brachte ihn eine kritische Port-Infektion wieder für zwei Wochen auf Station, dann Urtikaria-Anfälle, ein lebensbedrohlicher anaphylaktischer Schock, ständige Infekte, Darm-Probleme – auch eine Reha im Januar 2024 half nicht wirklich. Und dann ließ ihn sein Arbeitgeber fallen. „Mein Job war weg, Hobbys fühlten sich sinn- und bedeutungslos an. Ich habe keine Freude an gar nichts mehr verspürt. Ich war zwar auf dieser Welt, konnte aber nicht an ihr teilnehmen, ich war einfach leer.“ Im April 2024 entschied er sich für Psychopharmaka. Kürzlich hat ein Freund versucht, ihm eine andere Perspektive aufzuzeigen: „Er hat zu mir gesagt: Siehst du denn gar nicht, was für einen krassen Überlebenswillen du hast? Was du geschafft hast? Und er hat wohl recht. Das hätte ich nie gedacht.“

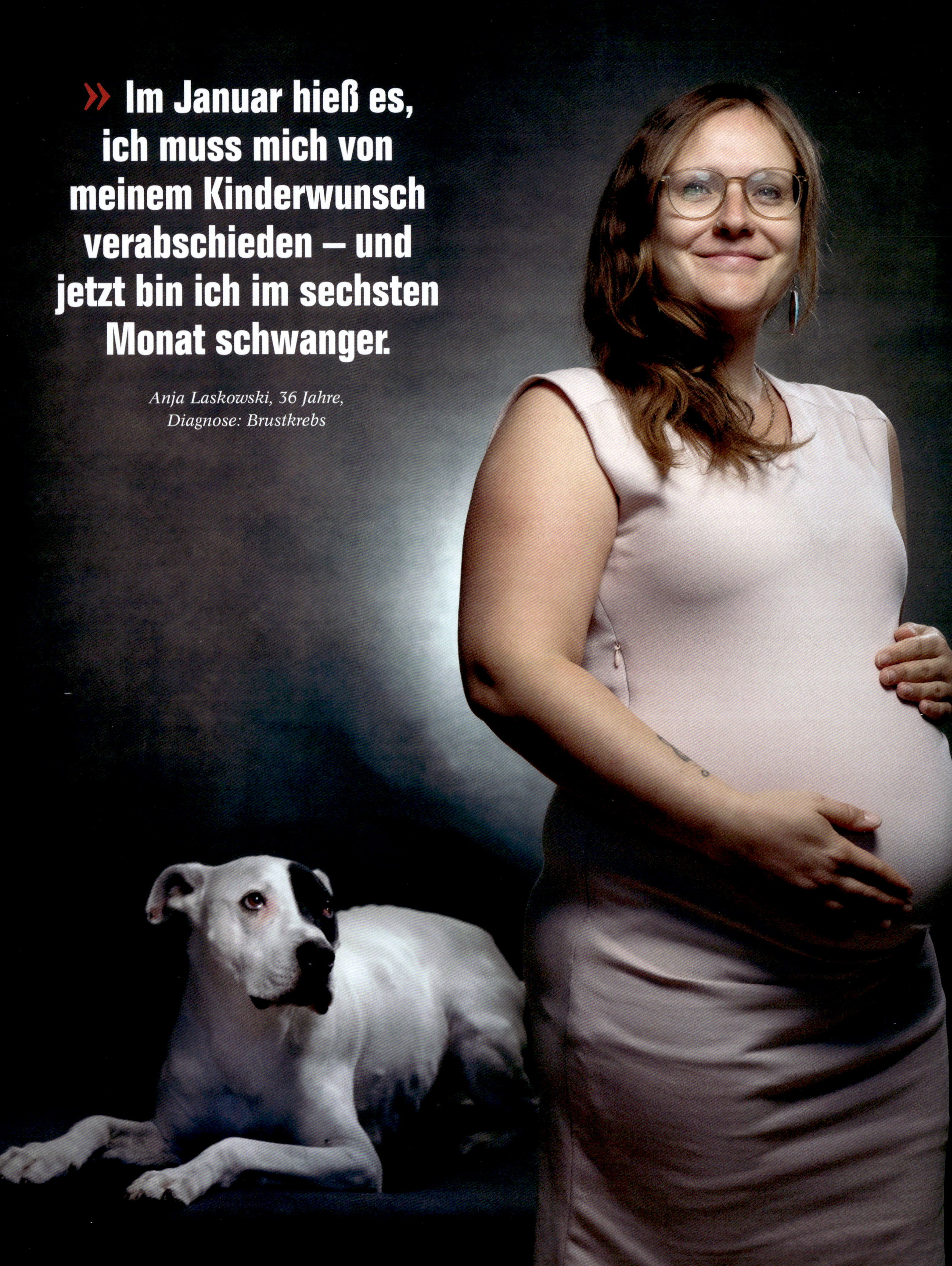
» Im Januar hieß es, ich muss mich von meinem Kinderwunsch verabschieden – und jetzt bin ich im sechsten Monat schwanger.
Anja Laskowski, 36 Jahre, Diagnose: Brustkrebs

Am 6. Februar 2020 musste der Frauenarzt von Anja Laskowski der damals 31-Jährigen mitteilen, dass sie Brustkrebs hatte. Was für ein besonderer Moment es also auch für ihn gewesen sein muss, als er ihr kurz nach Pfingsten 2024 sagen konnte, dass die junge Wirtschaftsjuristin entgegen allen Prognosen und Wahrscheinlichkeiten schwanger ist! „Ich habe sehr viele Freudentränen geweint und wäre fast geplatzt vor Glück. Ich habe so viele negative Gedanken und Erfahrungen geteilt mit meinem Umfeld – ich war so glücklich, mal so schöne Nachrichten verbreiten zu können." Am 24. Januar nächsten Jahres soll ihr Sohn auf die Welt kommen. Ein Wunder, das nicht möglich schien.

„Als ich die Diagnose triple negatives Mammakarzinom bekam, lebte ich mit meinem damaligen Freund und unserem Hund Gonzo in Wismar. Wir hatten Hochzeits- und Kinderpläne für das Jahr. Ich habe den Knoten selbst ertastet, an einem Sonntag. Da ich bis dato nichts hatte, was über eine Erkältung hinausging und zudem ein wichtiges Arbeitsprojekt anstand, habe ich das nicht wirklich ernst genommen." Doch ihr damaliger Freund und vor allem eine drängende Arzthelferin am Telefon ließen die junge Frau umdenken. „Am Nachmittag hatte ich den Ultraschall und eine direkte Überweisung zur Mammografie. Und einen Biopsie-Termin hatte ich danach vorsorglich auch schon", sagt Anja Laskowski. „Nach der Mammografie war immer noch nicht ganz klar, was es ist. Die Biopsie fand ich wahnsinnig schmerzhaft und emotional schwierig. Ich sollte dann am Donnerstag bei meinem Frauenarzt anrufen – aber sie riefen mich an. Und als ich am Nachmittag in die Praxis kam, schauten mich alle so an – da war mir klar, dass es Krebs ist." Anja Laskowski sollte direkt ins Krankenhaus – auf dem Weg dorthin weinte sie viel, stand „total unter Schock". Trotzdem rief sie ihre Mutter und bei ihrem Arbeitgeber an, um Bescheid zu sagen. „Für meine Mutter muss das so schlimm gewesen sein. Einen Monat vorher hatte meine Oma eine Blasenkrebs-Diagnose bekommen. Nun hatten also ihre Mutter und ihre Tochter Krebs – ich wäre wirklich immer lieber Betroffene als Angehörige."

Zu den Terminen, die in den nächsten Tagen anstanden, gehörte auch eine Beratung zur Kryokonservierung – zum möglichen Einfrieren von Eizellen vor der Chemo. „Meine Krebsform war aber sehr aggressiv und es gab keine Zeit zu verlieren. Ich habe die Ärztin gefragt, was sie mir raten würde, wenn ich ihre Tochter wäre und sie sagte: Was wollen Sie denn mit den Eizellen, wenn Sie das nicht überleben? Ich habe mich dann dagegen entschieden und mich aufs Überleben konzentriert." Am 17. Februar startete die erste Chemo, dann folgten OP, Bestrahlung – und eine zweite Chemo, da noch aktives Gewebe vorhanden war. Das war für Anja Laskowski, die seit ihrer Krebserkrankung zusätzlich einen Mini-Job bei yeswecan!cer hat, der schlimmste Moment. Aber sie hatte sich gleich von Anfang an vorgenommen, nicht zusammenzubrechen: „Wenn ich gemerkt habe, dass die Tränen und die Angst kommen, dann habe ich mir einen Timer gestellt und mir gesagt: Okay, 15 Minuten ist jetzt Zeit dafür, dann ist damit Schluss. Ich wollte nicht, dass die Angst mich lähmt." Und das tat sie nicht, dennoch habe sie sich sehr verändert. „Mein Fokus im Leben ist ein anderer geworden, meine Beziehung von damals ist in die Brüche gegangen, ich habe jemand Neuen kennengelernt, mir eine Bucket List geschrieben und bin Ende 2022 nach Schwerin gezogen."

Und dann passierte an Pfingsten das Unglaubliche: Anja Laskowski hielt einen positiven Schwangerschaftstest in den Händen. Dabei hatte ein Fruchtbarkeitstest im Januar noch ergeben, dass dies unmöglich sei. „Wegen der Feiertage musste ich warten. Ich habe dann gegoogelt, was ein falsch positiver Test sein könnte – da stand dann immer Eierstockkrebs. Und ich dachte: Okay – entweder ist das jetzt das Allerschlimmste, was dir passieren kann, oder eben das Allerschönste." Es ist das Allerschönste. Und auch ein Rezidivverdacht, der nun aufgrund ihrer Schwangerschaft weder ausgeschlossen noch bestätigt werden kann, nimmt ihr nicht die unbändige Freude über ihr Kind. „Als ich damals die Diagnose bekam, wollte ich bereits seit mehreren Monaten schwanger werden und es hat nicht geklappt. Deswegen glaube ich jetzt fest daran, dass alles gut ist. Ich kann mir einfach nicht vorstellen, dass das Leben so grausam ist."

Fakten über Krebs

» Nach Schätzung des Zentrums für Krebsregisterdaten (ZfKD) am Berliner Robert Koch Institut sind in Deutschland im Jahr 2020 insgesamt rund 500.000 Krebserkrankungen erstmalig diagnostiziert worden. Davon traten bei Männern etwa 261.800 und bei Frauen 231.400 Erkrankungen auf. Etwa die Hälfte der Fälle betrafen die Brustdrüse (71.300), die Prostata (65.800), den Dickdarm (54.800) oder die Lunge (56.700).

» Von allen Krebsbetroffenen haben schätzungsweise fünf bis zehn Prozent eine nachweisbar angeborene Veränderung der Erbsubstanz, die das Krebsrisiko erhöht.

» Karzinome, Sarkome und Blastome bezeichnet man als „solide“ Tumoren, da sie zumindest anfangs einen festen Gewebeverband und eine deutliche Begrenzung haben. Bösartige Erkrankungen des blutbildenden oder des lymphatischen Systems (also Leukämien und Lymphome) breiten sich meist von Anfang an im Körper aus. Sie werden daher auch als „systemische Krebserkrankungen“ bezeichnet, wobei systemisch bedeutet: „den gesamten Körper betreffend“.

» 97 Prozent der Deutschen halten Krebsforschung für wichtig. 67 Prozent würden die Forschung durch Studienteilnahme oder Datenbereitstellung unterstützen.

» Über 80 Prozent der Deutschen kennen die Angebote der Krankenkassen zur Krebsfrüherkennung, aber nur etwa 67 Prozent der Frauen und 40 Prozent der Männer nehmen Krebsfrüherkennungsuntersuchungen in Anspruch.

» Die absolute Zahl an Neuerkrankungen hat sich seit Anfang der 1970er Jahre fast verdoppelt. Ursachen sind die Alterung der Bevölkerung, bessere Diagnostik und veränderter Lebensstil. Seit Anfang der 1990er Jahre ist ein Rückgang der Krebssterblichkeit zu verzeichnen, der mit zur gestiegenen Lebenserwartung in Deutschland beiträgt.

» Nacktmulle sind immun gegen Krebs. Der Körper der unterirdisch lebenden Säugetiere ist reich an Hyaluronsäure, die als Schmiermittel im Körper dient und das Krebswachstum hemmt. Dieses Wissen könnte für künftige Krebsbehandlungen genutzt werden.

» Krebs ist in Deutschland nach den Herz-Kreislauf-Erkrankungen die zweithäufigste Todesursache. Jeder zweite Mann und jede zweite Frau erkranken im Laufe ihres Lebens an Krebs.

» Hunde können lernen, bestimmte Krankheiten und auch Krebsarten – darunter Schwarzen Hautkrebs, sowie Brust- und Magen-Darmkrebs – zu erschnüffeln. Das ist bekannt. Weniger bekannt ist, dass auch der Fadenwurm (Caernorhabditis elegans), der ungefähr so groß ist wie ein Sandkorn, Krebs erkennen kann. In einer Studie aus Japan wurde diese Fähigkeit des Fadenwurms in Zusammenhang mit Bauchspeicheldrüsenkrebszellen und in einer italienischen Studie mit Brustkrebszellen festgestellt. In beiden Fällen wurde beobachtet, dass die Fadenwürmer sich auf die Krebszellen zubewegt und sich gleichzeitig von gesunden Zellen ferngehalten haben.

» Krebs ist ein Sammelbegriff für mehr als 200 verschiedene Erkrankungen.

»

Krebserkrankungen in Deutschland sind meldepflichtig und jedes Bundesland verfügt über ein Krebsregister, das alle Krebsneuerkrankungen und Krebstherapien erfasst. Die Krebsregister veröffentlichen ihre Daten, darunter auch die jährlichen Neuerkrankungsfälle regelmäßig. Die Daten der Bundesländer werden jährlich im Zentrum für Krebsregisterdaten (ZfKD) am Robert Koch-Institut in Berlin zusammengeführt und veröffentlicht.

»

Rund 1,6 Millionen Menschen in Deutschland leben mit einer Krebserkrankung, die in den letzten fünf Jahren diagnostiziert wurde.

»

Der Stadienbestimmung bösartiger Tumore liegt das TNM-System des Franzosen Pierre Denoix aus dem Jahr 1946 zugrunde: Je nach Ausbreitung des Tumors spricht man von verschiedenen Stadien (Entwicklungsstufen) des Krebses. Die Einteilung erfolgt nach bestimmten Normen, für die hauptsächlich drei Gesichtspunkte maßgebend sind: 1. die Größe und Ausbreitung des Primärtumors (T), 2. das Fehlen oder Vorhandensein von örtlich oder benachbarten (regionären) Lymphknotenmetastasen (N) und 3. das Vorhandensein von Fernmetastasen (M). Man verwendet den Begriff TNM-Klassifikation für die englischen Begriffe tumor, node, metastasis. Ziffern hinter den Buchstaben geben genauere Hinweise auf die Ausdehnung des Tumors, die Zahl und Lage der befallenen Lymphknoten und das Vorhandensein oder Fehlen von Fernmetastasen. Das TNM-System kann später als Grundlage für weitere Klassifizierungen des Krankheitsstadiums dienen, das sogenannte „Staging". Diese Einteilung gibt Auskunft über die Prognose einer Krebserkrankung.

»

Die deutsche Bezeichnung „Krebs" stammt aus dem Altgriechischen, in dem durch „karkínos" sowohl das Tier als auch die Krankheit benannt wird.

»

Mediziner teilen Tumore nach den Geweben ein, denen sie ursprünglich entstammen: Karzinome stammen von Zellen ab, die die inneren und äußeren Oberflächen im Körper bedecken. Zu diesem Gewebe, das auch Epithel genannt wird, gehört zum Beispiel das Deckgewebe der Haut und der Schleimhaut sowie des Drüsengewebes. Sarkome entstehen im Binde- oder Stützgewebe und betreffen zum Beispiel Fettgewebe, Muskeln, Sehnen oder Knochen. Und Blastome nennt man embryonale Tumoren, die während der Gewebe- oder Organentwicklung entstehen.

»

Eine Krebsdiagnose betrifft meist nicht nur den Körper, sondern belastet auch die Psyche. Nach dem ersten Schock durchlaufen alle Patienten und Patientinnen die gleichen Phasen der Krankheitsbewältigung, die Expert:innen – angelehnt an ein Modell der Psychiaterin Elisabeth Kübler-Ross (1926–2004) – wie folgt unterscheiden: Ungläubigkeit/Ignoranz, Wut/Verärgerung, Verhandlung, Trauer/Depression und schließlich Akzeptanz. Die Phasen laufen jedoch nicht immer in der gleichen Reihenfolge ab und nicht jede:r Patient:in erlebt sie gleich intensiv.

»

Die Wahrscheinlichkeit, Hautkrebs zu bekommen, ist auf der linken Körperseite um zehn Prozent größer als auf der rechten. Genauso ist die linke Brust fünf bis zehn Prozent anfälliger für Brustkrebs als die rechte. Die Gründe hierfür sind unbekannt.

Quellen:
ZfKD des Berliner Robert Koch-Instituts,
Homepage des Bundesministeriums für Bildung und Forschung
Homepage Deutsche Krebsregister e.V.,
Homepage der Deutschen Krebsgesellschaft,
krebsinformationsdienst.de

Dem Krebs auf der Spur – die Geschichte der Krebsforschung

Kaum eine Krankheit flößt den Menschen so viel Angst ein wie Krebs. Viele sprechen von der „Pest der Neuzeit", jeder kennt jemanden, der Krebs hat, kaum eine Familie, die nicht betroffen ist. „Krebs wird immer mehr", heißt es deswegen oft. Oder: „Früher war das nicht so." Das ist jedoch nicht korrekt. Denn Krebs ist sogar älter als die Menschheit selbst: Der älteste bekannte Fund stammt aus Deutschland und wurde 2019 von einem Forschungsteam, an dem auch Forschende des Berliner Naturkundemuseums und der Berliner Charité beteiligt waren, identifiziert: In den fossilen Überresten eines Wirbeltieres, das vor etwa 240 Millionen Jahren gestorben war, fanden sie ein sogenanntes Osteosarkom, also einen bösartigen Knochentumor. Und den bis heute ältesten Nachweis von menschlichen Krebszellen fanden Wissenschaftler*innen bei einem frühen Verwandten des Menschen, der vor etwa 1,7 Millionen Jahren lebte: Im Fußknochen eines prähistorischen Südafrikaners konnten sie 2016 ebenfalls ein Osteosarkom nachweisen.

Damals gab es dafür aber keinen Namen, kein Wissen über das, was da in den Körpern wuchs. Erste Hinweise darauf, dass Menschen von bösartigen Tumoren wussten und begannen, sich mit ihnen zu befassen, gibt es aus dem alten Ägypten. Im Papyrus Edwin Smith, einer altägyptischen medizinischen Schrift, die etwa auf das Jahr 1600 v. Chr. datiert wird, wird erstmals eine Beobachtung dokumentiert, die wir heute als Krebserkrankung kennen. In dem Text wird ein Brusttumor beschrieben – und bereits die Vermutung geäußert, dass diese hervorstehenden, kugelähnlichen Tumore tödlich und unheilbar sind. „Wenn du die Zeichen eines Tumors entdeckst", so riet der Papyrus den Ärzten im alten Ägypten, „dann weißt du, es ist eine Krankheit, um die du dich nicht zu kümmern brauchst – es gibt keine Behandlung." Dennoch gab es erste Versuche, die Tumore zu entfernen oder zu behandeln: Mit „Feuerstäben", um die Tumore auszubrennen, mit Messern, um sie zu entfernen oder auch mit Kräutern und Pasten. In einem weiteren Papyrus, der etwa 3.600 Jahre alt ist, finden sich neben den Behandlungsmethoden auch bereits Beschreibungen verschiedener Tumorformen und deren Vorkommen.

Es war dann aber der Grieche Hippokrates (460 bis 360 v. Chr.), der diesen Tumoren erstmals einen Namen gab: Er verwendet das Wort „karkínos", das griechische Wort für „Krebs", für eiternde und nicht verheilende Knoten und das Wort „karkínoma" für bösartige Tumore. Es wird vermutet, dass Hippokrates' Namensgebung auf das Aussehen eines tumorösen Knotens in Kombination mit den geschwollenen Blutgefäßen um ihn herum beruht und damit tatsächlich an einen Krebs mit seinen Beinen erinnert.

Hippokrates war sich sicher, dass Krebs von einer zu hohen Konzentration schwarzer Galle im Körper ausgelöst wurde. Diät,

Ruhe und Bewegung sollten Abhilfe schaffen, zur Not sollten abführende Mittel gegeben und eventuell eine Operation durchgeführt werden. Hippokrates' Theorie der schwarzen Galle wurde vom alten Griechenland ins alte Rom und in die Schriften seines wohl bekanntesten Nachfolgers, Galen von Pergamon (129 bis 216 n. Chr.), überliefert. Galens Einordnung von Tumoren und seine Ursachenforschung prägten die Medizin mehr als 1.500 Jahre lang. Da er das griechische Wort „oncos" („Masse" oder „Schwellung") benutzte, um die Tumore zu beschreiben, wird die medizinische Fachrichtung, die sich mit der Untersuchung und der Behandlung von Krebs befasst, heute als „Onkologie" bezeichnet.

Mit dem Untergang des Römischen Reiches nahm die Krebsbehandlung im Mittelalter seltsame Formen an: Die Erkenntnisse von Hippokrates und Galen wurden ignoriert, stattdessen wurden Salben aus Froschöl, Kräuterelixiere und Krebspulver angewendet. Zu Beginn der Renaissance und mit der Erfindung von Gutenbergs Druckpresse im Jahr 1450 änderte sich dieses Vorgehen aber wieder: Denn nun konnten die medizinischen Werke aus Griechenland, Rom und Arabien übersetzt und in ganz Europa verbreitet werden. Zusammen mit den Beobachtungen und ausführlichen anatomischen Zeichnungen von Antonio Benivieni (1443 bis 1502), Michelangelo (1475 bis 1564) und Andreas Vesalius (1514 bis 1564) änderten sie das Verständnis der menschlichen Anatomie und brachte enorme Erkenntnisse für die Durchführung von Operationen mit sich.

Das 19. Jahrhundert war dann das goldene Zeitalter der Chirurgie. Und auch die Desinfektion und Sterilhaltung von Wunden und Operationsbesteck setzten sich immer weiter durch. 1846 demonstrierte der US-amerikanische Zahnarzt William Morton in Boston erstmals öffentlich den erfolgreichen Einsatz des Äthers als Inhalationsnarkotikum bei Operationen. Zur selben Zeit brachte die Möglichkeit der mikroskopischen Untersuchung von Tumorzellen immer mehr Erkenntnisse über das Entstehen von Krebs mit sich. Rudolf Virchow, einer der bedeutendsten Mediziner des 19. Jahrhunderts, erkannte zum Beispiel, dass bestimmte Veränderungen in Zellen den Krebs entstehen ließen. Virchows „Cellularpathologie" aus dem Jahr 1858 wurde ein Standardwerk der Krebsforschung.

Ein paar Jahrzehnte später, im November 1895, entdeckte der Physiker Wilhelm Röntgen die Röntgenstrahlung. Schnell verbreitete sich das neuartige und bildgebende Diagnosegerät auf der ganzen Welt – und schnell stellte sich heraus, dass die verursachte Strahlung verschiedene Hautleiden heilen konnte. Zur Jahrhundertwende wurden deshalb Röntgenstrahlen immer häufiger zur Krebsbehandlung eingesetzt – die Strahlentherapie bei Krebserkrankungen war entstanden. Doch leider wurden die Vorteile des Therapie von den massiven begleitenden Nebenwirkungen aufgehoben, denn die Strahlung selbst war wiederum ebenfalls krebserregend. Im Verlauf der darauffolgenden 50 Jahre verstanden die Wissenschaftler aber zunehmend die Wirkung der Strahlung auf die Zellen und entwickelten sicherere Einsatzmöglichkeiten. Ende des 20. Jahrhunderts konnten Wissenschaftler dank Fortschritten bei Computertechnik und Strahlenphysik Ort und Form kleiner Tumore genau zuordnen und damit die Strahlung präzise auf diese richten. Auch Intensität und Dosis ließen sich anpassen, um das Ergebnis zu optimieren und das umliegende gesunde Gewebe so wenig wie möglich oder gar nicht zu schädigen.

Doch noch eine andere Entdeckung war entscheidend für das wachsende Verständnis von Krebs: das sogenannte Onkogen, das im veränderten Zustand Krebs erzeugen kann. Die renommierte Wissenschaftszeitschrift „nature“ kommentierte den Fund 1982 als „eine der bislang verblüffendsten Entdeckungen in der langen und frustrierenden Geschichte der Suche nach einem Verständnis von Krebs“.

Und genau dort setzen heute viele weitere Forschungsarbeiten an: bei der Entschlüsselung der Krebsgenome, also dem Erbgut der einzelnen Krebsformen. Für diese wissenschaftliche Herkulesarbeit haben sich Krebsforscher im Jahre 2008 zu einem „International Cancer Genome Consortium“ (ICGC) zusammengeschlossen und sich zum Ziel gesetzt, etwa 500 Krebsgenome von 50 verschiedenen Tumorarten komplett zu sequenzieren. Dieses Krebsgenom-Projekt ist das bislang größte und teuerste Vorhaben in der Geschichte der Krebsforschung. Auch das Deutsche Krebsforschungszentrum in Heidelberg ist daran beteiligt. Durch die Erkenntnisse aus diesem Projekt wird sich die Behandlung jedes und jeder Krebspatient*in zunehmend verändern: Nach der Entschlüsselung des gesamten Erbguts ihrer oder seiner Krebszellen und dem Diagnostizieren aller Gen-Defekte wird dann eine bis aufs einzelne Gen genau abgestimmte Therapie den bestmöglichen Erfolg bringen.

Das wird das dritte Standbein des 20. Jahrhunderts der Krebsbehandlung – neben Operation und Bestrahlung – massiv beeinflussen: die tumorbekämpfende Medikation, also die Chemotherapie. Die ersten Arzneien, die so eingesetzt wurden, waren die Loste, bekannter unter dem Namen Senfgas, das Gift, das in den Schützengräben des Ersten Weltkriegs verheerende Folgen hatte. Im Zweiten Weltkrieg entdeckte die US-Armee, dass eine der größten Auswirkungen von Senfgas auf die davon betroffenen Soldaten eine Reduzierung der weißen Blutkörperchen (Lymphozyten) war. Auf der Suche nach Schutzmaßnahmen vor dem Gas fanden sie heraus, dass Loste eine positive Wirkung bei Lymphdrüsenkrebs (Lymphom) hatten, da sie eben genau diese Zellen angriffen.

An diesem Vorbild orientierten sich die Chemotherapeutika, die in den darauffolgenden Jahren und Jahrzehnten folgten. Da sich Krebszellen in der Regel schneller vermehren als normale Zellen, können Chemotherapeutika die Ausbreitung des Krebses eindämmen. Da sie allerdings nicht zwischen gesunden und veränderten Zellen unterscheiden (können), verursachen sie unerwünschte Nebenwirkungen.

Und genau da setzt oben genannte „maßgeschneiderte" Therapie für jede*n einzelne*n Krebspatient*in an. Hinzu kommen immer mehr Behandlungen, die auf bestimmte Signalwege in der Zelle oder auf bestimmte Strukturen auf der Zelloberfläche abzielen, bis hin zur Aktivierung des körpereigenen Immunsystems. In der Zukunft der Krebsbehandlung wird es darum gehen, für jede*n einzelne*n Patient*in die optimale Versorgung zu finden. Denn genau so, wie jeder Mensch individuell und einzigartig ist, ist es jede einzelne Krebserkrankung. Und genau aus diesem Grund wird es wohl auch nie ein einzelnes „Wundermittel" gegen Krebs geben – nie eine einzige Heilmethode für alle Arten von Tumoren. Zu komplex sind die Ablaufprozesse und Auslöser, die eine bestimmte Zelle im Körper eines Menschen zu einer Veränderung bringen. Schon der amerikanische Molekularbiologe Robert Allan Weinberg, einer der Entdecker der Onkogene, sagte 1996, dass es seiner Meinung nach wohl irgendwann die verschiedensten Arten von Therapien geben könnte, „jede davon auf eine andere Krebsart zugeschnitten, jede entwickelt nach der einen oder anderen molekularen Eigentümlichkeit der jeweiligen Tumorzellen". Wie Recht er hatte. Das nimmt der Diagnose vielleicht nicht gänzlich den Schrecken, aber es sollte auch Hoffnung und Mut machen. Mut wegen allem, was die Krebsforschung über die Jahrhunderte und Jahrtausende geschafft hat – und Hoffnung über alles, was sie in Zukunft noch möglich machen wird.

Quellen:
https://www.pfizer.at/textbeschreibung/krebstherapie
https://www.bayer.com/de/news-stories/krebsbehandlung-damals-und-heute-von-der-kraeuter-zur-praezisionsmedizin
https://www.nationalgeographic.de/geschichte-und-kultur/2024/01/wie-die-menschen-krebs-entdeckten-medizin-krankheit
https://www.krebsinformationsdienst.de/fileadmin/pdf-dateien/projekte/fit-in-gesundheitsfragen/lerneinheit-krebsforschung-meilensteine-der-krebsforschung.pdf
https://www.wissenschaft.de/gesundheit-medizin/meilensteine-der-krebsforschung/
https://www.aerzteblatt.de/archiv/73240/Krebsgenomprojekt-(1)-Herkulesaufgabe-fuer-die-Onkologie

Krebs braucht Kommunikation – yeswecan!cer

yeswecan!cer ist das größte Movement für einen angst- und tabufreien Umgang mit der Krankheit, an der in Deutschland jede und jeder zweite im Laufe des Lebens erkrankt: Krebs.

Ziel der 2018 vom Medienproduzenten Jörg A. Hoppe gegründeten Organisation ist es, an Krebs erkrankte Menschen zu unterstützen und die Kommunikation von Betroffenen – Erkrankten wie Angehörigen – untereinander zu fördern. Denn Krebs braucht Kommunikation. Realisiert werden diese Ziele über die YES!APP – von Joko Winterscheidt als „Tinder für Krebsbetroffene" bezeichnet – sowie öffentlichkeitswirksame Aktionen und Veranstaltungen wie die Krebs-Convention YES!CON oder die Ratgeberreihe HalloDoc.

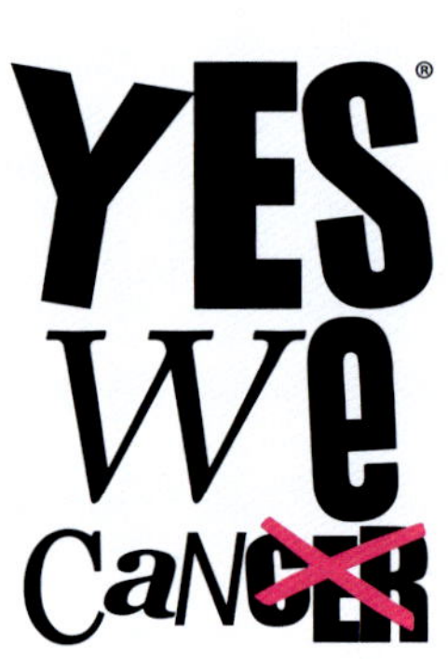

Schon lange setzen sich einzelne Krebspatient*innen, Vereine und Projekte für eine andere, authentische, offene und positive Kommunikation ein und teilen ihre Krankheitsgeschichten in Blogs, auf Facebook, Instagram oder einem eigenen YouTube-Channel. Mit ihren Erfahrungen und Tipps geben sie Betroffenen Orientierung und praktische Lebenshilfe und vermitteln Hoffnung und Zuversicht.

Diese Influencer unterstützt yeswecan!cer mit einer zentralen gemeinsamen Plattform. Sie schafft Awareness und Attention und optimiert die mediale Reichweite für das gemeinsame Anliegen und die Mission: Du bist nicht allein!

yeswecan!cer besteht aus einer gemeinnützigen GmbH und einer GmbH & Co. KG, die der FUNKE Mediengruppe gehört. FUNKE ist hier engagiert, um mit ihren Reichweiten und ihrer journalistischen Kompetenz die Wirkung der yeswecan!cer-Plattform zu erhöhen. Zum Team von yeswecan!cer gehören namhafte Mediziner*innen, Therapeut*innen und Medienmacher*innen. Ein Medizinischer Beirat unter Leitung von Prof. Dr. Dietger Niederwieser, zu dem führende Onkolog*innen gehören, wirkt an der Arbeit aktiv mit. Ein Sounding Board, im dem u. a. Ministerpräsidentin Manuela Schwesig, Verlegerin Julia Becker, Entertainer Joko Winterscheidt, Psychologin Steffanie Stahl, Mediziner Markus Leyk Dieken mitarbeiten, unterstützt yeswecan!cer auf vielfältige Weise.

yeswecan!cer lebt von zahlreichen ehrenamtlichen Helfer*innen und engagierten Musiker*innen, prominenten Medien-, Film- und Fernsehschaffenden, Sportler*innen, Influencer*innen und Unternehmen, die die Mission teilen.

Reto Klar hat einen Teil der Bilder, die in diesem Buch versammelt sind, erstmals auf der YES!CON im Mai 2024 ausgestellt.

#dubistnichtallein
#krebsbrauchtkommunikation
www.yeswecan-cer.org

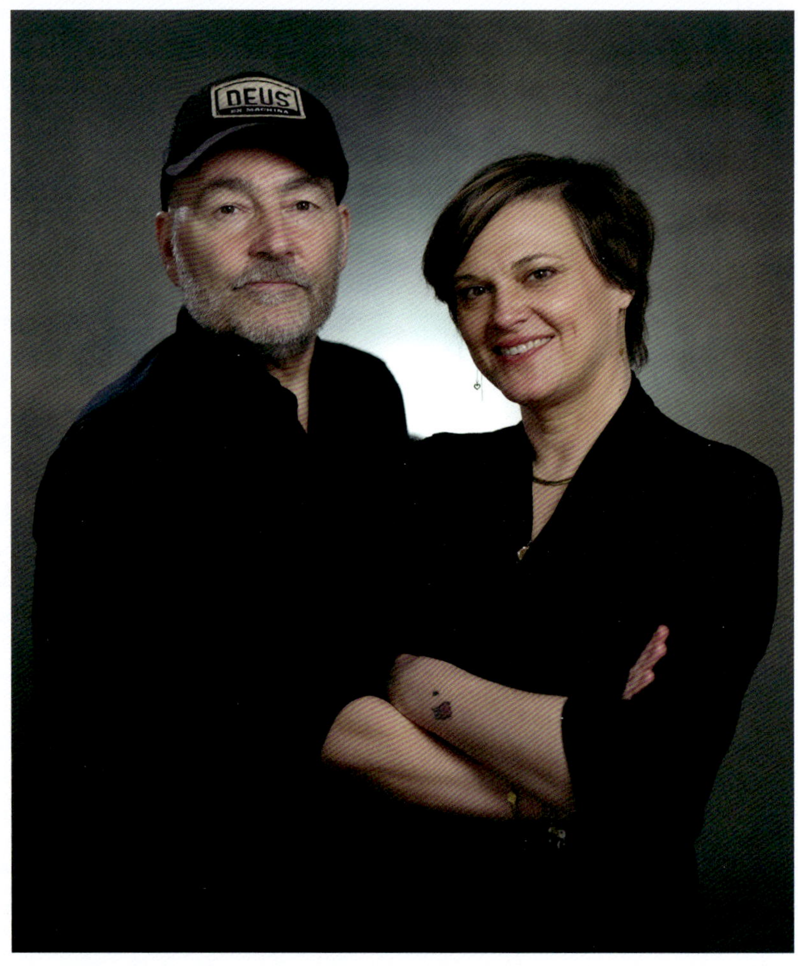

Reto Klar wurde 1967 in Hamburg geboren. Er absolvierte sein Volontariat bei der dpa und arbeitet seit den 1980er Jahren als Fotograf bei der WELT und WELT am SONNTAG und ist seit zehn Jahren Cheffotograf bei der FUNKE Mediengruppe und Foto-Chef bei der BERLINER MORGENPOST. Von ihm sind bereits zahlreiche Bücher erschienen, darunter „Hamburg – Das Bilderbuch (1997)", „Hoher Himmel – Weites Land. Norddeutsche Panoramalandschaften" (2001), „Camera Obscura – Deutschlands Burgen und Schlösser" (2003) und „Unsichtbar: Vom Leben auf der Straße" (2014). Für Letzteres gewann Reto Klar 2015 den Hansel-Mieth-Preis für die daraus entstandene Multimedia-Reportage. 2017 erschien der Bildband „Polaroid – Prominente im Sofortbild". Seit Beginn des Kriegs im Februar 2022 reist er regelmäßig in die Ukraine und berichtet fotografisch aus allen Regionen des Landes. Daraus entstand ein Buch gemeinsam mit Jan Jessen „Leben in einem Albtraum – Was der Krieg in der Ukraine mit den Menschen macht" (2023).

Britta Klar, geborene Stahlberg, wurde 1977 in Hamburg geboren. Schon während der Schulzeit hat sie erste Zeitungserfahrungen bei der „Hamburger Morgenpost" gesammelt. 1999 begann sie ihr zweijähriges Volontariat bei der Axel Springer Akademie in Hamburg. Im Anschluss daran arbeitete sie als freie Mitarbeiterin bei der BILD Zeitung, der WELT und WELT am SONNTAG in Hamburg. Ab 2005 war sie Redakteurin bei der WELT und WELT am SONNTAG in Hamburg. Als sie 2009 mit ihrem Mann Reto Klar und den gemeinsamen Töchtern Charlotte und Leo nach Berlin zog, arbeitete sie als Redakteurin im Lokalressort der BERLINER MORGENPOST. Zuletzt arbeitete sie als Senior Editor beim Deutschen Schulportal der Robert Bosch Stiftung, der größten deutschsprachigen Onlineplattform zu den Themen Schulentwicklung und Unterrichtsentwicklung.